MOEWIG

Das Dr. Oetker SCHUL-KOCHBUCH

MOEWIG Band Nr. 4948
Verlag Arthur Moewig GmbH, Rastatt

Umschlagentwurf und -gestaltung: Werbeagentur Zeuner, Ettlingen
Titelfoto und Fotos im Innenteil: Ceres-Verlag KG
Verkaufspreis inkl. gesetzl. Mehrwertsteuer
Auslieferung in Österreich:
Pressegroßvertrieb Salzburg, Niederalm 300, A-5081 Anif
Printed in Germany 1987
Druck: Erich Pabel Verlag GmbH, Rastatt
ISBN 3-8118-4948-4

Vorwort

Seit Jahrzehnten gehört das Dr. Oetker Schulkochbuch mit einer Verbreitung von mehr als 18 Millionen Exemplaren zur Grundausstattung eines jeden Haushalts.
Dieses Standardwerk wurde jetzt aufgrund der jüngsten Erkenntnisse von Ernährungswissenschaft und Küchentechnik komplett neu erarbeitet.
Das in klassische Kapitel eingeteilte Buch führt mit vielen Arbeitsanleitungen und Regeln in das praktische Kochen ein.
Die in der Dr. Oetker Versuchsküche sorgfältig erarbeiteten Rezepte sind mit Nährwertangaben versehen, so daß dem Wunsch nach zeitgemäßer, gesunder Ernährung Rechnung getragen wird.
Um dem neuen Inhalt einen angemessenen Rahmen zu geben, wurde die gesamte Ausstattung vom Umschlag über die Seiteneinteilung bis hin zu den Illustrationen den heutigen Ansprüchen entsprechend neu konzipiert.
Lassen Sie sich anregen von den vielen appetitanregenden Farbfotos und den Rezepten, Ihren täglichen Speisezettel noch abwechslungsreicher zu gestalten.

Ihr
Ceres-Verlag

Inhaltsübersicht

Alle Rezepte dieses Buches sind, wenn nicht anders vermerkt, für 4 Personen berechnet. Die Zutaten sind in der Reihenfolge des Gebrauchs aufgeführt.

Kleine Ernährungslehre

Ernährungsgewohnheiten - Ernährungssituation

In den letzten Jahrzehnten hat sich ein grundlegender Wandel in der Ernährung und den Ernährungsgewohnheiten vollzogen. War während der letzten Jahrhunderte die Ernährung der mitteleuropäischen Bevölkerung kohlenhydratreich und fettarm, ist inzwischen eine Umstellung auf eine fettreiche, ballaststoffarme Kost erfolgt (Fleisch, Eier, Fette und Nahrungsmittel mit einem hohen Anteil an Kohlenhydraten, wie Zucker, Weißbrot, Gebäck, Süßigkeiten). Die Nahrungsqualität hat sich verschoben; die Quantität der Nahrung jedoch hat sich kaum verändert. Sie wurde nicht den veränderten Lebens- und Arbeitsbedingungen angepaßt. Wie statistische Erhebungen zeigen, ernähren wir uns heute noch so, als müßten wir Schwerarbeit verrichten. Um 1900 waren noch 42% aller Erwerbstätigen Schwer- und Schwerstarbeiter und nur 18% Leichtarbeiter. Dagegen verrichteten bereits 1966 nur noch 11% schwere und schwerste Arbeiten, jedoch 62% leichte Arbeit. Durch Technisierung und Automatisierung ist mittlerweile ein Stand erreicht, daß viele, ehemals körperlich schwere Arbeiten heute nur noch ein Minimum an Kraftaufwand erfordern. Denken wir z. B. nur daran, wie früher Wäsche gewaschen wurde. Und heute?!
Bewegungsarmut und Bewegungsmangel infolge der Motorisierung erfordern aber eine andere Ernährung als früher. Durch die fortschreitende Arbeitszeitverkürzung hat der einzelne mehr Freizeit. Von vielen wird diese nicht zu körperlichen Ausgleichsbeschäftigungen genutzt, sondern zu einem ganz speziellen „Hobby“, zu gutem Essen und Trinken.
Kaum jemand muß sich heute noch Dinge, auf die er Appetit hat, aus finanziellen Gründen versagen. Versagen sollte er sie sich aber dort, wo die Lust zur Last wird. Denn diese Last ist oft wesentlich schwerwiegender, als sich in Kilogramm ausdrücken läßt.
Die Mahlzeitenhäufigkeit (etwa 95% der Bevölkerung nehmen nur drei Mahlzeiten zu sich), die Aufnahme bestimmter Gerichte und deren Zubereitung und nicht zuletzt die Menge der aufgenommenen Nahrung sind liebe Gewohnheiten, von denen man sich nur zögernd trennt, weil man es vielleicht noch nicht besser weiß. Obwohl das Interesse an Ernährungsfragen ständig wächst, ist das Wissen um die Grundlagen einer gesunden Ernährung gering. Doch muß man sich hüten anzunehmen, daß diejenigen, die über ausreichendes oder noch mehr Ernährungswissen verfügen, sich auch entsprechend verhalten. Das ist keineswegs der Fall. Besseres Wissen allein löst keine Probleme. Heutzutage ist das Lebensmittelangebot so reichlich und vielfältig wie nie zuvor, so daß sich praktisch jeder gesund ernähren könnte. Eine solche Ernährung aber zu praktizieren, darin liegt die Problematik.
Wer hat nicht selbst schon die Erfahrung gemacht, daß Eßgewohnheiten sehr, sehr stabile Verhaltensweisen sind, die trotz bester Vorsätze nur schwer zu verändern sind bzw. einem immer wieder im Wege stehen. So wird dann einerseits oft wider besseres Wissen gehandelt; man „sündigt“. Andererseits sind aber die Kenntnisse auf dem Gebiet der Ernährung lückenhaft oder es besteht ganz einfach Desinteresse. Gründe genug, die zwangsläufig zu Über- bzw. Fehlernährung führen.

Daß die *Ernährungssituation* in der Bundesrepublik Deutschland nicht die beste ist, belegt der 1980 vorgelegte Ernährungsbericht, der alle vier Jahre auftragsgemäß von der Deutschen Gesellschaft für Ernährung (DGE) herausgegeben wird. So liegt die Energiezufuhr für männliche Erwachsene mit etwa 13810 Kilojoule = 3300 Kilokalorien und für weibliche Erwachsene mit etwa 10460 Kilojoule = 2500 Kilokalorien erheblich über den empfohlenen Mengen (Männer 10880 Kilojoule = 2600 Kilokalorien, Frauen 9200 Kilojoule = 2200 Kilokalorien). Die zuviel zugeführte Energie stammt in erster Linie aus Fett, Zucker und Alkohol. Dagegen ist die Zufuhr von wichtigen Vitaminen (z. B. B_1 und B_2), Mineralstoffen und Spurenelementen (Calcium, Eisen) oft nicht ausreichend. Besonders betroffen davon sind Kinder, Jugendliche, jüngere Frauen und ältere Menschen. Eine Vielzahl von Bundesbürgern ernährt sich also falsch, wobei das Hauptproblem noch immer in der übermäßigen Energiezufuhr besteht. Verfolgt man die Statistiken über viele Jahre, so ist deutlich erkennbar, daß das Ausmaß der Fehlernährung parallel zur Erhöhung des Lebensstandards angestiegen ist.

Die Folge davon ist wiederum der hohe Anstieg der zum Teil *ernährungsabhängigen Erkrankungen,* wobei Übergewicht, Herz- und Gefäßerkrankungen und die Zuckerkrankheit (Diabetes mellitus) im Vordergrund stehen.

Als *Übergewicht* wird das Körpergewicht bezeichnet, was über dem Normalgewicht (siehe auch S. 14) liegt. Übergewicht gehört zu den häufigsten Folgen der Fehlernährung. Und es bedarf heute keiner Diskussion mehr, daß ein zu hohes Körpergewicht auf die Dauer zu vielerlei Beschwerden führt und Krankheiten begünstigt oder gar auslöst (wie z. B. arteriosklerotische Herz- und Gefäßerkrankungen, Zuckerkrankheit, Gicht, Lebererkrankungen, Gallenerkrankungen, Gelenk- und Wirbelsäulenschäden). Weiterhin ist die Gefährdung Übergewichtiger bei und nach Operationen und Unfällen größer als die Normalgewichtiger. Und nicht zuletzt kann Übergewicht die Lebenserwartung erheblich reduzieren. In der Bundesrepublik Deutschland sind heute 30–50% der Bevölkerung übergewichtig. – Bereits in der Kindheit bestehendes Übergewicht wird in den meisten Fällen auch im Erwachsenenalter beibehalten. Nur ein geringer Teil der Bevölkerung hat sein Idealgewicht. – Fast immer ist die Ursache für ein Übergewicht auf eine übermäßige Energiezufuhr zurückzuführen. Argumente wie z. B. „ich habe schwere Knochen" oder „meine Eltern und Großeltern waren auch übergewichtig" können ein Übergewicht nicht rechtfertigen. Man wird ganz einfach dann dick, wenn man mehr Kalorien aufnimmt, als durch körperliche Bewegung verbraucht werden. Übergewicht ist ein Bilanzproblem. Werden z. B. nur 100 Kilokalorien täglich zuviel aufgenommen, das sind etwa 1 Eßl. Zucker oder 200 ml Bier, so beträgt die tägliche Gewichtszunahme 10 g. Dieser Mehrverbrauch ergibt im Endeffekt eine Gewichtszunahme von 3,6 kg innerhalb eines Jahres.

Übergewicht vererbt sich nicht. Wohl aber können sich die Eßgewohnheiten von Generation zu Generation vererben. Kinder werden so schon von klein auf systematisch in ihren Ernährungsgewohnheiten fehlerzogen. Das Resultat ist häufig ein Übergewicht. Natürlich kennen wir einen starken und einen grazilen Knochenbau. Schwankungen des Körpergewichts sind hier möglich. Aber auch bei einem starken Knochenbau kann höchstens ein Übergewicht von 10% erreicht werden. Alles, was darüber hinausgeht, ist „angegessen".

Herz- und Gefäßerkrankungen

Die Herz- und Gefäßerkrankungen sind heute unsere Zivilisationskrankheit Nr. 1.

Etwa 40% aller Todesfälle sind auf Krankheiten des Herzkreislaufsystems zurückzuführen. Die Sterbefälle an Herzdurchblutungsstörungen haben dabei den größten Anteil. Mit zunehmendem Lebensstandard hat die Zahl der Todesfälle an Herz- und Gefäßerkrankungen kontinuierlich zugenommen. Sowohl bei den Frauen als auch bei den Männern erhöhten sich

die Zahlen in den letzten 25 Jahren um ein Vielfaches. Die meisten Todesfälle an Herz- und Gefäßerkrankungen liegen zwar bei den Männern noch um das 65. Lebensjahr und bei den Frauen um das 70. Lebensjahr, doch greift die Sterblichkeit in zunehmendem Maße auf immer jüngere Altersklassen über. Bereits 30jährige und sogar noch jüngere Menschen hatten ihren ersten Herzinfarkt.
Heute besteht Einigkeit darüber, daß bei der Entstehung und dem Fortschreiten der Herz- und Gefäßerkrankungen, und da ganz besonders bei den Erkrankungen der Herzkranzgefäße, die den größten Anteil ausmachen, eine Reihe von unterschiedlichen Faktoren zusammenwirken: Hohe Blutfettwerte; Rauchen; hoher Blutdruck; hohe Blutzuckerwerte; Fettsucht; hohe Harnsäurewerte.
Falsche Ernährung ist bei der Entstehung von Herz- und Gefäßerkrankungen in verschiedener Weise beteiligt und zwar, weil zu viel Energie zugeführt und zu wenig verbraucht wird (Übergewicht). Übergewicht jedoch beeinflußt die Konzentration der Blutfette (Cholesterin und Triglyzeride) und erhöht dadurch das Risiko des Herzinfarkts. Überschreitet zum Beispiel bei Männern der Serumcholesterinspiegel 260 mg/100 ml, so ist das Risiko, einen Herzinfarkt zu bekommen, 3,3mal größer als bei 200 mg/100 ml. Der Idealwert liegt bei 160 ± 30 mg/100 ml.
Erhöhte Blutfettwerte, und da insbesondere erhöhte Cholesterinwerte, werden bereits bei 15–20% der Bevölkerung festgestellt.
Neben dem Übergewicht gibt es noch andere Nahrungsfaktoren, die den Blutfettspiegel erhöhen können. Z. B. die übermäßige Zufuhr gesättigter Fette, die überwiegend mit tierischen Nahrungsmitteln aufgenommen werden und etwa 50% des derzeitigen täglichen Gesamtfettverzehrs (etwa 140 g) ausmachen. Der größte Teil entstammt dem versteckten Fettverzehr (Fett z. B. in Fleisch-, Wurstwaren, Milch und Milchprodukten). Weiterhin kann eine übermäßige Zufuhr cholesterinreicher Nahrungsmittel den Blutfettspiegel ungünstig beeinflussen.
Eine Senkung erhöhter Blutfettspiegel und damit die Reduzierung des Risikos von Herz- und Gefäßerkrankungen kann demnach nur durch eine Änderung der Ernährungsgewohnheiten erreicht werden.

Unter *Bluthochdruck,* einem weiteren Risikofaktor für Herz- und Gefäßerkrankungen, leiden 10–15% der erwachsenen Bevölkerung. Bluthochdruck ist ebenfalls eine z. T. ernährungsabhängige Erkrankung, zurückzuführen auf Übergewicht und erhöhten Kochsalzverbrauch.
Mit zunehmendem Wohlstand hat sich auch die Zahl der Diabetiker erhöht. Nicht zu Unrecht wird die *Zuckerkrankheit* als „Wohlstandskrankheit" bezeichnet. Übergewicht und Fehlernährung sind in den meisten Fällen die Faktoren, die die Entstehung der Zuckerkrankheit begünstigen bzw. auslösen. 80% aller Diabetiker sind übergewichtig.
Die Häufigkeit der Zuckerkrankheit wird mit 2–3% in der Bevölkerung angegeben.
Die Zuckerkrankheit, welche wahrscheinlich an eine erbliche Veranlagung gebunden ist, ist dadurch gekennzeichnet, daß einige Nahrungsbestandteile im Organismus nicht richtig verwertet werden können. Das betrifft keineswegs, wie man annehmen könnte, nur den Kohlenhydrat-(Zucker)Stoffwechsel, sondern den gesamten inneren Stoffwechsel, wobei schon sehr frühzeitig der Fetthaushalt wesentliche Veränderungen erfährt. Auch die Zuckerkrankheit zählt zu den Risikofaktoren für Herz- und Gefäßerkrankungen. Etwa 65% aller Zuckerkranken sterben an Herz- und Gefäßerkrankungen; die Hälfte davon am Herzinfarkt.
Bei der Zuckerkrankheit sind diätetische Maßnahmen die Grundlage jeder Therapie und unentbehrlich zur Erhaltung der körperlichen Leistungsfähigkeit und zur Stabilisierung der diabetischen Stoffwechsellage.
Zu den Zivilisationskrankheiten und zu den Risikofaktoren für Herz- und Gefäßerkrankungen zählt auch die Gicht (Hyperurikämie), die in den letzten Jahren stark zugenommen hat.

Die Tatsache, daß Gicht in Notzeiten extrem selten ist, spricht dafür, daß durch falsche Ernährung, wie überkalorische Ernährung, hohen Fleischverzehr und Alkoholmißbrauch die Entstehung der Gicht begünstigt wird. Aufgrund erhöhter Harnsäurewerte im Blut rechnet man heute mit 5–9% Gichtgefährdeter. Die Wahrscheinlichkeit, an Gicht zu erkranken, steigt bei Werten, die über 7 mg/100 ml liegen; über 9 mg/100 ml ist das Erkrankungsrisiko sehr hoch. Die häufigsten Begleiterscheinungen bei Gicht sind neben dem Übergewicht erhöhte Blutfettwerte und Zuckerkrankheit.

Der steile Anstieg der eben genannten, zum großen Teil ernährungsabhängigen Krankheiten macht deutlich, daß offensichtlich noch zu wenig Menschen imstande sind, sich qualitativ und quantitativ ausgewogen zu ernähren, obwohl die Voraussetzungen heute dafür besser sind als je zuvor.

Es ist daher wichtig, sich so früh wie möglich Grundlagenwissen über die Ernährung anzueignen *und dieses erworbene Wissen auch anzuwenden.* Dabei müssen Einstellungen überprüft und ggf. geändert werden, es muß geübt und es müssen Erfahrungen gemacht werden, bis neue „gesunde" Gewohnheiten ausgeprägt und die alten, meist schlechten, vergessen sind.

Nicht nur auf das Recht auf Gesundheit sollte gepocht werden, sondern für jeden sollte es Selbstverständlichkeit sein, auch selbst seinen Beitrag dazu zu leisten. Hier liegt eine besondere Verantwortung bei allen Eltern, besonders aber bei dem für die Ernährung zuständigen Elternteil. Denn der Grundstein für falsche Ernährungsweisen und schlechte Gewohnheiten wird bereits schon in frühester Kindheit gelegt.

Grundlagen einer gesunden Ernährung

Der Mensch ist darauf angewiesen, regelmäßig Nahrung aufzunehmen. Ohne Nahrungsaufnahme ist der Organismus nicht in der Lage, gesund zu bleiben und die von ihm geforderten Leistungen zu erfüllen, wie Aufbau und Aufrechterhaltung der Körpersubstanz, Aufrechterhaltung der Körpertemperatur und Atemfunktion, Funktionsfähigkeit der inneren Organe, Muskeltätigkeit. Fortwährend spielen sich im Körper chemische Reaktionen ab, die erst durch Nahrungsaufnahme möglich werden, da der Organismus die dafür notwendige Energie durch die Verbrennung von Nahrungsbestandteilen (Nährstoffen) bezieht.

Die wichtigste Regel einer gesunden Ernährung ist daher, daß die mit der Nahrung aufgenommene Energiemenge dem Energieverbrauch angepaßt ist. Wird zu wenig Energie zugeführt, greift der Körper auf seine Reserven zurück. Bei einer vermehrten Energiezufuhr wird der Überschuß in Form von Fett deponiert.

Der Energiebedarf

Der Gesamtenergiebedarf, der Energieverbrauch sowie der Energiegehalt von Lebensmitteln wird in Kilojoule (kJ) bzw. Kilokalorien (kcal) angegeben. Die Kilokalorie ist ein Wärmemaß, wobei 1 Kilokalorie der Wärmemenge entspricht, die benötigt wird, um 1 kg (1 l) Wasser um 1 Grad Celsius zu erwärmen. 1 Kilokalorie ist gleich 4,184 (etwa 4,2) Kilojoule.

Soll eine Ernährung vollwertig sein, so muß sie bzgl. der Menge *und* der Zusammensetzung bestimmte Voraussetzungen erfüllen. Für den Betriebsstoffwechsel (Deckung des notwendigen Energiebedarfs) ist die Menge ausschlaggebend, für den Baustoffwechsel (Dekkung des Bedarfs an Bau- und Wirkstoffen) dagegen die Zusammensetzung der Nahrung. In erster Linie sollte sich die Nahrungszufuhr nach dem Energiebedarf des Menschen richten, der sich aus dem Grundumsatz und dem Arbeitsumsatz zusammensetzt.

Grundumsatz

Der Organismus braucht ständig Energie, auch wenn keine sichtbare Arbeit geleistet wird. Selbst bei völlig ruhigem Verhalten wird Energie verbraucht, und zwar für den Ruhe- oder Grundumsatz. Dieser ist abhängig von Alter, Geschlecht, Gewicht, Gesundheitszustand und Körpergröße und deshalb individuell sehr unterschiedlich.
Als Faustregel für den Grundumsatz Erwachsener kann gelten:
Stündlich 4,2 Kilojoule (1 Kilokalorie) pro kg Körpergewicht.
Bezogen auf ihr Körpergewicht haben Kinder einen Grundumsatz, der mehr als doppelt so hoch sein kann wie der Erwachsener.

Arbeitsumsatz

Über den Grundumsatz hinaus beansprucht jede körperliche Betätigung Energie. Deshalb wird dieser Energiebedarf als Arbeitsumsatz bezeichnet. Er richtet sich nach Schwere und Dauer der Arbeit.

Gesamtenergiebedarf

Grundumsatz und Arbeitsumsatz zusammen ergeben den Gesamtenergiebedarf. Es wäre jedoch zu kompliziert, beides getrennt zu berechnen. Man kann sich daher auch hier einer ganz einfachen Faustregel bedienen.

Faustregel (für Erwachsene): Energiebedarf pro Tag bei

Bettruhe	100 kJ (24 kcal)	pro kg Ideal- bzw. Sollgewicht
leichter körperlicher Tätigkeit (Büroarbeit)	135 kJ (32 kcal)	pro kg Ideal- bzw. Sollgewicht
mittelschwerer körperlicher Tätigkeit	165 kJ (40 kcal)	pro kg Ideal- bzw. Sollgewicht
schwerer körperlicher Tätigkeit	200 kJ (48 kcal)	pro kg Ideal- bzw. Sollgewicht

Der tägliche Gesamtenergiebedarf (Grundumsatz und Arbeitsumsatz) beträgt z. B. für einen Mann mit 68 kg und leichter körperlicher Tätigkeit etwa 9200 kJ (2200 kcal). Für eine Frau mit einem Idealgewicht von 64 kg würde der Energiebedarf bei ebenfalls leichter körperlicher Tätigkeit bei etwa 8580 kJ (2050 kcal) liegen (siehe auch S. 14).
Auf Kinder und Jugendliche läßt sich diese Faustregel allerdings nicht anwenden. Hier gelten aufgrund der Mehrzufuhr während des Wachstums folgende Richtlinien:

		kJ bzw. kcal pro kg Körpergewicht	
		männlich	weiblich
Säuglinge	0– 6 Monate	480 kJ (115 kcal)	480 kJ (115 kcal)
	7–12 Monate	420 kJ (100 kcal)	440 kJ (105 kcal)
Kleinstkinder	1– 3 Jahre	355 kJ (85 kcal)	375 kJ (90 kcal)
Kleinkinder	4– 6 Jahre	335 kJ (80 kcal)	335 kJ (80 kcal)
Schulkinder	7– 9 Jahre	290 kJ (70 kcal)	290 kJ (70 kcal)
	10–12 Jahre	250 kJ (60 kcal)	210 kJ (50 kcal)
	13–14 Jahre	210 kJ (50 kcal)	190 kJ (45 kcal)
Jugendliche	15–18 Jahre	210 kJ (50 kcal)	190 kJ (45 kcal)

Um den Gesamtenergiebedarf annähernd errechnen zu können, muß man wissen, wieviel man wiegt und wieviel man wiegen sollte.
(Referenzmaße für Säuglinge, Kinder und Jugendliche siehe Tabelle S. 28)
So können Sie Ihr Normal- bzw. Idealgewicht errechnen:

Normalgewicht

Die Zentimeter, die man über 1 m groß ist, sollte man in Kilogramm wiegen.

Idealgewicht:

Vom Normalgewicht ziehen Männer 10% und Frauen 15% ab.

Beispiel:

1,75 m Körperlänge = 75 kg = Normalgewicht
75 kg minus 10% (7,5 kg) = 67,5 kg Idealgewicht/Männer
75 kg minus 15% (11,3 kg) = 63,7 kg Idealgewicht/Frauen

Seit einiger Zeit hört und liest man immer wieder, daß man doch ruhig wieder etwas mehr wiegen könne, ohne gleich als Übergewichtiger gebrandmarkt oder gar gefährdet zu sein. Diese Äußerungen müssen jedoch in Zusammenhang mit evtl. vorhandenen anderen Risikofaktoren (s. S. 10) gebracht werden. Übergewicht *und* ein oder gar mehrere Risikofaktoren erhöhen das Erkrankungsrisiko.
An dieser Stelle soll das *„neue Sollgewicht"* angesprochen werden. Für Männer ist es gleichzusetzen mit dem Normalgewicht. Frauen dagegen ziehen 10% vom Normalgewicht ab.
Was man auch immer zugrunde legt: wer sein Normal-, Soll- oder gar Idealgewicht hat, sollte immer darauf achten, daß das Körpergewicht nicht ansteigt. Wer aber zu viel wiegt, sollte möglichst bald damit anfangen, sein Körpergewicht zu reduzieren. Das gelingt nur, wenn weniger Energie in Form von Nahrung zugeführt wird, als durch körperliche Betätigung verbraucht wird.

Die Nährstoffe

Bisher war ausschließlich von der Menge der Nahrungszufuhr die Rede. Doch nicht allein darauf kommt es in einer gesunden Ernährung an, sondern auch auf die Zusammensetzung der Nahrungszufuhr.
Unsere Nahrung setzt sich aus einer Vielzahl von Nahrungsmitteln zusammen, z. B. Brot, Kartoffeln, Obst, Fleisch, Milch. Nicht in jedem Land der Erde sind jedoch die gleichen Nahrungsmittel bekannt und verfügbar. So sind beispielsweise die Nahrungsmittel der Asiaten völlig verschieden von denen der Europäer. Das zeigt, daß der menschliche Organismus nicht auf bestimmte Nahrungsmittel angewiesen ist, sondern auf die darin enthaltenen Nährstoffe. Man verzehrt Nahrungsmittel, verwertet aber die Nährstoffe.
Die meisten Nahrungsmittel bestehen aus einem Gemisch von Nährstoffen. Nur bei einigen wenigen sind Nahrungsmittel und Nährstoff identisch (z. B. Zucker als reines Kohlenhydrat oder Öl als reines Fett).
Jeder Nährstoff hat im Organismus besondere Aufgaben zu erfüllen. Ist die Nährstoffzufuhr über einen längeren Zeitraum unzureichend, kommt es zu Mangelerscheinungen.

Man unterscheidet zwischen zwei Nährstoffgruppen:

1. *Hauptnährstoffe* - die dem Körper Energie liefern.

			Brennwert
Eiweiß	1 g	-	17 kJ = 4 kcal
Fett	1 g	-	38 kJ = 9 kcal
Kohlenhydrate	1 g	-	17 kJ = 4 kcal

2. *Wirk- und Reglerstoffe*

Vitamine
Mineralstoffe
Spurenelemente
Wasser

Tägliche Mindestmengen dieser Stoffe müssen in einer ausgewogenen Kost enthalten sein. Die Nährstoffe der Nahrung werden im Körper zu körpereigenen Stoffen umgewandelt. Der Körper des erwachsenen Menschen enthält durchschnittlich 60–70% Wasser, 18% Eiweiß, 10% Fett, 4% Mineralstoffe, 1% Kohlenhydrate.

Eiweiß

Während Fette und Kohlenhydrate in der menschlichen Ernährung vorwiegend als Energielieferanten dienen, ist Eiweiß vor allem als Baustoff von Bedeutung. Fette und Kohlenhydrate sind miteinander austauschbar, Eiweiß kann durch keinen anderen Nährstoff ersetzt werden. Alle tierischen und pflanzlichen Zellen enthalten Eiweiß. Das Leben von Tieren und Pflanzen wäre ohne den ständigen Auf- und Abbau von Eiweiß unmöglich. Auch beim Menschen erfordern der Neuaufbau von Körpersubstanz während des Wachstums und der Ersatz zugrunde gegangener Zellen eine ständige Synthese von Körpereiweiß. Die kleinsten Eiweißbausteine sind die Aminosäuren. Während Pflanzen alle für den Aufbau ihres spezifischen Eiweißes erforderlichen Aminosäuren selbst synthetisieren können, sind Tier und Mensch dazu nicht fähig. Etwa 20 verschiedene Aminosäuren bilden die Bausteine für das art- und organspezifische menschliche Eiweiß. Knapp 10 dieser Bausteine kann der Mensch nicht selbst aufbauen. Diese unentbehrlichen oder essentiellen Aminosäuren müssen mit der Nahrung zugeführt werden. Die Höhe der Eiweißzufuhr muß immer so bemessen sein, daß nicht nur der Bedarf des Organismus an essentiellen Eiweißbausteinen voll gedeckt wird, sondern auch eine ausreichende Menge zum Aufbau oder Ersatz des körpereigenen Eiweißes zur Verfügung steht. Als wünschenswerte Menge der täglichen Eiweißzufuhr, die den Bedarf mit ausreichendem Sicherheitsspielraum deckt, gilt für den Erwachsenen etwa 1 g Eiweiß pro kg Körpergewicht. Der Bedarf steigt jedoch bei schwerer körperlicher Tätigkeit, wenn die Energiebilanz nicht ausgeglichen ist und bei Hochleistungssportlern im Training zur Vergrößerung der Muskelmasse.
Während der Schwangerschaft ist eine ausreichende und ausgewogene Eiweißzufuhr von entscheidender Bedeutung für einen komplikationslosen Verlauf und für die Entwicklung des Kindes. Für sein Wachstum und für die Vergrößerung der Gebärmutter werden während der letzten 6 Schwangerschaftsmonate schätzungsweise 950 g Eiweiß deponiert. Der daraus resultierende Mehrbedarf der Schwangeren läßt sich mit zusätzlich 10 g Eiweiß/Tag decken.

Während der Stillzeit werden durchschnittlich 850 ml (höchstens 1200 ml) Milch pro Tag abgesondert. Bei einem Eiweißgehalt der Muttermilch von etwa 1,2 g/100 ml und unter Berücksichtigung eines Sicherheitsspielraums werden während der Stillperiode zusätzlich 5 g Eiweiß pro 100 g Still-Leistung empfohlen.
Kinder sollten täglich 1,5–2,2 g Eiweiß pro kg Körpergewicht aufnehmen, wobei die kleineren Kinder, bezogen auf ihr Körpergewicht, einen höheren Bedarf haben. Für Jugendliche liegt die Empfehlung für die tägliche Eiweißzufuhr bei 1,0–1,2 g pro kg Körpergewicht. Etwa die gleiche Menge wird für Personen ab 65 Jahren empfohlen.
Tierisches Eiweiß ist dem menschlichen Eiweiß ähnlicher als pflanzliches Eiweiß. Je ähnlicher Nahrungseiweiß der Zusammensetzung des menschlichen Eiweißes ist, um so wertvoller ist es für die Ernährung. Daher soll bei normaler Kost knapp die Hälfte des Eiweißes tierischer Herkunft sein.
Eiweißmangel, insbesondere während der Zeit des Wachstums, kann zu geistigen und körperlichen Schäden führen, die auch in späteren Lebensabschnitten, wenn mehr Eiweiß zugeführt wird, nicht wieder gutgemacht werden können. Eiweißunterversorgung beim Erwachsenen schränkt die körperliche und geistige Leistungsfähigkeit ein.

Fett

Alle Fette und Öle, tierischer oder pflanzlicher Herkunft, sind nach dem gleichen Prinzip aufgebaut: ein Molekül Glyzerin ist mit drei Fettsäure-Molekülen verbunden (Triglyzerid). In einem Fettmolekül können die Fettsäuren gleich oder verschieden sein, jedoch kommen einheitliche Triglyzeride mit nur einem Fettsäuretyp in der Natur nicht vor. Die Vielfalt der Naturfette ergibt sich aus den zahllosen Kombinationsmöglichkeiten der vielen verschiedenen Fettsäuren mit Glyzerin.
Grundsätzlich unterscheidet man zwischen drei Fettsäuretypen: gesättigte, einfach ungesättigte und mehrfach ungesättigte. Von den Fettsäuren ist die mehrfach ungesättigte Linolsäure lebensnotwendig (essentiell). Da sie der Organismus selbst nicht aufbauen kann, muß sie mit der Nahrung zugeführt werden. Fehlt Linolsäure, kommt es zu Mangelerscheinungen. Für einen gesunden Erwachsenen liegt der Tagesbedarf bei 10 g und für Säuglinge und Kinder zwischen 2 und 9 g. Nicht nur die vitaminähnliche Wirkung der Linolsäure ist von Bedeutung, sondern darüber hinaus auch ihr cholesterinspiegelsenkender Effekt. Reich an mehrfach ungesättigten Fettsäuren sind Pflanzenöle (besonders Distelöl und Sonnenblumenöl) und Diätmargarine.
Der Anteil der verschiedenen Fettsäuren in einem Fett ist sowohl für den ernährungsphysiologischen Wert als auch für seine physikalischen Eigenschaften, wie z. B. den Schmelzpunkt, ausschlaggebend. Fette mit vorwiegend gesättigten Fettsäuren haben in unseren Breiten eine feste Konsistenz (Kokosfett, Palmkernfett, Milchfett); Fette mit überwiegend ungesättigten Fettsäuren sind flüssig (Baumwollsaatöl, Erdnußöl, Maisöl, Olivenöl, Sonnenblumenöl, Sojaöl, Rapsöl, Leinöl und Seetieröle). Fette, in denen gesättigte und ungesättigte Fettsäuren in ungefähr gleichem Mengenverhältnis vorkommen (Schmalz), sind halbfest.
Fett ist mit 38 kJ (9 kcal)/g der energiereichste Nährstoff. Neben der Funktion als Energielieferant erfüllt Fett in der Ernährung aber auch noch andere Aufgaben. Nur mit einem in der Menge und Zusammensetzung ausgewogenen Fettverzehr ist eine ausreichende Zufuhr von essentiellen Fettsäuren (Linolsäure), fettlöslichen Vitaminen und anderen Wirkstoffen sichergestellt.
Von Pflanzen und Tieren stammen unsere Nahrungsfette. Pflanzen können mit Hilfe der Sonnenenergie ihr Fett selbst synthetisieren und als Reserven in Früchten und Samen speichern. Tiere verzehren Pflanzenfette, bauen sie in körpereigene Fette um und speichern sie

im Fettgewebe. Der Mensch macht sich diese Quellen zunutze. In der Bundesrepublik liegt der jährliche Pro-Kopf-Verbrauch bei 26 kg. Diese Menge umfaßt aber nur die sogenannten sichtbaren Fette: Schmalz und Talg, Speisefett, Speiseöl, Fett aus Butter und aus Margarine. Hinzu kommen noch 25 kg unsichtbares oder verstecktes Fett, das in zahlreichen Nahrungsmitteln (Fleisch und Fleischprodukte, Milch und Milchprodukte, Schokolade, Eigelb usw.) enthalten ist. Im Durchschnitt verzehrt jeder Bürger jährlich 50 kg Fett! Das sind pro Tag 135 Gramm bzw. 40% der Gesamtkalorien. Die von Ärzten und Ernährungswissenschaftlern empfohlene Fettmenge für einen gesunden Erwachsenen mit leichter körperlicher Arbeit sollte 30 bis 35% der täglichen Energiemenge nicht überschreiten. Das sind 73–86 g Fett bei 9200 kJ (2200 kcal) pro Tag. Zwischen Empfehlungen und derzeitigen Verzehrgewohnheiten bestehen aber nicht nur im Hinblick auf die Fettmenge erhebliche Unterschiede, auch die Zusammensetzung des verzehrten Fettes erfüllt nicht die Voraussetzungen, die einer gesunden Ernährung entsprechen. Der Anteil des gesättigten Fettes am Gesamtfett ist zu hoch. Zahlreiche Zivilisationskrankheiten werden von Umweltbedingungen und Ernährungsfaktoren in ihrer Entstehung begünstigt. Während die meisten Umweltfaktoren, wie Streß und Mangel an körperlicher Bewegung, kaum beeinflußbar sind, liegen in der Umstellung der Ernährung, insbesondere beim Fettverzehr, große Möglichkeiten, der Entstehung von Krankheiten vorzubeugen.

Kohlenhydrate

Die Kohlenhydrate umfassen eine große Anzahl von Verbindungen aus Kohlenstoff, Wasserstoff und Sauerstoff. Als Bausteine der lebendigen Substanz werden sie in den grünen Pflanzen aus dem Kohlendioxyd der Luft und dem Wasser des Bodens aufgebaut. Bei diesem Vorgang (Assimilation) dient das Sonnenlicht als Energiespender und das Chlorophyll als Stoff, der die chemische Umsetzung fördert. Je 6 Moleküle Kohlendioxyd und Wasser liefern ein Molekül Traubenzucker unter Freisetzung von Sauerstoff. Verzehrt ein Mensch oder Tier ein Kohlenhydrat, läuft der chemische Vorgang (Dissimilation) in umgekehrter Richtung ab: Aus einem Molekül Zucker entstehen je 6 Moleküle Wasser und Kohlendioxyd, die ausgeschieden werden. Der für die Verbrennung erforderliche Sauerstoff wird eingeatmet und durch die Dissimilation wird Energie gewonnen. Jedes Gramm Kohlenhydrat liefert so 17 kJ = 4 kcal.

Unsere Nahrung besteht mindestens zur Hälfte aus Kohlenhydraten. Dabei handelt es sich entweder um einfache Zucker (Monosaccharide) oder höhere Zucker (Disaccharide, Polysaccharide). Die wichtigsten einfachen Zucker sind Traubenzucker (Glucose) und Fruchtzucker (Fructose). Höhere Zucker entstehen durch die Verbindungen von zwei oder mehreren Monosacchariden. Die meisten natürlichen Zucker sind aus zwei Monosacchariden bestehende Disaccharide: So bilden je ein Teil Traubenzucker und Fruchtzucker den Rohr- oder Rübenzucker (Haushaltszucker). Malzzucker besteht aus zwei Traubenzuckermolekülen. Polysaccharide sind Riesenmoleküle aus zahlreichen einfachen Zuckern wie die überwiegend aus Traubenzucker bestehende Stärke und Cellulose. Stärke ist das wichtigste pflanzliche Reservekohlenhydrat. Getreidekörner und Kartoffeln sind die Quellen für Stärke in unserer Nahrung.

Holz besteht zur Hälfte aus Cellulose. Sie ist der Hauptbestandteil pflanzlicher Zellmembranen. Obwohl auch Cellulose überwiegend aus Traubenzucker besteht, ist sie für den Menschen unverdaulich, weil die Glucosemoleküle anders miteinander verknüpft sind als in der Stärke. Cellulose kann somit keine Energie liefern, ist aber als Ballaststoff dennoch ein wichtiger Nahrungsbestandteil, weil Ballaststoffe regulierend auf die Verdauung wirken.

Die Kohlenhydrate dienen fast ausschließlich als Energielieferanten. Stärke und höhere Zukker werden während der Verdauung durch zuckerspaltende Enzyme zu Monosacchariden abgebaut. Diese gelangen zur Leber und werden dort in einem begrenzten Umfang wieder zur Leberstärke (Glykogen) aufgebaut oder durch das Blut zu den Muskeln transportiert und dort verbrannt. Blutzucker ist die Hauptenergiequelle der Muskelarbeit. Überschüssige Kohlenhydrate der Nahrung werden nicht als Glykogen gespeichert. Sie werden in Fett umgewandelt, abgelagert und tragen zum Übergewicht bei. Die Umwandlung von Kohlenhydraten in Fett vollzieht sich schneller bei Zucker als bei Stärke. Etwa 50% der täglichen Energiezufuhr sollten auf Kohlenhydrate entfallen. Das sind 275 g Kohlenhydrate bei 9200 kJ (2200 kcal) pro Tag. Allerdings kann diese Menge entsprechend den unterschiedlichen Verzehrgewohnheiten stark schwanken. Es sollten jedoch nicht weniger als 10% Kohlenhydrate zugeführt werden.

Vitamine, Mineralstoffe, Spurenelemente, Wasser

Eine Aufstellung über Vorkommen und Bedarf wichtiger Vitamine, Mineralstoffe und Spurenelemente folgt am Schluß dieses Kapitels.

Vitamine

Vitamine sind Ergänzungsstoffe der Nahrung, die zur Aufrechterhaltung des normalen Stoffwechsels unbedingt notwendig sind. Sie sind *keine* Energielieferanten und nicht am Aufbau von Körpersubstanz beteiligt. Vitamine können im Körper nicht gebildet werden und müssen daher mit der Nahrung zugeführt werden. Jedem Vitamin kommt eine spezifische Funktion zu.

Nach ihrer Löslichkeit unterscheidet man bei den Vitaminen zwei Gruppen:

1. fettlösliche Vitamine: A, D, E, K
2. wasserlösliche Vitamine: C, B-Komplex.

Im Gegensatz zu den Nährstoffen, die dem Organismus als Bausteine und Speicherstoffe dienen, erfüllen die Vitamine Regler-Funktionen. Durch ihr Eingreifen ermöglichen sie den Auf- und Abbau der Hauptnährstoffe und steuern somit den Stoffwechsel. Stehen eines oder mehrere Vitamine dem Organismus überhaupt nicht zur Verfügung oder aber nur in unzureichenden Mengen, werden Stoffwechselvorgänge beeinträchtigt. Dies wiederum führt zu Leistungsstörung, Wachstumshemmung und Krankheit.

Im Gegensatz zu anderen Wirkstoffen, z. B. den Hormonen oder den Nährstoffen, können Vitamine in großen Mengen aufgenommen werden, ohne daß es zu Schädigungen des Organismus kommt. Erst wenn das Angebot eine bestimmte Grenze dauernd überschreitet (bei den meisten Vitaminen mehr als das Hundertfache des Tagesbedarfs), kann es zu den Erscheinungen einer *Hypervitaminose* kommen. Solche Hypervitaminosen sind jedoch bisher fast ausschließlich bei übermäßiger Zufuhr von Vitamin D und Vitamin A beobachtet worden.

Normalerweise wird der menschliche Körper bei gemischter Kost mit genügend Vitaminen versorgt. Doch oft wird nicht genügend beachtet, daß jede Steigerung der Stoffwechseltätigkeit, sei es durch Krankheit oder körperliche Anstrengungen, z. B. Sport, zu einem gesteigerten Vitaminbedarf führt. Die benötigten Vitaminmengen können dann ein Vielfaches der Mindestmengen betragen.

Vitamin A (Retinol) ist wichtig für die Haut, Haare und Augen. Aufgrund seiner Beteiligung am Sehprozeß kommt es bei einem Mangel zum Auftreten von Nachtblindheit, dem ersten Symptom eines Vitamin A-Mangels. Darüber hinaus greift Vitamin A in den Aufbau und die Funktionserhaltung der Epithelzellen der Haut und der Schleimhäute ein.

Carotin, die Vorstufe des Vitamin A (Provitamin A) wird im Organismus in Vitamin A umgewandelt. Es entstammt ausschließlich dem Pflanzenbereich.

Vitamin D (Calciferol) ist wichtig für die Knochenbildung. Es greift in den Calcium- und Phosphat-Stoffwechsel ein und fördert den Einbau dieser Mineralstoffe in die Knochen. Ein Mangel führt deshalb zu einer Störung in der Verkalkung der Knochensubstanz, beim Jugendlichen zur Rachitis. Vitamin D kann in der Haut aus den Provitaminen D gebildet werden. Notwendig dafür ist allerdings UV-Bestrahlung durch Sonnenlicht.
Vitamin E (Tocopherol) ist wichtig für die Sexualhormone. Vitamin E schützt das sauerstoffempfindliche Vitamin A und verbessert somit die Vitamin-A-Versorgung des Körpers. Mangelerscheinungen an Vitamin E sind jedoch selten.
Vitamin C (Ascorbinsäure) ist wichtig für das Bindegewebe, Blut und als Schutz gegen Infektionen. Es ist wesentlich am Zellstoffwechsel beteiligt. Es ist unentbehrlich für die Bildung der Zwischensubstanz der Stützgewebe (Bindegewebe, Knorpel, Dentin). Darüber hinaus besitzt Vitamin C stimulierende Wirkung auf die Abwehrfunktion des Körpers. Weiterhin steht es mit dem Eisenstoffwechsel in Beziehung. Sobald dem Organismus zu wenig Vitamin C zur Verfügung steht, kommt es beim Menschen sofort zu einer Reihe von Symptomen: Schwäche, Ermüdbarkeit, Knochenschmerzen, Schmerzen der Zungen- und Mundschleimhaut, Hautblutungen, Zahnfleischschwellungen und -blutungen. Der Vitamin-C-Bedarf ist bei Krankheit und starker körperlicher Tätigkeit und bei Rauchern erhöht.
Vitamin B_1 (Thiamin) ist wichtig für die Nerven. Es greift in den Kohlenhydrat-Stoffwechsel ein. Ein reichliches Angebot an Kohlenhydraten erhöht den Vitamin-B_1-Bedarf. Schwerer Vitamin-B_1-Mangel kann einerseits zu Ödemen und Herzstörungen führen, andererseits zu Nervenentzündungen, Muskelschwächen, Fußbrennen, Muskelschmerzen und Krämpfen, bis hin zu Lähmungen (Beriberi). Symptome eines verdeckten Mangels dagegen sind Nervenbeschwerden, Müdigkeit, Störungen des emotionellen Gleichgewichts, Appetitabnahme und Verdauungsstörungen.
Vitamin B_2 (Riboflavin) ist wichtig für die Haut und Nägel. Es greift im weiteren Sinne in den allgemeinen Stoffwechsel der Kohlenhydrate, Aminosäuren und Fettsäuren ein. Bei fettreicher Ernährung ist gleichzeitig der B_2-Bedarf erhöht. Ein Mangel an B_2 ist durch Müdigkeit und Arbeitsunlust, Veränderungen der Lippen und Mundschleimhaut sowie der Zunge, Hornhautveränderungen und schließlich Veränderungen der übrigen Körperhaut gekennzeichnet.
Vitamin B_6 (Pyridoxin) ist wichtig für die Blutkörperchen. Es greift in den Eiweißstoffwechsel ein. Eine Vermehrung der Eiweiß-Zufuhr mit der Nahrung führt zu einem erhöhten Vitamin-B_6-Bedarf. Ein Mangel äußert sich durch das Auftreten von Hautveränderungen oder in nervösen Störungen, die besonders den heranwachsenden Organismus betreffen.

Mineralstoffe, Spurenelemente

Man unterscheidet die *Mineralstoffe* von den Spurenelementen, da die ersteren in ganz beträchtlichen Mengen benötigt werden, die Spurenelemente, dem Namen entsprechend, dagegen nur in ganz geringen Mengen. Beide gehören zu den notwendigen Bestandteilen der Nahrung, da auch sie nicht vom Organismus gebildet werden können, aber zum normalen Ablauf der Lebensvorgänge erforderlich sind. Die wichtigsten Mineralstoffe sind Calcium, Phosphor, Natrium, Chlor, Kalium, Magnesium. Besonders auf eine ausreichende Calciumzufuhr ist zu achten, da dieser Mineralstoff das wichtigste Aufbauelement von Knochen und Zähnen ist. Calciummangel führt zu Knochenbrüchigkeit und Zahnkaries. Beste Calciumquelle sind Milch und Milchprodukte.
Die wichtigsten *Spurenelemente* sind Eisen, Jod, Kobalt, Kupfer, Mangan, Molybdän und Zink. Besonders der tägliche Bedarf an Eisen, welcher für einen gesunden Erwachsenen etwa 12 bzw. 18 mg beträgt (Mann bzw. Frau), ist, wie Ernährungserhebungen zeigen, nicht immer zufriedenstellend gedeckt. Eisen ist Bestandteil des roten Blutfarbstoffes. Die wich-

tigste Quelle für die Eisenzufuhr sind pflanzliche Erzeugnisse. Um für eine Sicherstellung des täglichen Bedarfs an Mineralstoffen und Spurenelementen zu sorgen, ist es notwendig, eine abwechslungsreiche Kost aufzunehmen, die reichlich frisches Obst und Gemüse sowie Milchprodukte und Vollkornerzeugnisse enthält.

Wasser

Ohne Wasser kann der Mensch nicht leben. Es ist als Lösungs- und Transportmittel sowie als Regulator der Körpertemperatur durch nichts zu ersetzen. Völliger Nahrungsentzug kann vom Körper über einige Tage und Wochen ertragen werden; dagegen führt Dursten innerhalb von 2–3 Tagen zum Tod. Der tägliche Wasserbedarf des Menschen beträgt 2–3 Liter. Davon werden 1–2 Liter als Flüssigkeit und etwa 1 Liter mit Nahrungsmitteln aufgenommen.

Vorkommen und Bedarf wichtiger Vitamine und Mineralstoffe

		durchschnittlicher Tagesbedarf
Vitamin A:	Leber, Aal, Margarine, Milch und Milchprodukte, Obst und Gemüse liefern die Vorstufe des Vitamin A, das Carotin	E = 0,9 mg K = 0,6–0,9 mg
Vitamin D:	Milch, Fleisch und Fleischwaren, Eier, Fisch, Margarine, Butter	E = 2,5 mg K = 2,5–10 mg
Vitamin E:	Pflanzliche Öle, Margarine, Butter, Milch, Käse, Getreideerzeugnisse, Gemüse	E = 12 mg K = 6–11 mg
Vitamin B_1:	Fleisch (besonders Schweinefleisch), Innereien, Kartoffeln, Getreideerzeugnisse, Milch und Milchprodukte	E = 1,5 mg K = 0,4–1,4 mg
Vitamin B_2:	Milch und Milchprodukte, Fleisch, Getreideerzeugnisse, Kartoffeln	E = 1,9 mg K = 0,5–2,0 mg
Vitamin C:	Obst (insbesondere Südfrüchte), Gemüse, Kartoffeln, Getreideerzeugnisse	E = 75 mg K = 35–75 mg
Calcium:	Milch und Milchprodukte	E = 800 mg K = 500–1000 mg
Eisen:	Fleisch, Fleischwaren (insbesondere Leber), Getreideerzeugnisse, Obst, Fruchtsäfte, Gemüse, Kartoffeln	E = 15 mg K = 6–18 mg

E = Erwachsene
K = Kinder (inkl. Säuglinge)

Nahrungsmittel und ihre Nährstoffe

Die Nahrungsmittel, die das Tier- und Pflanzenreich liefern, hat sich der Mensch von jeher nutzbar gemacht. Daraus entwickelten sich in den verschiedenen Teilen der Welt Ernährungsgewohnheiten, die auf sehr unterschiedlichen Grundnahrungsmitteln beruhen. Dies zeigt einerseits die große Anpassungsfähigkeit des menschlichen Organismus an vorhandene Nahrungsquellen, andererseits aber auch, daß es nicht so sehr auf das einzelne Nahrungsmittel ankommt, sondern vielmehr auf die darin enthaltenen Nähr- und Wirkstoffe.
Ob ein Nahrungsmittel für die Nährstoffversorgung zu den wichtigen Nahrungsmitteln zählt, ergibt sich aus seinem Nährstoffanteil insgesamt und der Menge bestimmter Bausteine des betreffenden Nährstoffes.

Fleisch- und Wurstwaren

In allen Fleischarten sind die energieliefernden Nährstoffe Eiweiß und Fett enthalten. Kohlenhydrate sind, allerdings in geringer Menge, nur in manchen Innereien enthalten. Darüber hinaus enthält Fleisch wichtige Vitamine (besonders die des B-Komplexes – wovon Schweinefleisch größere Mengen aufweist – und Vitamin A, besonders in Leber) sowie Mineralstoffe und Spurenelemente (besonders Eisen, das in großer Menge ebenfalls in Leber enthalten ist).
Fleisch- und Wurstwaren stellen bei uns die Nahrungsmittelgruppe dar, die mit 30–35% den größten Anteil an der Eiweißversorgung haben. Gleichzeitig jedoch werden mit der durchschnittlich verzehrten Menge von rd. 100 g Fleisch und 70 g Wurstwaren auch 30–35% der täglich verzehrten Fettmenge gedeckt. Für alle Fleisch- und Wurstwaren gilt, je fetter eine Art ist, je weniger Eiweiß enthält sie.
Der Gesamtfettverbrauch ist zu hoch und besonders der an versteckten Fetten, die in Fleisch und Wurst oft mehr als reichlich vorhanden sind. Daher sollte eine Einschränkung der Gesamtfettmenge immer auch mit einer Einschränkung der versteckten, überwiegend gesättigten Fette einhergehen. Für die Praxis bedeutet dies, daß magere Fleisch- und Wurstsorten fetten Sorten vorzuziehen sind. Mageres Fleisch enthält 2–7 g Fett und 18–22 g Eiweiß pro 100 g. Fettes Fleisch dagegen enthält nur 8–14 g Eiweiß, aber 25–45 g Fett in 100 g. Wurst kann sogar noch fetter sein. Mit etwa 100 g magerem Fleisch können bereits rd. ein Drittel bis zur Hälfte (je nach Bedarf) der pro Tag empfohlenen Eiweißmenge zugeführt werden. Der biologische Wert des Fleischeiweißes (d. h. Art und Menge der Eiweißbausteine – Aminosäuren) ist neben dem aus Milch, Eiern und Fisch am höchsten.

Fisch

Fisch enthält als energieliefernden Nährstoff in erster Linie Eiweiß. Nur einige, wie die Fettfische Aal und Hering, enthalten zum Teil Fettmengen, die das Doppelte der Eiweißmenge ausmachen können. Fisch enthält 12–18 g Eiweiß und von weniger als 1 g bis zu über 20 g Fett (Fettfisch) pro 100 g. Kohlenhydrate sind im Fisch praktisch nicht vorhanden. Fisch enthält weiterhin reichlich Mineralstoffe, Spurenelemente und Vitamine. Seefische sind besonders reich an Jod.
Da Fisch weniger Bindegewebe enthält als das Fleisch von Schlachttieren, ist er leichter verdaulich. Diese Tatsache, wie auch sein im Verhältnis zum Fleisch geringerer Brennwert (Magerfisch) und sein Anteil an hochwertigem Eiweiß, machen den Fisch zu einem ernährungsphysiologisch hochwertigen Nahrungsmittel.

Milch und Milchprodukte

Alle Milchprodukte enthalten Eiweiß, Fett und Kohlenhydrate als energieliefernde Nährstoffe, jedoch in unterschiedlicher Menge. Darüber hinaus sind in Milchprodukten Vitamine, Mineralstoffe und Spurenelemente enthalten.
Wie auch für Fleisch, gilt für die Milchprodukte ebenfalls: je fettärmer ein Produkt ist, je mehr Eiweiß enthält es. Dagegen halten sich die Schwankungen der Kohlenhydratanteile in engen Grenzen.
Milch und Milchprodukte sind die wichtigsten Quellen für den Mineralstoff Calcium (bereits mit 3/4 l Milch läßt sich der tägliche Calciumbedarf eines Erwachsenen decken).
Obwohl derzeit bereits etwa 60% (Ernährungsbericht 1980) der täglich empfohlenen Calciumzufuhr durch Milch und Milchprodukte gedeckt werden, erscheint eine Steigerung des Verbrauchs dieser Produkte ratsam, da die Gesamt-Calciumzufuhr in allen Altersgruppen nicht die pro Tag empfohlene Menge erreicht.
Da Milchprodukte einen erheblichen Fettanteil aufweisen können, eine Reduzierung der Aufnahme versteckter Fette jedoch wünschenswert ist, sollten fettärmere Milch und Milchprodukte in einer gesunden Ernährung mehr Beachtung finden. So enthalten z. B. 100 g Camembert 60% F.i.Tr. = 34 g Fett, jedoch nur 18 g Eiweiß und 276 mg Calcium. Dagegen enthalten 100 g Magerkäse (unter 10% F.i.Tr.) nur 1 g Fett, aber 30 g Eiweiß und 1200 mg Calcium.

Eier

An energieliefernden Nährstoffen sind in Eiern Eiweiß und Fett zu etwa gleichen Teilen enthalten. Der Gehalt an Kohlenhydraten ist so gering, daß er unbeachtet bleiben kann.
Eier enthalten weiterhin Vitamine, Mineralstoffe und Spurenelemente. Das Eiweiß (nicht zu verwechseln mit dem Eiklar) des Eies ist, aufgrund seines Anteiles an lebensnotwendigen Bausteinen, von hoher biologischer Wertigkeit. Eiweiß ist sowohl im Eiklar wie auch im Eidotter enthalten. Fett und Cholesterin (eine fettähnliche Substanz) befinden sich dagegen fast ausschließlich im Eidotter.
Das gleiche gilt für Vitamin A und Eisen, die ebenfalls überwiegend im Dotter vorhanden sind. In den letzten Jahren ist der Verbrauch von Eiern stark angestiegen. Im Prinzip ist dagegen auch nichts einzuwenden, da sich aus Eiern eine Vielzahl von schmackhaften und oft preisgünstigen Gerichten herstellen läßt. Wer allerdings einen erhöhten Cholesterinspiegel hat, sollte seinen Eierkonsum einschränken (1 Ei enthält etwa 300 mg Cholesterin).

Speisefette

Nach ihrer Herkunft unterscheidet man zwischen pflanzlichen (Pflanzen-Margarine, Speiseöl, Plattenfett) und tierischen Fetten (Butter, Schmalz, Talg). Die Speisefette gehören zu den energiereichsten Nahrungsmitteln. Als Nährstoff enthalten sie überwiegend bzw. ausschließlich Fett. Darüber hinaus jedoch auch wichtige Vitamine, Spurenelemente sowie essentielle (lebensnotwendige) Fettsäuren.
Der Verbrauch an allen genannten Speisefetten zusammen beträgt derzeit etwa 40% der Gesamtfettmenge (Ernährungsbericht 1980).
Die Streichfette *Butter* und *Margarine* bestehen zu etwa 80% aus Fett. Der Anteil an Eiweiß und Kohlenhydraten ist gering. Der Brennwert beider Fette ist fast gleich. Daneben gibt es Halbfettmargarine und Milchhalbfett, die die Hälfte des Fettgehaltes und somit auch die Hälfte des Brennwertes „normaler" Produkte enthalten.
Butter und Margarine enthalten die wichtigen fettlöslichen Vitamine A, D und E. Während der Vitamingehalt von Margarine relativ konstant ist, schwankt er bei der Butter aufgrund

der unterschiedlichen Fütterungsbedingungen (Sommer- und Winterbutter). Der Anteil an essentiellen Fettsäuren liegt bei Butter zwischen 2 und 5% und bei Margarine, je nach Art, zwischen 25 und 55%.
Schweineschmalz besteht zu 100% aus Fett und hat demzufolge einen höheren Brennwert als Butter und Margarine. Der Anteil an fettlöslichen Vitaminen ist geringer. Schmalz enthält etwa 10% essentielle Fettsäuren.
Pflanzenöl und *Pflanzenhartfette* (Plattenfette) bestehen ebenfalls zu 100% aus Fett. Im Gegensatz zu den Pflanzenhartfetten, die etwa bis zu 17% essentielle Fettsäuren enthalten können, weisen Speiseöle einen vergleichsweise hohen Gehalt an diesen lebenswichtigen Substanzen auf (z. B. Distelöl etwa 78%, Sonnenblumenöl etwa 66%, Maiskeimöl etwa 60%).
Für alle Fette, die als Brotaufstrich und zur Speisenzubereitung verwendet werden, gilt das Prinzip der Vielfalt. Falls bestimmte Erkrankungen keine speziellen diätetischen Maßnahmen notwendig machen, sollten sowohl tierische wie auch pflanzliche Fette gemeinsam und in angemessener Menge verwendet werden.

Getreideprodukte

Getreideprodukte enthalten überwiegend Kohlenhydrate, die hauptsächlich als Stärke vorliegen. Etwa 50% der durchschnittlich verzehrten Gesamtkohlenhydratmenge stammen aus Brot, Backwaren und Nährmitteln. Getreideprodukte liefern jedoch auch pflanzliches Eiweiß (mehr als 25% der Gesamteiweißzufuhr), wenig Fett (mit Ausnahme von bestimmten Backwaren) und wichtige Vitamine, Mineralstoffe, Spurenelemente sowie Ballaststoffe. Nach dem Ernährungsbericht 1980 werden mit Getreideprodukten fast annähernd soviel Vitamine des B-Komplexes (mit Ausnahme von B_{12}) zugeführt wie mit Fleisch, das meiste Eisen sowie der größte Teil der Ballaststoffe aufgenommen. Das bedeutet allerdings nicht, daß die Bedarfsdeckung an diesen Substanzen ausreichend ist. Im Gegenteil, in allen Altersgruppen ist die Versorgung mit z. B. Vitamin B_1 und Eisen zur Zeit noch unbefriedigend. Um diese Situation zu verbessern ist es wünschenswert, mehr Getreideprodukte, besonders Vollkornprodukte, zu sich zu nehmen.
Backwaren, wovon derzeit jeden Tag und pro Person durchschnittlich etwa 70 g verzehrt werden (erstaunlicherweise essen Männer mehr als Frauen), sind nicht immer als gesundheitsfördernde Nahrungsmittel zu bewerten. Da sie meist unter Verwendung von Mehlen mit niedrigem Ausmahlungsgrad (helles Mehl) hergestellt werden, ist der Gehalt an Mineralstoffen und Vitaminen gering. Darüber hinaus enthalten Backwaren oft reichlich Fett und Zucker – Nahrungsmittel also, die ohnehin eingeschränkt werden sollten; vor allem im Hinblick auf evtl. bestehendes Übergewicht.

Gemüse und Obst

Da Gemüse und Obst 80–90% Wasser enthalten, ist der Anteil an energieliefernden Nährstoffen relativ gering. Der Brennwert für Gemüse und Obst resultiert in erster Linie aus dem Gehalt an Kohlenhydraten, die im Gemüse vorwiegend als Stärke und Ballaststoffe und im Obst vorwiegend als Zucker und nur zu einem geringen Teil als Stärke und Ballaststoffe vorliegen. Der Kohlenhydratanteil liegt bei frischem Gemüse zwischen 2 und 8% und bei frischem Obst zwischen 7 und 16% (Bananen und Weintrauben sind mit 23 bzw. 17 g Kohlenhydraten pro 100 g am kohlenhydratreichsten). Eiweiß ist in Gemüse und Obst nur in geringen Mengen enthalten (mit Ausnahme von getrockneten Hülsenfrüchten, die über 20% Eiweiß enthalten). Der Nährstoff Fett ist in Gemüse und Obst praktisch nicht vorhanden, mit Ausnahme von Avocados, die in 100 g Fruchtfleisch etwa 24 g Fett enthalten.

Die besondere Bedeutung für eine gesunde Ernährung liegt bei Obst und Gemüse in dem Gehalt an Ballaststoffen, die für die Verdauungstätigkeit wichtig sind, und in dem Gehalt an wichtigen Vitaminen, Mineralstoffen und Spurenelementen. So sind Gemüse und Obst wichtige Quellen für die Vitamine A, B_1, B_2 und C sowie für Eisen. Es ist daher notwendig, ausreichende Mengen an Gemüse und Obst (auch als Frischkost) aufzunehmen, um Mangelerscheinungen vorzubeugen.

Kartoffeln

Wie Obst und Gemüse enthalten auch Kartoffeln als Hauptbestandteil etwa 80% Wasser. Der energieliefernde Nährstoff in der Kartoffel sind die Kohlenhydrate (15%), die in Form von Stärke und Ballaststoffen vorliegen. Fett ist in Kartoffeln nur in Spuren vorhanden. Eiweiß dagegen zu etwa 2%. Auch wenn der Eiweißanteil gering ist, ist die Zusammensetzung des Eiweißes ganz besonders hochwertig. Kartoffeln enthalten weiterhin Vitamine (besonders Vitamin C und B_1) sowie Mineralstoffe und Spurenelemente.
So läßt sich z. B. durch eine Portion Kartoffeln (250 g) der tägliche Vitamin-C-Bedarf fast zur Hälfte und der Bedarf an Eisen zu 15% decken. Ganz wesentlich zur Erhaltung aller wertvollen Inhaltsstoffe ist jedoch die Zubereitungsart. In Pellkartoffeln ist ihr Anteil durchweg höher als in Salzkartoffeln.

Zucker

Zucker und Süßwaren bestehen ausschließlich bzw. überwiegend aus Kohlenhydraten. Zukker enthält keine wertvollen Vitamine, Mineralstoffe oder Spurenelemente. Er liefert also nur Energie.
Da der Zuckerkonsum und der Konsum an Süßwaren, die außerdem noch erhebliche Mengen Fett enthalten können (Vollmilchschokolade z. B. 33%), in den letzten Jahren stark zugenommen und bereits zu gesundheitlichen Konsequenzen geführt hat (Übergewicht, Karies), wird allgemein vor einem überhöhten Verzehr von Zucker und Süßwaren gewarnt. Etwa 35 g Zucker und noch einmal etwa die gleiche Menge an Süßwaren nimmt heute jeder Bundesbürger pro Tag zu sich.

Genußmittel

Bei den Genußmitteln handelt es sich um solche Nahrungsmittel, die auf den Körper eine anregende Wirkung ausüben. Sie enthalten entweder keine oder nur eine geringe Menge Inhaltsstoffe, die zum Aufbau und zur Erhaltung des Organismus notwendig sind: Zu den Genußmitteln zählen Alkohol, Kaffee und Tee.

Alkoholische Getränke

Fast alle alkoholischen Getränke enthalten als Hauptenergielieferant den Nährstoff Alkohol. Einige enthalten jedoch auch größere Mengen an Kohlenhydraten, wie z. B. Bier oder die verschiedenen Liköre. 1 g Alkohol liefert bei der Verbrennung im Organismus etwa 30 Kilojoule = 7 Kilokalorien. Je höher der Alkoholgehalt, um so höher ist demnach auch der Brennwert eines Getränkes. Alkohol wird im Organismus sofort in Energie umgesetzt. Wird getrunken und gegessen, was ja meistens der Fall ist, wird zuerst der Alkohol in Energie umgesetzt. Andere, mit der Nahrung aufgenommene Nährstoffe, werden dadurch an ihrer „Verbrennung" gehindert. Alkohol muß also immer voll in die Berechnung der Energiezufuhr mit einbezogen werden.

Wieviel Alkohol man vertragen kann, ist individuell verschieden: Alter, Geschlecht, körperliche Konstitution sowie die jeweilige seelische Verfassung sind Faktoren, die für die Verträglichkeit von Alkohol eine Rolle spielen.
Werden größere Mengen Alkohol über längere Zeit aufgenommen, kann die Leber geschädigt werden. Man nimmt an, daß etwa 80 g reiner Alkohol (etwa 1 l Wein oder 2 bis 2,5 l Bier) pro Tag toleriert werden können.
Allerdings können für manch einen bereits weniger als 80 g Alkohol eine gesundheitliche Gefährdung bedeuten, ein anderer wiederum kann etwas mehr als 80 g verkraften.
In welchem Getränk auch immer, Alkohol bleibt Alkohol. In Maßen getrunken ist Alkohol ein Genuß. Doch ist allein die Dosis ausschlaggebend dafür, welche Auswirkungen Alkohol auf Gesundheit und Wohlbefinden hat.
Für Kinder und Jugendliche ist Alkohol gefährlich und daher nicht geeignet.

Kaffee, Tee

Kaffee und Tee zählen zu den anregenden Getränken. Die belebende Wirkung ist auf das Coffein zurückzuführen, das auf das Zentralnervensystem einwirkt und außer im Kaffee auch in schwarzem Tee, daher häufig Tein genannt, enthalten ist. Kaffee enthält bis zu 1,5% Coffein, Tee dagegen bis 5%. Die Wirkung des Coffeins von schwarzem Tee ist allerdings sehr viel schwächer als die von Kaffee. In manchen Fällen ist das Coffein im Kaffee unerwünscht. Hier bietet sich entcoffeinierter Kaffee an (Coffeingehalt höchstens 0,08%), bei dem durch ein Spezialverfahren das Coffein aus der Kaffeebohne herausgelöst wurde.
Schwarzer Tee (Blätter) enthält u. a. auch Gerbsäuren (etwa 12%), die oft nicht vertragen werden. Dazu sollte man wissen, daß sich in den ersten 1–2 Minuten zunächst das Coffein des Tees und erst nach weiteren 3 Minuten die Gerbsäure löst.
Auch wenn Kaffee und Tee noch andere Wirkstoffe enthalten, bleibt doch das Coffein der wichtigste, da von ihm die anregende Wirkung ausgeht. Ein maßvoller Genuß von Kaffee und Tee ist unschädlich.

Gewürze und Küchenkräuter

In einer richtigen Ernährung kommt es nicht nur darauf an, daß ausreichend Nährstoffe zugeführt werden, sondern daß das, was angeboten wird, schmeckt, appetitlich aussieht und gut riecht. Ist dies nicht der Fall, kann jede Speise, sei sie auch noch so „gesund", wertlos sein, weil sie nicht gegessen wird. Das Zusammenspiel der Faktoren Wohlgeschmack, Duft und Zusammensetzung ist also eine wesentliche Voraussetzung für die Bekömmlichkeit der Speisen.
Gewürze sind Pflanzenteile verschiedenster Art, die häufig aus den Tropen stammen und meist getrocknet angeboten werden. Durch ihren Gehalt an aromatischen oder scharf schmeckenden Inhaltsstoffen geben sie den Speisen einen besonders würzig-pikanten Geschmack.
Küchenkräuter sind meist frische Pflanzenteile inländischer Herkunft, deren Würzkraft sehr viel milder im Geschmack ist, als die der Gewürze. Küchenkräuter sind überwiegend reich an Vitamin C.
Durch die in fast allen Würzmitteln enthaltenen aromatischen Inhaltsstoffe, wird neben der Geschmacksverbesserung auch noch der Appetit und die Magensaftabsonderung angeregt und somit die Verdauung gefördert. Obwohl Gewürze, die nicht nur in der Küche, sondern auch in der Heilkunde ihren Platz haben, schon seit alters her bekannt sind und früher zu den kostbaren Dingen zählten, werden sie heute oft stiefmütterlich behandelt. Häufig fehlt das Wissen um die verschiedenen Arten, deren Verwendungsmöglichkeiten, Dosierung und Aufbewahrung.

Das Wieviel, Was und Wie oft der Nahrungsaufnahme

Gesunde Ernährung heißt nicht Nahrungsaufnahme schlechthin, sondern Menge, Art und Zusammensetzung der Nahrung, die Häufigkeit der Mahlzeiten, deren Zubereitung und letztlich auch der Preis spielen eine wichtige Rolle.

WIEVIEL Nahrung aufgenommen werden soll, orientiert sich am individuellen Energiebedarf. Personen, die leichte Arbeit verrichten, dazu gehören auch alle überwiegend geistigen Tätigkeiten, haben naturgemäß einen geringeren Energiebedarf als solche, die körperlich schwer arbeiten oder solche, die z. B. Leistungssport betreiben. Auch Schwangere und Stillende haben einen höheren Energiebedarf (Schwangere 6.–9. Monat täglich 200 kcal mehr, Stillende etwa 120 kcal pro 100 ml Milch). Mit zunehmendem Alter nimmt der Energiebedarf ab. Setzt man den Energiebedarf im Alter von 18–35 Jahren gleich 100%, so liegt er bei 60jährigen noch etwa bei 82%, um bis zum 75. Lebensjahr auf etwa 78% abzufallen. Unter Berücksichtigung dieser Faktoren kann sich jeder seinen eigenen Energiebedarf annähernd selbst berechnen (siehe S. 13). Wer übergewichtig ist, sollte auf jeden Fall seine Energiezufuhr reduzieren. Dabei ist eine langsame Gewichtsabnahme erfolgversprechender als Radikalkuren, die oft unangenehme Folgen haben können und deren anfängliche Erfolge selten von Dauer sind.

WAS gegessen und getrunken werden sollte, richtet sich einmal nach dem Bedarf an den verschiedenen Nährstoffen, zum anderen aber auch nach den Beliebtheiten für bestimmte Nahrungsmittel oder deren Zubereitung. Da gerade letzteres so individuell verschieden ist, ist es nicht angebracht, z. B. Menüvorschläge oder komplette Tagesspeisenpläne niederzuschreiben. Für Anregungen ist zwar jeder dankbar, aber keiner läßt sich gern in ein festes Schema pressen. Daher soll hier nur kurz die Nährstoffzufuhr in Verbindung mit den Nahrungsmittelgruppen und mögliche Nahrungsmittelmengen angesprochen werden.

Der Eiweißbedarf sollte nicht nur durch tierische, sondern auch durch pflanzliche Produkte gedeckt werden. Beachtet werden sollte, daß jedes fettarme Nahrungsmittel tierischer Herkunft mehr Eiweiß enthält als fettreiche. Daher sollte mageren Fleisch- und Aufschnittarten, mageren Milchprodukten und Fisch der Vorzug gegeben werden (bei Übergewicht ist besonders darauf zu achten). Eine gute Ergänzung dazu bieten pflanzliche Eiweißträger wie Kartoffeln, Getreideerzeugnisse und Gemüse.

Bei der *Fettzufuhr* sollten fettarme Nahrungsmittel tierischer Herkunft bevorzugt werden, um die Aufnahme an unsichtbarem Fett zu reduzieren. Als Brotaufstrich und zur Speisenzubereitung sollten neben anderen Fetten auch Margarine und Speiseöl-Sorten mit einem hohen Gehalt an mehrfach ungesättigten Fettsäuren verwendet werden. Besteht Übergewicht, sollte das sonst zur Speisenzubereitung verwendete Fett reduziert werden.

Kohlenhydrate sollten in erster Linie in Form von Vollkornbrot, Kartoffeln, Gemüse und Obst aufgenommen werden, denn Zucker und andere Süßwaren „heizen" den Appetit an. Eine starke Einschränkung derartiger Nahrungsmittel ist dann besonders wichtig, wenn Übergewicht besteht. Frisches Gemüse, Salate und Obst sollten fester Bestandteil der Tageskost sein. Bei einer vielseitigen Auswahl sichern folgende Mengen die Vitamin- und Mineralstoffzufuhr: Kartoffeln 250–300 g, Gemüse 250 g, Obst 200 g.

Zuckerhaltige Getränke wie Limonaden oder Cola-Getränke und alkoholische Getränke haben einen hohen Brennwert, der leider oft unberücksichtigt bleibt. Es sollte daher beachtet werden, daß auch diese Kalorien die Energiebilanz belasten. Überreichlicher Genuß schadet der Gesundheit.

Durch eine abwechslungsreiche, gemischte Kost ist die ausreichende Zufuhr an lebensnotwendigen Vitaminen und Mineralstoffen sichergestellt.

Vorschlag für die Nahrungsmittelauswahl

Sollen täglich nur etwa *8370 kJ = 2000 kcal* zugeführt werden, kann die Nahrungsmittelauswahl folgendermaßen aussehen:
1/2 l fettarme Milch, 50 g Käse (30% F.i.Tr.), 30 g magere Wurst oder ähnliches (z. B. Cornedbeef), 100 g mageres Schweinefleisch, 100 g Magerquark, 250 g Gemüse, 250 g Kartoffeln, 200 g Obst, 200 g Vollkornbrot, 30 g Aufstrichfett, 20 g Pflanzenöl zur Speisenzubereitung. Alles zusammen enthält etwa 8370 kJ = 2000 kcal.
Muß eine Reduktionskost zusammengestellt werden, so unterscheidet sich die Nahrungsmittelauswahl von der eben aufgezeigten nur geringfügig. Wichtig dabei ist, die Nahrungsmenge soll relativ groß sein, jedoch einen geringen Brennwert aufweisen:
4180 kJ = 1000 kcal sind insgesamt enthalten in:
1/4 l fettarmer Milch, 50 g Käse (30% F.i.Tr.), 30 g magerer Wurst, 100 g magerem Schweinefleisch, 100 g Magerquark, 250 g Gemüse, 200 g Obst, 4 Scheiben Knäckebrot, 15 g Aufstrichfett (oder 30 g Halbfettmargarine bzw. Milchhalbfett).
Die Zusammenstellung und Verarbeitung aller Nahrungsmittel richtet sich natürlich nach dem individuellen Geschmack, den verschiedenen Gewohnheiten und auch den Gegebenheiten. Wer z. B. aus beruflichen Gründen oft außer Haus essen muß oder auf eine Gemeinschaftsverpflegung angewiesen ist, muß versuchen, mögliche Mängel in der Nährstoffversorgung zu Hause wieder auszugleichen. Auch wenn Kinder oder ältere Menschen zu versorgen sind, müssen deren unterschiedliche Bedürfnisse berücksichtigt werden.
Wichtig ist immer, daß alle Nahrungsmittel so zusammengestellt sind, daß die Kost die ernährungsphysiologischen Bedürfnisse erfüllt, daß sie schmackhaft, abwechslungsreich und appetitlich angerichtet ist.
WIE OFT am Tag gegessen wird, d. h. wie die zur Verfügung stehende Energiemenge über den Tag verteilt wird, ist ein ausschlaggebender Faktor in einer gesunden Ernährung, der jedoch leider zu wenig berücksichtigt wird.
Wer hat nicht selbst schon beobachtet, daß die persönliche Leistungsbereitschaft im Tagesverlauf unterschiedlich ist. Das ist normal. Die Leistungskurve eines jeden schwankt. Durch unsachgemäße Ernährung jedoch wird ein Leistungstief noch verstärkt. Verteilt man dagegen seine Nahrungsmenge richtig, können die Einbrüche in der Leistungskurve abgeschwächt werden.
Es ist stets ungünstig, sich mit dem sprichwörtlichen „Bärenhunger" an den gedeckten Tisch zu setzen. Es wird mehr gegessen, als man eigentlich benötigt. Folge davon sind Völlegefühl und Leistungsabfall. Fünf kleinere Mahlzeiten sind daher besser als drei große. Häufigere, kleinere Mahlzeiten werden besser ausgenutzt, belasten die Verdauungsorgane wenig und beeinträchtigen nicht die Leistungsfähigkeit und das Wohlbefinden. Dies ist gerade bei sitzender Tätigkeit wichtig.
Für die Verteilung der täglichen Energiemenge wird empfohlen, daß etwa je ein Viertel auf das erste Frühstück und Abendessen, etwa ein Drittel auf das Mittagessen und der Rest auf je eine Zwischenmahlzeit am Vor- und Nachmittag entfallen. Ein Beispiel soll dies verdeutlichen:

		8370 kJ (2000 kcal) pro Tag
1. Frühstück	= 25%	2090 kJ (500 kcal)
2. Frühstück	= 10%	840 kJ (200 kcal)
Mittagessen	= 30%	2510 kJ (600 kcal)
Nachmittag	= 10%	840 kJ (200 kcal)
Abendessen	= 25%	2090 kJ (500 kcal)

Daß ein wesentlicher Teil des Wohlbefindens und der Bekömmlichkeit auch vom ruhigen Genuß der Mahlzeiten abhängt, sollte eigentlich selbstverständlich sein. Die Gewohnheit, Essen hastig hinunterzuschlingen oder die Einstellung „essen, um satt zu werden", haben wenig mit gesunder Ernährung zu tun. Ob die Mahlzeiten zu Hause oder außer Haus eingenommen werden, man sollte sich Zeit nehmen und bewußt essen.
Zum Schluß sei noch gesagt, daß gesunde Ernährung nicht teuer sein muß, was oft angenommen wird. Überlegter Einkauf, Information, Preis- und Qualitätsvergleiche, Ausnutzung von Sonderangeboten, bevorzugter Einkauf von Saisonprodukten und richtige Vorratshaltung sind Faktoren, die beachtet werden sollten, um die Ausgaben für die Ernährung in einem vernünftigen Rahmen zu halten. Nicht nur Steaks mit ausgefallenen Beilagen sind gesund und bringen Genuß, sondern auch ein Gericht z. B. aus Pellkartoffeln mit einem pikant abgeschmeckten Quark ist ernährungsphysiologisch hochwertig und eine schmackhafte Mahlzeit.

Tabelle

Körperlänge – Körpergewicht:

Durchschnittswerte für Säuglinge, Kinder und Jugendliche

Verbraucher-gruppen	Alter	m Körper-länge cm	m Körper-gewicht kg	w Körper-länge cm	w Körper-gewicht kg
Säuglinge	bis unter 7 Mon.	59	5,3	58	5,2
	7 bis unter 12 Mon.	72	9,2	70	8,4
Kinder	1 bis unter 4 Jahre	94	14,0	92	13,5
	4 bis unter 7 Jahre	115	20,2	115	20,0
	7 bis unter 10 Jahre	134	28,9	133	28,6
	10 bis unter 13 Jahre	149	39,2	151	42,1
	13 bis unter 15 Jahre	165	52,7	162	53,5
Jugendliche	15 bis unter 19 Jahre	175	63,9	164	56,6

Quelle: Empfehlungen für die Nährstoffzufuhr, Deutsche Gesellschaft für Ernährung, 1975

Allgemeine Grundbegriffe

Küchentechnische Ausdrücke

Abschäumen	Entfernen des Schaumes nach dem ersten Aufkochen von Fleischbrühen.
Abschrecken	Übergießen heißer Nahrungsmittel mit kaltem Wasser.
Abschlagen	Schlagen von rohen Zutaten unter Erwärmung im Wasserbad zu einer cremigen Masse.
Abziehen (legieren)	Eigelb oder Ganz-Ei mit etwas Flüssigkeit (Wasser oder Sahne) verschlagen und unter Schlagen in die kochendheiße Speise geben, diese darf nicht mehr aufkochen.
Anschwitzen (andünsten)	Erhitzen des Kochgutes (Suppengrün, Zwiebel, Gemüse) in heißem Fett, ohne daß es bräunt.
Ausbacken (fritieren)	Garen in heißem Fett, das Kochgut muß darin schwimmen. Entweder verwendet man dazu nur Speiseöl oder nur festes Fett, z. B. Pflanzenfett (z. B. Biskin), aber nicht Öl und festes Fett gemischt.
Backen	Garen durch heiße Luft im Backofen oder in Spezialgeräten, wie Waffeleisen usw.
Binden	Suppen oder Soßen mit kalt angerührter Speisestärke (z. B. Gustin) oder kalt angerührtem Mehl sämig machen.
Braten	Garen in Fett bei hoher Temperatur im Brattopf, in der Pfanne, im Backofen, auf dem Rost oder in der Rostbratpfanne. Wichtig ist die schnelle und gute Bräunung, bei der sich Röst- und Aromastoffe bilden.
Dämpfen	Garen im Siebeinsatz im Wasserdampf im gut verschlossenen Topf. Der Nährstoffverlust ist gering, da das Kochgut nicht unmittelbar mit dem Kochwasser in Berührung kommt.
Dünsten	Garen im eigenen Saft, wenn nötig unter Zugabe von etwas Fett oder Flüssigkeit. Die Nährstoffe bleiben weitgehend erhalten.
Gar ziehen lassen	Das Kochgut knapp unter der Kochtemperatur halten.

Grillen Garen durch Strahlungshitze bei besonders hoher Temperatur.

Karamelisieren Schmelzen und Bräunen von Zucker unter ständigem Rühren, mit Flüssigkeit ablöschen.

Kochen Garen in Flüssigkeit. Nur anzuwenden, wenn die Flüssigkeit zu Suppen oder Soßen verwendet werden kann, da ein Teil der Nährstoffe in das Kochwasser übergeht. Grundsätzlich muß das Kochgut bei hoher Einstellung zum Kochen gebracht und dann bei niedriger Einstellung kochend gehalten werden, ohne überzukochen. Bei Herden mit Automatikplatten, die auf den Bereich „Kochen" gestellt werden können, entfällt das Umstellen, denn der Kochvorgang wird selbsttätig durch die Temperaturautomatik überwacht.

Panieren Das Bratgut nacheinander wenden in Weizenmehl, verschlagenem Ei und Semmelmehl.

Pürieren Zerkleinern von rohen oder gekochten Lebensmitteln zu einer breiigen Masse.

Quellen Einweichen von Hülsenfrüchten, Backobst in reichlich Wasser, damit sich das Gewebe mit Wasser anreichert und ein schnelles Garen erreicht wird. Einweichwasser grundsätzlich mit verwerten.

Schmoren Anbraten in Fett im offenen Gefäß bis zur Bräunung und garen unter Zugabe von Flüssigkeit im geschlossenen Topf.

Stocken Garen von Ei oder Eimasse mit oder ohne Fett bei geringer Temperatur.

Überbacken (gratinieren) Fertige Speisen, die mit geriebenem Käse oder Semmelmehl und Butterflöckchen belegt sind, bei starker Hitze von oben bräunen oder überkrusten lassen.

Unterheben (unterziehen) Vorsichtiges Vermengen (nicht verrühren) von steifgeschlagenem Eiweiß/Sahne mit einer Teig-/Eigelbmasse.

Im Wasserbad garen Garen von empfindlichen Speisen (abgeschlagene Soßen und Cremes) in einer Schüssel, die in einem Topf mit kochendheißem Wasser hängt.

Abkürzungen

kg	= Kilogramm		kJ	= Kilojoule
g	= Gramm		kcal	= Kilokalorie
l	= Liter		E	= Eiweiß
ml	= Milliliter		F	= Fett
Eßl.	= Eßlöffel		Kh	= Kohlenhydrat
Teel.	= Teelöffel			

Mengenangaben

Bei den folgenden Angaben handelt es sich um Durchschnittsmengen, die jede Hausfrau aufgrund ihrer Erfahrungen für die besonderen Verhältnisse ihrer Familie abändern muß. Bei der Veranschlagung des Kostmaßes sind Alter, Berufsarbeit, Gewöhnung, Veranlagung der einzelnen Personen und die Speisenzusammenstellung zu berücksichtigen.
Im allgemeinen werden folgende Mengen für eine Person und Mahlzeit zugrundegelegt:

Vorsuppe:		250 ml (1/4 l)
Hauptgericht:		500 ml (1/2 l) Suppe
	oder	150–200 g Fleisch ohne Knochen
	oder	200–250 g Fleisch mit Knochen
	oder	250 g Fisch mit Kopf
	oder	150–200 g Fischfilet
Beigaben:		100–125 ml (1/10–1/8 l) Soße
	und	250 g Gemüse (ungeputzt)
	oder	60 g Backobst
	und	250 g Kartoffeln (ungeschält)
	oder	60–70 g Reis
	oder	60–70 g Teigwaren
Nachtisch:		150–200 g frisches Obst
	oder	125 g frisches Obst für Kompott
	oder	60 g Backobst

Flüssigkeitsmengen

1000 ml (1 l)	Wasser	= 1 kg	=	1000 g
750 ml (3/4 l)	Wasser	= 3/4 kg	=	750 g
500 ml (1/2 l)	Wasser	= 1/2 kg	=	500 g
375 ml (3/8 l)	Wasser	= 3/8 kg	=	375 g
250 ml (1/4 l)	Wasser	= 1 Suppenteller		
200 ml (1/5 l)	Wasser	= 200 g		
125 ml (1/8 l)	Wasser	= 8 Eßl.		
100 ml (1/10 l)	Wasser	= 6 Eßl.		
15 ml	Wasser	= 1 Eßl.		

Maße und Gewichte

1 kg	=	1000 g
½ kg	=	500 g (1 Pfund)
1 Eßl. Mehl, gestrichen	=	10 g
1 Eßl. Gustin, gestrichen	=	8 g
1 Eßl. Gustin, schwach gehäuft	=	10 g
1 Eßl. Semmelmehl, gestrichen	=	10 g
1 Eßl. Semmelmehl, schwach gehäuft	=	15 g
1 Eßl. Grieß, gestrichen	=	12 g
1 Eßl. Graupen, Grütze, gestrichen	=	12 g
1 Eßl. Salz, gestrichen	=	15 g
1 Eßl. Zucker, gestrichen	=	15 g
1 Eßl. Zucker, schwach gehäuft	=	20 g
1 Eßl. Zucker, gut gehäuft	=	25 g
1 Teel. Mehl, gestrichen	=	3 g
1 Teel. Mehl, schwach gehäuft	=	4 g
1 Teel. Gustin, gestrichen	=	2 g
1 Teel. Gustin, schwach gehäuft	=	3 g
1 Teel. Salz, gestrichen	=	5 g
1 Teel. Zucker, gestrichen	=	4 g
1 Teel. Zucker, schwach gehäuft	=	5 g
1 Teel. Backpulver, gestrichen	=	3 g
1 Teel. Speiseöl	=	5 g
1 Teel. Senf, schwach gehäuft	=	8 g
1 Eßl. Senf, schwach gehäuft	=	25 g
1 Eßl. Fett, gestrichen	=	15 g
1 Eßl. Tomatenmark, gestrichen	=	20 g
1 Eßl. Tomatenmark, schwach gehäuft	=	25 g
1 Eßl. Tomaten-Ketchup, schwach gehäuft	=	30 g
1 Eßl. Joghurt (3,5% Fett), gestrichen	=	20 g
1 Eßl. Joghurt (3,5% Fett), schwach gehäuft	=	35 g
1 Eßl. saure Sahne (10% Fett), gestrichen	=	20 g
1 Eßl. saure Sahne (10% Fett), schwach gehäuft	=	35 g
1 Eßl. Crème fraîche (30% Fett), schwach gehäuft	=	30 g
1 Eßl. Salatmayonnaise	=	30 g
1 Eßl. gehackte Kräuter	=	4 g
1 Eßl. Kapern	=	15 g
1 Eßl. geriebener Meerrettich, schwach gehäuft	=	35 g
1 Eßl. geriebener Apfel, schwach gehäuft	=	25 g
1 Teel. Zwiebelwürfel, schwach gehäuft	=	5 g
1 Ei (Gewichtsklasse 3)	=	60 g
1 Brötchen (Semmel)	=	50 g
1 kleine Zwiebel	=	30 g
1 mittelgroße Zwiebel	=	40 g
1 große Zwiebel	=	75 g
1 kleine Tomate	=	50 g

1 mittelgroße Tomate	=	65 g
1 kleiner Apfel	=	100 g
1 mittelgroßer Apfel	=	125 g
1 mittelgroße Kartoffel	=	100 g
1 kleine Möhre	=	50 g
1 mittelgroße Möhre	=	100 g
1 kleine Salatgurke	=	375 g
1 mittelgroße Salatgurke	=	750 g
1 mittelgroße Scheibe Ananas	=	50 g
1 Gewürz- oder Essiggurke	=	50 g
1 Bund Suppengrün (Möhre, Porree, Sellerie, Petersilienwurzel)	=	250 g
1 Päckchen tiefgekühltes Suppengrün	=	75 g

Kilojoule-/Kilokalorienberechnungen

Zutaten zum Abschmecken ohne genaue Mengenangabe und die zu verschiedenen Rezepten empfohlenen Beigaben und Veränderungen in diesem Buch sind in der Kalorienberechnung nicht enthalten.
Bei der Kalorienberechnung wurden die Nährwertangaben von Souci-Fachmann-Kraut zugrunde gelegt.
Bei den Berechnungen in diesem Buch handelt es sich um Durchschnittswerte.

Nährwerttabelle

Nahrungsmittel 100 g enthalten (käufliche Rohware)	Eiweiß g	Fett g	Kohlenhydrate g	Kilojoule kJ	Kilokalorien kcal
Rindfleisch:					
Filet	19,2	4,4	–	527	126
Keule	17,4	5,9	–	552	132
Ochsenschwanz	11,1	6,3	–	452	108
Roastbeef	19,0	9,4	–	724	173
Zunge	11,8	11,8	–	699	167
Schweinefleisch:					
Filet	18,6	9,9	–	736	176
Hackfleisch (halb und halb)	18,8	24,5	–	1322	316
Kasseler	15,3	21,6	–	1138	272
Keule	15,2	20,6	–	1100	263
Kotelett	13,1	19,6	–	1021	244
Leber	20,1	5,7	–	615	147
Nieren	14,4	4,5	–	456	109
Kalbfleisch:					
Brust	10,6	3,6	–	339	81
Keule	16,1	1,2	–	347	83
Schulter	15,8	2,2	–	381	91
Hammelfleisch:					
Kotelett	12,1	25,9	–	1255	300
Geflügel:					
Ente	14,5	13,8	–	812	194
Gans	9,9	19,5	–	958	229
Poularde	15,2	4,1	–	448	107
Pute (Steak)	24,1	1,0	–	481	115
Suppenhuhn	13,5	14,8	–	837	200
Taube	18,3	2,7	–	431	103

Nahrungsmittel 100 g enthalten (käufliche Rohware)	Eiweiß g	Fett g	Kohlenhydrate g	Kilojoule kJ	Kilokalorien kcal
Wild:					
Kaninchen	16,4	6,0	-	552	132
Rehrücken	15,7	2,5	-	389	93
Wildschweinkeule	18,8	2,1	-	410	98
Fisch:					
Aal (grün)	10,5	17,2	-	874	209
Forelle	10,1	1,4	-	243	58
Kabeljau (Netto)	17,7	0,4	-	343	82
Karpfen	9,4	2,5	-	272	65
Rotbarsch	8,7	1,7	-	230	55
Seelachs	11,9	0,5	-	238	57
Scholle	9,6	0,5	-	197	47
Milchprodukte:					
Buttermilch	3,5	0,5	4,0	151	36
Crème fraîche, 30% Fett	2,6	30,2	3,9	1293	309
Joghurt, 3,5% Fett	3,9	3,8	4,6	293	70
Sahne, 30% Fett	2,4	31,7	3,4	1326	317
saure Sahne, 10% Fett	3,1	10,5	4,0	531	127
Trinkmilch, 3,5% Fett	3,3	3,6	4,7	276	66
Eier:					
Ei, Gewichtsklasse 3 (Brutto)	11,3	9,9	0,6	615	147
Öle und Fette:					
Butter	0,7	83,2	0,7	3247	776
Margarine, z. B. Sanella	0,2	80,0	0,4	3138	750
Erdnußfett	-	93,0	-	3619	865
Pflanzenöl	-	93,0	-	3619	865

Nahrungsmittel 100 g enthalten (käufliche Rohware)	Eiweiß g	Fett g	Kohlenhydrate g	Kilojoule kJ	Kilokalorien kcal
Getreideerzeugnisse:					
Grieß	10,3	0,8	75,3	1548	370
Reis, poliert	7,0	1,0	79,0	1540	368
Sago	2,0	–	82,0	1435	343
Nudeln	13,0	2,9	72,4	1632	390
Weizenmehl, Type 405	10,6	1,0	74,0	1540	368
Speisestärke (Gustin)	0,4	0,1	86,6	1460	349
Pudding-Pulver (Vanille-Geschmack)	0,4	–	85,5	1443	345
Gemüse:					
Blumenkohl	1,6	0,2	2,4	71	17
Bohnen, grün	2,3	0,2	4,8	134	32
Champignons	2,7	0,2	2,9	100	24
Chicorée	1,2	0,2	2,0	59	14
Gurken	0,4	0,1	1,0	29	7
Grünkohl	2,2	0,5	2,6	100	24
Kartoffeln	1,6	0,1	14,8	293	70
Kopfsalat	1,3	0,2	2,2	67	16
Möhren	0,8	0,2	7,1	138	33
Pfifferlinge	1,0	0,3	1,8	59	14
Spargel	1,4	0,1	2,2	63	15
Spinat	2,1	0,3	2,9	92	22
Tomaten	0,9	0,2	3,3	79	19
Weißkohl	1,1	0,2	3,3	79	19
Zwiebeln	1,2	0,2	8,0	176	42
Hülsenfrüchte:					
Bohnen (weiße)	21,3	1,6	57,6	1473	352
Erbsen	22,9	1,4	58,9	1515	362
Linsen	23,5	1,4	56,2	1481	354
Süßwaren:					
Zucker	–	–	99,8	1648	394
Schokolade (Vollmilch)	9,1	32,8	54,7	2356	563

Nahrungsmittel 100 g enthalten (käufliche Rohware)	Eiweiß g	Fett g	Kohlenhydrate g	Kilojoule kJ	Kilokalorien kcal
Obst:					
Ananas	0,3	0,1	7,1	126	30
Äpfel	0,3	0,4	12,6	230	55
Bananen	0,8	0,1	15,6	276	66
Birnen	0,4	0,3	11,9	218	52
Erdbeeren	0,8	0,4	7,3	151	36
Himbeeren	1,3	0,3	8,1	167	40
Pflaumen	0,6	0,2	13,6	243	58
Weintrauben	0,7	0,3	16,1	289	69
Backobst	2,8	0,6	64,1	1151	275
Getränke:					
Apfelsaft	–	–	11,6	192	46
Orangensaft, frisch	0,7	–	10,6	192	46
Rotwein, leicht	0,2	7,9	2,4	276	66
Weißwein, mittlere Qualität	0,2	8,4	2,6	293	70
Vollbier, hell	0,5	3,6	4,8	197	47

Bei diesem Schulkochbuch handelt es sich um ein Grundkochbuch, das die Grundzubereitungen ausführlich behandelt.
Spezielle Zubereitungen werden in folgenden Dr. Oetker Büchern ausführlich abgehandelt:
Gesunde Grillkost
Braten · Backen · Kochen in Folie
Tontopf
Schnellkochtopf
Das große Heißluft-Kochbuch
Das große Mikrowellen-Kochbuch
Einmachbucn
Die Bücher erscheinen im Ceres-Verlag Rudolf-August Oetker KG, Bielefeld.

Suppen

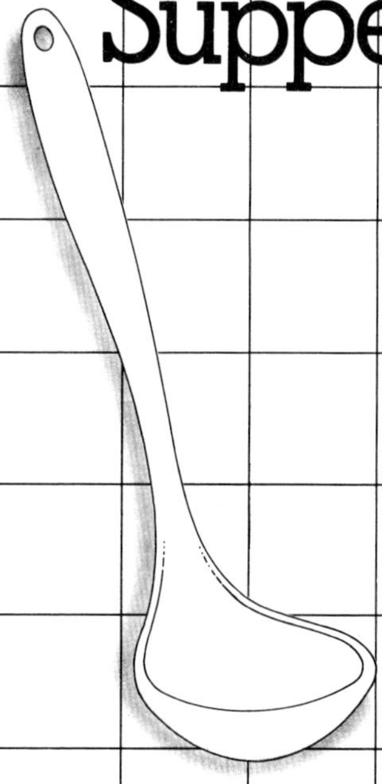

Fleisch- und Knochensuppen

Regeln 1. Fleisch und Knochen nur kurz mit kaltem Wasser abspülen, damit keine Nährstoffe verlorengehen.

2. Fleisch in kaltes oder kochendes Wasser geben. Kommt es nur auf eine gute Brühe an, das Fleisch (evtl. kleinschneiden) in kaltem Wasser aufsetzen, damit das Fleisch besser auslaugt. Soll das Fleisch saftig bleiben, es in kochendes Wasser geben; das Eiweiß an den Schnittflächen gerinnt sofort und verschließt die Poren des Fleisches.

3. Fleisch muß während des Kochens mit Wasser bedeckt sein, da es sonst hart und zäh wird.

4. Brühe bei starker Hitze fast zum Kochen bringen, abschäumen, bei schwacher Hitze fertig kochen.

5. Ein Verkochen der Flüssigkeit braucht beim Ansetzen nicht berücksichtigt zu werden, da auf dem Gas- und Elektroherd bei richtiger Einstellung der Flamme bzw. der Kochplatte kaum Wasser verdampft.

6. Das geputzte, gewaschene Suppengrün kleingeschnitten oder gebündelt in die Brühe geben, je nachdem, ob es in der Suppe bleiben soll oder nicht. Petersilie erst kurz vor dem Anrichten in die Suppe geben, sie verliert durch das Kochen die grüne Farbe und die Vitamine. Um eine dunklere Färbung der Brühe zu erzielen, eine fettlos gebräunte Zwiebel darin mitkochen lassen.

7. Wird eine besonders klare Suppe gewünscht, Einlagen wie Teigwaren, Reis, Klöße in Salzwasser gar kochen, mit kaltem Wasser abspülen (Klöße nicht) und sie erst kurz vor dem Anrichten in die fertige Suppe geben.

8. Um einer gebundenen Suppe einen kräftigen Geschmack zu geben, Mehl, Grieß, Reis und Sago zunächst mit Fett anrösten, dann mit der erforderlichen Flüssigkeit auffüllen (ablöschen), gar kochen. Diese Zubereitungsart bei der sogenannten Mehlschwitze wählen, wobei das Mehl, je nach Wunsch, heller oder dunkler geröstet werden kann.,

Knochenbrühe

500 g zerkleinerte Fleischknochen	
2 Markknochen	die Knochen unter fließendem, kaltem Wasser abspülen, in
$1^1/_2$ l kaltes Salzwasser	geben, zum Kochen bringen
1 Bund Suppengrün	putzen, waschen, kleinschneiden, etwa 30 Minuten vor Beendigung der Kochzeit in die Brühe geben, mitkochen lassen
	die Brühe durch ein Sieb gießen
	da Knochenbrühe trübe ist, sie zu gebundenen Suppen verwenden
Kochzeit:	Etwa $2^1/_2$ Stunden.
	Pro Portion: E: 1 g, F: 2 g, Kh: 4 g kJ: 172, kcal: 41.

Gestockte Brühe

1 l Fleischbrühe (zubereitet aus Brühwürfeln)	zum Kochen bringen
2 Eier	mit
4 Eßl. kaltem Wasser	kurz verrühren, mit
Salz	
geriebener Muskatnuß	abschmecken, tropfenweise (über einen Schneebesen) in die stark kochende Brühe geben, einmal aufkochen lassen.
	Pro Portion: E: 4 g, F: 4 g, Kh: 0 g kJ: 247, kcal: 59.

Hühnerbrühe

1 küchenfertiges Suppenhuhn (1 kg)	waschen, zusammen mit Herz, aufgeschnittenem, gesäubertem Magen, Hals in
2 l kochendes Salzwasser	geben, zum Kochen bringen, abschäumen
1 Bund Suppengrün	putzen, waschen, kleinschneiden, hinzufügen
	das Huhn kochen lassen (die Leber nur wenige Minuten mitkochen)
	die Brühe durch ein Sieb gießen
	das Hühnerfleisch von den Knochen lösen, kleinschneiden, in die Brühe geben.
Kochzeit:	Etwa 2 Stunden.
	Pro Portion: E: 34 g, F: 37 g, Kh: 4 g kJ: 2167, kcal: 518.

Hühnerbrühe mit Einlage

1 l Hühnerbrühe	zum Kochen bringen
40 g Brühreis (Langkorn)	hineinstreuen, umrühren, zum Kochen bringen, gar kochen lassen
150 g Spargelstückchen	
Semmelklößchen (S. 63)	in der Suppe gar kochen lassen
	die Suppe mit
Fleischextrakt	
oder Suppenwürze	abschmecken, mit
1 Eßl. gehackter Petersilie	bestreuen
Kochzeit:	20–30 Minuten.
	Pro Portion: E: 5 g, F: 9 g, Kh: 20 g kJ: 795, kcal: 190.

Kalbfleischbrühe

250 g zerkleinerte	
Kalbsknochen	unter fließendem, kaltem Wasser abspülen
250 g Kalbfleisch	
(aus der Brust)	waschen
	beide Zutaten in
1 1/2 l kaltes Salzwasser	geben, zum Kochen bringen, abschäumen
1 Bund Suppengrün	putzen, waschen, kleinschneiden, hinzufügen
	das Fleisch gar ziehen lassen
	die Brühe durch ein Sieb gießen, mit Salz,
Fleischextrakt	
oder Suppenwürze	abschmecken
Garzeit:	Etwa 1 1/2 Stunden.
	Pro Portion: E: 1 g, F: 2 g, Kh: 4 g kJ: 172, kcal: 41.
Beigabe:	Weißbrot.

Taubenbrühe

2 küchenfertige Tauben	
(je 300 g)	waschen, zusammen mit Herz, aufgeschnittenem, gesäubertem Magen, Hals in
2 l kochendes Salzwasser	geben, zum Kochen bringen, abschäumen
1 Bund Suppengrün	putzen, waschen, kleinschneiden, hinzufügen
	die Tauben gar kochen lassen
	die Brühe durch ein Sieb gießen, das Taubenfleisch von den Knochen lösen, kleinschneiden, in die Brühe geben
Kochzeit:	Etwa 2 Stunden.
	Pro Portion: E: 28 g, F: 4 g, Kh: 4 g kJ: 724, kcal: 173.
Veränderung:	Aus der Leber Klößchen bereiten (S. 63), als Einlage in die Brühe geben.

Gulaschsuppe

300 g Zwiebeln	abziehen, in Scheiben schneiden
2 große Paprikaschoten (rot und grün, 400 g)	halbieren, entstielen, entkernen, die weißen Scheidewände entfernen
	die Schoten waschen, in feine Streifen schneiden
250 g Rindfleisch	waschen, in kleine Würfel schneiden
60 g Margarine, z. B. Sanella	zerlassen, die Zwiebeln darin hellgelb dünsten lassen
	Paprikastreifen,
3 schwach gehäufte Eßl. Tomatenmark	hinzufügen, andünsten
	das Fleisch, etwa 250 ml (1/4 l) von
1 1/2 l heißem Wasser	
2 Brühwürfel (für 1 l)	
Salz	
Paprika extrascharf	
Gulasch-Gewürz	
Knoblauchsalz	hinzufügen, gut umrühren, dünsten lassen
	30 Minuten vor Beendigung der Garzeit das restliche Wasser hinzugießen, gar kochen lassen
3 gestrichene Teel. Speisestärke, z. B. Gustin	mit
2 Eßl. kaltem Wasser	anrühren, die Suppe damit binden, mit
Tabascoßoße	abschmecken
Garzeit:	Etwa 1 1/4 Stunden.
	Pro Portion: E: 14 g, F: 15 g, Kh: 13 g kJ: 1079, kcal: 258.
Veränderung:	300 g geschälte, gewaschene, in kleine Würfel geschnittene Kartoffeln 20 Minuten vor Beendigung der Kochzeit in die Suppe geben.

Rindfleischbrühe

250 g zerkleinerte Rinderknochen	unter fließendem, kaltem Wasser abspülen
250 g Rindfleisch (Beinscheibe)	waschen
	beide Zutaten in
1 1/2 l kaltes Salzwasser	geben, zum Kochen bringen, abschäumen
1 Bund Suppengrün	putzen, waschen, kleinschneiden, hinzufügen
	das Fleisch gar ziehen lassen
	die Brühe durch ein Sieb gießen, mit Salz,
Fleischextrakt oder Suppenwürze	abschmecken
Kochzeit:	Etwa 2 1/2 Stunden.
	Pro Portion: E: 1 g, F: 2 g, Kh: 4 g kJ: 172, kcal: 41.
Einlage:	Eierstich (S. 64), Markklößchen (S. 62), Reis, Sago oder Nudeln.
Veränderung:	1 mittelgroße, abgezogene, geröstete Zwiebel mitkochen lassen.

Ochsenschwanz-suppe

750 g Ochsenschwanz	waschen, abtrocknen, in Stücke schneiden
1 mittelgroße Zwiebel	abziehen, in Scheiben schneiden
1 Bund Suppengrün	putzen, waschen, kleinschneiden
40 g Margarine, z. B. Sanella	erhitzen, den Ochsenschwanz mit
40 g Schinkenspeckwürfeln	gut darin bräunen, Zwiebel, Suppengrün hinzufügen, kurz miterhitzen
1$^1/_2$ l heißes Wasser *4 Pfefferkörner* *2 Pimentkörner (Nelkenpfeffer)* *1 Gewürznelke* *1 kleines Lorbeerblatt* *Salz*	hinzufügen, zum Kochen bringen, gar kochen lassen die Brühe durch ein Sieb gießen, entfetten das Fleisch von den Knochen lösen, kleinschneiden
40 g Margarine, z. B. Sanella	zerlassen
50 g Weizenmehl	unter Rühren so lange darin erhitzen, bis es dunkelbraun ist, die Brühe hinzugießen, mit einem Schneebesen durchschlagen, darauf achten, daß keine Klumpen entstehen die Suppe zum Kochen bringen, etwa 5 Minuten kochen lassen, mit Salz,
Pfeffer *1–2 Eßl. Zitronensaft* *Zucker*	abschmecken
3 Eßl. Rotwein	und das Fleisch hinzugeben.
Kochzeit:	Etwa 2 Stunden. Pro Portion: E: 24 g, F: 35 g, Kh: 14 g kJ: 2075, kcal: 496.

Wildsuppe
(Resteverwertung)

Kleingehackte Wildknochen (Hasengerippe, Rebhuhn-, Rehknochen)	unter fließendem, kaltem Wasser abspülen
1 mittelgroße Zwiebel	abziehen, in Scheiben schneiden
1 Bund Suppengrün	putzen, waschen, kleinschneiden
20 g Margarine, z. B. Sanella	erhitzen, die Knochen mit
100 g rohen Schinkenspeckwürfeln	darin bräunen, Zwiebel, Suppengrün hinzufügen, kurz miterhitzen
1½ l heißes Wasser *4 Pfefferkörner* *2 Pimentkörner (Nelkenpfeffer)* *1 Gewürznelke* *1 kleines Lorbeerblatt*	hinzufügen, zum Kochen bringen, gar kochen lassen die Brühe durch ein Sieb gießen, entfetten das Fleisch von den Knochen lösen, in feine Streifen schneiden
40 g Margarine, z. B. Sanella	zerlassen
50 g Weizenmehl	unter Rühren so lange darin erhitzen, bis es dunkelbraun ist, die Brühe hinzugießen, mit einem Schneebesen durchschlagen, darauf achten, daß keine Klumpen entstehen, die Suppe zum Kochen bringen, etwa 5 Minuten kochen lassen, mit
Salz *1–2 Eßl. Zitronensaft* *Zucker*	abschmecken
3 Eßl. Madeira	und das Fleisch hinzugeben
Kochzeit:	Etwa 2 Stunden. Pro Portion: E: 5 g, F: 30 g, Kh: 15 g kJ: 1619, kcal: 387.
Veränderung:	Die Suppe statt mit einer Mehlschwitze mit 40 g kalt angerührter Speisestärke, z. B. Gustin, binden.

Gemüsesuppen

Regeln

1. Gemüsesuppen ganz oder zum Teil mit Fleisch- oder Knochenbrühe zubereiten. Wasser, Gemüsebrühe und Reste von Gemüsekochwasser ebenfalls verwenden.

2. Die Vorbereitung von frischem Gemüse (putzen, waschen) erfolgt nach den Vorschriften, die für das Vorbereiten von Gemüse (S. 218–221) angegeben sind.

3. Frisches Gemüse entweder mit kochender Flüssigkeit ansetzen oder in Fett andünsten, mit heißer Flüssigkeit auffüllen, gar kochen lassen.

4. Trockengemüse (Hülsenfrüchte) 12–24 Stunden in Wasser einweichen, mit dem Einweichwasser zum Kochen bringen, gar kochen lassen.

5. Zur feineren Zubereitung Suppen durch ein Sieb streichen.

6. Falls Diätvorschriften eine Mehlschwitze verbieten, die Suppe mit kalt angerührter Speisestärke, z. B. Gustin, binden, vor dem Anrichten ein Stück Butter hinzufügen.

Gemüsebrühe

1 Stück Sellerie (125 g)
1 mittelgroße Kohlrabi (150 g)
1 mittelgroße Möhre (100 g)
1 mittelgroße Zwiebel (40 g)
1 Stange Porree (125 g)
100 g Spargelstücke — das Gemüse putzen, waschen, kleinschneiden

40 g Butter oder Margarine — zerlassen, das Gemüse darin andünsten

$1^1/_4$ l heißes Wasser — hinzufügen, zum Kochen bringen, gar kochen lassen
kurz vor Beendigung der Kochzeit

1 Bund Petersilie — waschen, hinzufügen
die Brühe durch ein Sieb gießen, sie nach Belieben anstelle von Fleisch- oder Knochenbrühen verwenden

Kochzeit: Etwa 1 Stunde.

Pro Portion: E: 2 g, F: 8 g, Kh: 7 g
kJ: 481, kcal: 115.

Veränderung: Petersilienwurzel, Blumenkohlrippen, Weißkohl- und Wirsingblätter mitkochen;
anstelle von frischem Gemüse tiefgekühltes Suppengemüse verwenden.

Kartoffelsuppe

500 g Kartoffeln	schälen, waschen, in Würfel schneiden
1 Bund Suppengrün	putzen, waschen, kleinschneiden
	die Zutaten in
1 l kochendes Salzwasser	geben
1 Brühwürfel (für 500 ml – $^{1}/_{2}$ l –)	hinzufügen, zum Kochen bringen, gar kochen lassen, durch ein Sieb streichen
2 mittelgroße Zwiebeln	abziehen, zusammen mit
40 g durchwachsenem Speck	in kleine Würfel schneiden
	den Speck auslassen, die Zwiebeln darin andünsten, mit
25 g Weizenmehl	bestreuen, kurz miterhitzen
	die Kartoffelbrühe hinzugießen, mit einem Schneebesen durchschlagen
	die Suppe zum Kochen bringen, etwa 10 Minuten schwach kochen lassen, mit
Fleischextrakt oder Suppenwürze	abschmecken, mit
2 Eßl. gehackter Petersilie	bestreuen
Kochzeit:	Etwa 30 Minuten.
	Pro Portion: E: 5 g, F: 7 g, Kh: 29 g kJ: 883, kcal: 211.
Veränderung:	Die Suppe mit einem in Würfel geschnittenen, in Butter gebräunten Brötchen (Semmel) anrichten.

Champignonsuppe

375 g Champignons	putzen, waschen
2 mittelgroße Zwiebeln	abziehen
	beide Zutaten fein schneiden
40 g Butter oder Margarine	zerlassen, Pilze und Zwiebeln darin andünsten, mit
40 g Weizenmehl	bestreuen, kurz miterhitzen
1 l Wasser *1 Brühwürfel (für 500 ml – $^{1}/_{2}$ l –)*	hinzufügen, mit einem Schneebesen durchschlagen, darauf achten, daß keine Klumpen entstehen
	die Suppe zum Kochen bringen, gar kochen lassen, mit
Salz, Pfeffer *Fleischextrakt oder Suppenwürze*	abschmecken, mit
2 Eßl. gehackter Petersilie	bestreuen
Kochzeit:	Etwa 15 Minuten.
	Pro Portion: E: 4 g, F: 9 g, Kh: 12 g kJ: 632, kcal: 151.

Tomatensuppe

800 g Tomaten (aus der Dose)	durch ein Sieb streichen, mit Wasser auf 1 l auffüllen
2 mittelgroße Zwiebeln	abziehen, würfeln
50 g Butter oder Margarine	zerlassen, die Zwiebeln darin andünsten, mit
35 g Weizenmehl	bestreuen, kurz miterhitzen
1 l Tomatenbrühe	
2 schwach gehäufte Eßl. Tomatenmark	hinzufügen, mit einem Schneebesen durchschlagen, darauf achten, daß keine Klumpen entstehen die Suppe zum Kochen bringen, etwa 5 Minuten schwach kochen lassen, mit
Salz, Pfeffer, Zucker	
Oregano	abschmecken, mit
2 Eßl. gehackter Petersilie	bestreuen. Pro Portion: E: 4 g, F: 11 g, Kh: 17 g kJ: 770, kcal: 184.
Einlage:	Reis oder Nudeln. Crème fraîche dazureichen.

Spargelsuppe

250 g Suppenspargel	von oben nach unten schälen, darauf achten, daß Schalen und holzige Stücke völlig entfernt, die Köpfe aber nicht verletzt werden den Spargel waschen, in 3 cm lange Stücke schneiden, in
1 l kochendes Salzwasser	geben, zum Kochen bringen, gar kochen lassen das Spargelwasser durch ein Sieb gießen
40 g Butter oder Margarine	zerlassen
40 g Weizenmehl	unter Rühren so lange darin erhitzen, bis es hellgelb ist das Spargelwasser,
250 ml (1/4 l) Milch	hinzugießen, mit einem Schneebesen durchschlagen, darauf achten, daß keine Klumpen entstehen die Suppe zum Kochen bringen, etwa 10 Minuten schwach kochen lassen, die Spargelstückchen hinzugeben
1 Eigelb	mit
2 Eßl. Sahne	verschlagen, die Suppe damit abziehen, mit Salz abschmecken, mit
2 Eßl. gehackter Petersilie	bestreuen
Kochzeit:	Etwa 30 Minuten. Pro Portion: E: 5 g, F: 14 g, Kh: 12 g kJ: 862, kcal: 206.

Tomatensuppe
(mit Speck)

375 g Tomaten	waschen, kleinschneiden
1 mittelgroße Zwiebel	abziehen
50 g fetter Speck	
	beide Zutaten in Würfel schneiden, den Speck auslassen
30 g Butter oder Margarine	
40 g Weizenmehl	und die Zwiebel hinzugeben, so lange erhitzen, bis das Mehl hellgelb ist, Tomaten,
750 ml ($^{3}/_{4}$ l) Wasser	
Salz	
1 Teel. Basilikum	
1 Brühwürfel	
(für 250 ml – $^{1}/_{4}$ l –)	hinzufügen, mit einem Schneebesen durchschlagen, darauf achten, daß keine Klumpen entstehen die Suppe zum Kochen bringen, gar kochen lassen, durch ein Sieb streichen, mit Salz,
Zucker	
Paprika edelsüß	
Tomatenmark	
Knoblauchsalz	
Tabascosoße	abschmecken, mit
1 Eßl. gehackter Petersilie	bestreuen
Kochzeit:	15–20 Minuten. Pro Portion: E: 3 g, F: 18 g, Kh: 11 g kJ: 920, kcal: 220.
Veränderung:	Anstelle von Tomaten etwa 3 Eßl. Tomatenmark für 1 l Wasser nehmen.

Frische Erbsensuppe

250 g ausgepalte Erbsen	
($^{3}/_{4}$ kg mit Hülsen)	waschen
40 g Butter oder Margarine	zerlassen, die Erbsen darin andünsten, mit
40 g Weizenmehl	bestreuen, kurz miterhitzen
1 l Wasser	
Salz	hinzufügen, mit einem Schneebesen durchschlagen, darauf achten, daß keine Klumpen entstehen die Suppe zum Kochen bringen, gar kochen lassen, mit Salz abschmecken, mit
2 Eßl. gehackter Petersilie	bestreuen
Kochzeit:	25–30 Minuten. Pro Portion: E: 5 g, F: 8 g, Kh: 16 g kJ: 699, kcal: 167.
Einlage:	Grieß- (S. 61) oder Fleischklößchen (S. 61).

Frühlingssuppe
(Abb. nebenstehend)

125 g vorbereiteten Blumenkohl	in Röschen teilen, waschen
2 Möhren (100 g)	schrappen, mit einem Buntschneidemesser in Scheiben schneiden
4 Stangen Suppenspargel (80 g)	schälen
1 Stange Porree (125 g)	putzen
1 Stück Sellerieknolle (125 g)	putzen, schälen das Gemüse waschen, kleinschneiden
2 mittelgroße Tomaten (130 g)	waschen, die Stengelansätze herausschneiden, die Tomaten kleinschneiden das Gemüse in
1 l Fleischbrühe (zubereitet aus Brühwürfeln)	geben, zum Kochen bringen, gar kochen lassen die Suppe mit
Salz, Pfeffer Fleischextrakt oder Suppenwürze	abschmecken, mit
2 Eßl. gehackter Petersilie	bestreuen
Kochzeit:	Etwa 30 Minuten. Pro Portion: E: 3 g, F: 2 g, Kh: 9 g kJ: 276, kcal: 66.
Einlage:	Nach Belieben Eierstich (S. 64), Grieß- (S. 61) oder Markklößchen (S. 62).

Zwiebelsuppe

375 g Zwiebeln	abziehen, in Scheiben schneiden
75 g Margarine, z. B. Sanella	zerlassen, die Zwiebeln darin andünsten
1 l Fleischbrühe (zubereitet aus Brühwürfeln)	hinzugießen, gar kochen lassen die Suppe mit
Salz, Pfeffer	abschmecken
4 Eßl. Weißwein	hinzufügen
Kochzeit:	Etwa 20 Minuten. Pro Portion: E: 2 g, F: 16 g, Kh: 8 g kJ: 862, kcal: 206.
Veränderung:	Suppe in feuerfeste Tassen füllen, in Butter gebräunte Weißbrotwürfel darauf geben, mit geriebenem Käse bestreut, überbacken.

Porreesuppe

375 g Porree	putzen, halbieren, waschen, in feine Streifen schneiden
25 g durchwachsenen Speck	in Würfel schneiden, auslassen, den Porree darin andünsten, mit
30 g Weizenmehl	bestreuen, kurz miterhitzen
1 l Wasser	
1 Brühwürfel	
(für 500 ml - 1/2 l -)	hinzufügen, mit einem Schneebesen durchschlagen, darauf achten, daß keine Klumpen entstehen die Suppe zum Kochen bringen, gar kochen lassen
20 g Speisestärke, z. B. Gustin	mit
4 Eßl. kalter Milch	anrühren, die Suppe damit binden
1 Eigelb	mit
2 Eßl. kaltem Wasser	verschlagen, die Suppe damit abziehen (nicht mehr kochen lassen), mit
Salz	
Suppenwürze	
geriebener Muskatnuß	abschmecken, mit
2 Eßl. gehackter Petersilie	bestreuen
Kochzeit:	Etwa 10 Minuten. Pro Portion: E: 4 g, F: 7 g, Kh: 14 g kJ: 602, kcal: 144.

Blumenkohlsuppe

375 g vorbereiteten Blumenkohl	in Röschen teilen, waschen, in
750 ml (3/4 l) kochendes Salzwasser	geben, zum Kochen bringen, gar kochen lassen das Blumenkohlwasser durch ein Sieb gießen, mit Wasser auf 750 ml (3/4 l) ergänzen
40 g Butter oder Margarine	zerlassen
40 g Weizenmehl	unter Rühren so lange darin erhitzen, bis es hellgelb ist das Gemüsewasser,
250 ml (1/4 l) Milch	hinzugießen, mit einem Schneebesen durchschlagen, darauf achten, daß keine Klumpen entstehen die Suppe zum Kochen bringen, etwa 10 Minuten schwach kochen lassen
1 Eigelb	mit
2 Eßl. kaltem Wasser	verschlagen, die Suppe damit abziehen (nicht mehr kochen lassen), mit Salz,
Suppenwürze	
geriebener Muskatnuß	abschmecken, die Blumenkohlröschen hinzugeben
Kochzeit:	30-40 Minuten. Pro Portion: E: 6 g, F: 12 g, Kh: 14 g kJ: 828, kcal: 198.

Süße Suppen

Regeln

1. Süße Suppen haben als Grundlage Milch (Milchprodukte), Wasser, Obstsaft, Wein oder Bier. Die Suppen mit einem stärkehaltigen Nahrungsmittel wie Mehl, Speisestärke, z. B. Gustin, Grieß usw. binden.

2. Milchsuppen sind nahrhaft und eignen sich gut zum Frühstück und Abendbrot. Da sie leicht verdaulich sind, spielen sie in der Kinder- und Krankenkost eine große Rolle.

3. Mehl, Grieß und dergleichen bei schwacher Hitze garen lassen.

4. Obstsuppen zum Kochen bringen, garen lassen. Die Früchte vor dem Kochen gründlich reinigen, getrocknete Früchte 12 Stunden einweichen, das Einweichwasser mitverwenden.

5. Alkoholische Flüssigkeiten nicht kochen, sondern nur erhitzen, zuletzt in die Suppe geben.

6. Die Suppe im Kochtopf erkalten lassen, ab und zu umrühren, damit sich keine Haut bildet.

7. Als Einlage eignen sich bei süßen Suppen Zwiebackbröckchen, Suppenmakronen, Schnee-, Grieß-, Schwemmklößchen oder Mandelreis.
Schneeklößchen auf der heißen Suppe oder auf kochendheißem Wasser im zugedeckten Topf garen.

Milch-und Wassersuppen

Buttermilchsuppe

750 ml (3/4 l) Buttermilch mit
250 ml (1/4 l) Milch unter Rühren mit einem Schneebesen (damit sie nicht gerinnt) zum Kochen bringen
30 g Grieß
60 g Zucker hineinstreuen, umrühren, den Grieß ausquellen lassen die Suppe mit
Zitronensaft
Zucker abschmecken.

Pro Portion: E: 9 g, F: 3 g, Kh: 31 g
kJ: 820, kcal: 196.

Dickmilch-Kaltschale

1 l Dickmilch	mit
200 ml (1/5 l) Milch	
100 g Zucker	
1/2 gestrichenen Teel. gemahlenem Zimt	schaumig schlagen
50 g geriebenes Schwarzbrot	hinzufügen
	die Suppe mit
Zucker	abschmecken, kühl stellen.
	Pro Portion: E: 11 g, F: 11 g, Kh: 41 g kJ: 1284, kcal: 307.

Schokoladensuppe mit Pudding-Pulver

1 Päckchen Gala oder Schokoladen-Pudding-Pulver	
3 schwach gehäufte Teel. Kakao	
75 g Zucker	mischen, mit 6 Eßl. von
1 1/2 l kalter Milch	anrühren, die übrige Milch zum Kochen bringen
	das Pudding-Pulver unter Rühren in die von der Kochstelle genommene Milch geben, kurz aufkochen lassen
25 g Zucker	zur Geschmacksabrundung hinzufügen, die Suppe mit
Salz	abschmecken.
	Pro Portion: E: 13 g, F: 14 g, Kh: 50 g kJ: 1615, kcal: 386.
Einlage:	Zwiebackbröckchen.

Haferschleim

50 g Haferflocken	in
1 l Wasser	streuen, umrühren, zum Kochen bringen, ausquellen lassen
	die Suppe durch ein Sieb streichen, mit
Salz	abschmecken
Kochzeit:	Etwa 10 Minuten.
	Pro Portion: E: 2 g, F: 1 g, Kh: 8 g kJ: 213, kcal: 51.
Veränderung:	Anstelle von Haferflocken Gerstengraupen (Kochzeit: Etwa 50 Minuten) oder Bruchreis (Kochzeit: Etwa 40 Minuten) verwenden.

Brotsuppe

200 g altes Brot	kleinschneiden, in
1 l Wasser	einweichen, mit dem Einweichwasser zu Kochen bringen, kochen lassen die Suppe durch ein Sieb streichen, kurz aufkochen lassen, mit
Salz, Zucker	abschmecken
1 Päckchen Vanillin-Zucker	hinzufügen
Kochzeit:	Etwa 30 Minuten.
	Pro Portion: E: 4 g, F: 1 g, Kh: 27 g kJ: 565, kcal: 135.
Veränderung:	150 g kleingeschnittene Äpfel oder 50 g verlesene Rosinen oder Korinthen mitkochen.

Haferflockensuppe

40 g Haferflocken	in
1 l kochende Milch	streuen, umrühren, zum Kochen bringen, ausquellen lassen
50 g Zucker	hinzufügen, die Suppe mit
Salz	
Vanillin-Zucker	abschmecken
20 g Butter	unterrühren
Kochzeit:	Etwa 10 Minuten.
	Pro Portion: E: 10 g, F: 14 g, Kh: 31 g kJ: 1230, kcal: 294.

Milchgrießsuppe

1 Päckchen Mandella Holländerspeise	
70 g Zucker	mischen, mit 6 Eßl. von
1 l kalter Milch	anrühren, die übrige Milch zum Kochen bringen das Pudding-Pulver unter Rühren in die von der Kochstelle genommene Milch geben, unter Rühren kochen lassen
Kochzeit:	Etwa 2 Minuten.
	Pro Portion: E: 9 g, F: 10 g, Kh: 37 g kJ: 1146, kcal: 274.

Milchsuppe mit Pudding-Pulver

1 Päckchen Pudding-Pulver Vanille-, Mandel-, Sahne- oder Zitrone-Geschmack	
50 g Zucker	mischen, mit 6 Eßl. von
$1^1/_4$ l kalter Milch	anrühren, die übrige Milch zum Kochen bringen das Pudding-Pulver unter Rühren in die von der Kochstelle genommene Milch geben, kurz aufkochen lassen
25 g Zucker	zur Geschmacksabrundung hinzufügen, die Suppe mit
Salz	abschmecken. Pro Portion: E: 10 g, F: 11 g, Kh: 42 g kJ: 1310, kcal: 313.
Einlage:	Zwiebackbröckchen.
Veränderung:	Wenn ein kräftiger Vanillegeschmack gewünscht wird, anstelle von 1 Päckchen Pudding-Pulver 3 Päckchen Soßen-Pulver Vanille-Geschmack verwenden, den Zitronengeschmack nach Belieben mit einigen Tropfen Backöl Zitrone verstärken; soll die Suppe als Kaltschale gereicht werden, zusätzlich 6 Eßl. kalte Milch oder Wasser als Anrührflüssigkeit verwenden.

Obstsuppen

Holundersuppe

400 g schwarze Holunderbeerdolden	waschen, abstreifen, mit
100 g Zucker	
1 Stück gelber Zitronenschale (ungespritzt)	in
1 l Wasser	geben, zum Kochen bringen, gar kochen lassen die Suppe durch ein Sieb streichen, zum Kochen bringen
20 g Speisestärke, z. B. Gustin	mit
2 Eßl. kaltem Wasser	anrühren, die Suppe damit binden, mit
1–2 Eßl. Zitronensaft	abschmecken, nach Belieben warm oder kalt reichen
Kochzeit:	Etwa 20 Minuten. Pro Portion: E: 2 g, F: 0 g, Kh: 36 g kJ: 619, kcal: 148.
Einlage:	200 g geschälte, entkernte, in Scheiben geschnittene Äpfel oder gewaschene, entsteinte Pflaumen in der Suppe weich kochen.

Johannisbeersaft-suppe

1 l roten Johannisbeersaft zum Kochen bringen
40 g Sago hineinstreuen, umrühren, zum Kochen bringen, gar kochen lassen, ab und zu umrühren
die Suppe mit
Zucker abschmecken, nach Belieben warm oder kalt reichen
Kochzeit: 10–15 Minuten.
Pro Portion: E: 0 g, F: 0 g, Kh: 38 g
kJ: 665, kcal: 159.
Einlage: Zwiebackbröckchen, geröstete Semmelwürfel, Suppenmakronen oder Schneeklößchen (S. 60).
Veränderung: Anstelle von Johannisbeersaft andere Fruchtsäfte verwenden.

Kirschsuppe

500 g Süßkirschen (vorbereitet gewogen) waschen, abtropfen lassen, entstielen, entsteinen, mit
100 g Zucker
1 Stück Stangenzimt in
1 l Wasser geben, zum Kochen bringen, gar kochen lassen
die Kirschen im Mixer pürieren (einige als Einlage zurücklassen), zum Kochen bringen
30 g Speisestärke, z. B. Gustin mit
3 Eßl. kaltem Wasser anrühren, die Suppe damit binden
1 Päckchen Vanillin-Zucker hinzufügen, die Suppe mit
Zitronensaft abschmecken, die restlichen Kirschen hineingeben
die Suppe nach Belieben warm oder kalt reichen
Kochzeit: Etwa 20 Minuten.
Pro Portion: E: 1 g, F: 1 g, Kh: 50 g
kJ: 870, kcal: 208.
Einlage: Zwiebackbröckchen, geröstete Semmelwürfel, Suppenmakronen, Arme Ritter (S. 346) oder Grießklößchen (S. 61).
Veränderung: Anstelle von Kirschen Äpfel, Birnen, Pflaumen, Heidelbeeren, Stachelbeeren oder Rhabarber verwenden.

Sauerkirsch-Kaltschale

500 g Sauerkirschen	waschen, abtropfen lassen, entstielen, entsteinen, mit
250 g Zucker	in
1¼ l Wasser	geben, zum Kochen bringen, fast gar kochen lassen
1 Päckchen Fruttina Pudding-Pulver Kirsch-Geschmack	mit
4 Eßl. kaltem Wasser	anrühren, die Suppe damit binden
5 Eßl. Weißwein	hinzufügen
Kochzeit:	Etwa 15 Minuten.
	Pro Portion: E: 1 g, F: 0 g, Kh: 88 g kJ: 1536, kcal: 367.

Wein-und Biersuppen

Weißweinsuppe mit Schneeklößchen

300 ml Wasser	mit
1 Stück Stangenzimt	
2–3 Tropfen Backöl Zitrone	zum Kochen bringen
30 g Speisestärke, z. B. Gustin	mit
3 Eßl. kaltem Wasser	anrühren, unter Rühren in das von der Kochstelle genommene Wasser geben, kurz aufkochen lassen
700 ml Weißwein	hinzugießen, die Suppe erhitzen (nicht kochen lassen)
1 Eigelb	mit
2 Eßl. kaltem Wasser	verschlagen, die Suppe damit abziehen
100 g Zucker	hinzufügen
	für die Schneeklößchen
1 Eiweiß	steif schlagen
2 schwach gehäufte Teel. Zucker	unterschlagen, kleine Klöße abstechen, auf kochendheißes Wasser setzen, im zugedeckten Topf in etwa 5 Minuten fest werden lassen, auf die Suppe geben.
	Pro Portion: E: 2 g, F: 2 g, Kh: 39 g kJ: 1167, kcal: 279.

Rotweinsuppe

300 ml Wasser	mit
1 Stück Stangenzimt	
2 Gewürznelken	zum Kochen bringen
1 kleinen Apfel	schälen, vierteln, entkernen, in Scheiben schneiden, mit
40 g Sago	in das Wasser geben, umrühren, zum Kochen bringen, gar kochen lassen, ab und zu umrühren (Stangenzimt und Nelken herausnehmen)
700 ml Rotwein	hinzugießen, die Suppe erhitzen (nicht kochen lassen)
100 g Zucker	hinzufügen, mit
Zitronensaft	abschmecken, nach Belieben warm oder kalt reichen
Kochzeit:	10–15 Minuten. Pro Portion: E: 1 g, F: 14 g, Kh: 40 g kJ: 1092, kcal: 261.
Einlage:	Schneeklößchen (S. 60), Suppenmakronen oder Zwiebackbröckchen.
Veränderung:	Anstelle von Sago Reis (Kochzeit: 20–30 Minuten) verwenden.

Biersuppe mit Schneeklößchen

500 ml (1/2 l) Wasser	mit
1 Stück Stangenzimt	zum Kochen bringen
2 Päckchen Soßen-Pulver Vanille-Geschmack	
75 g Zucker	mischen, mit
4 Eßl. kaltem Wasser	anrühren, unter Rühren in das von der Kochstelle genommene Wasser geben, kurz aufkochen lassen
250 ml (1/4 l) helles Bier	
250 ml (1/4 l) dunkles Bier	hinzugießen, die Suppe erhitzen (nicht kochen lassen), das Stück Stangenzimt herausnehmen
1 Eigelb	mit
2 Eßl. kaltem Wasser	verschlagen, die Suppe damit abziehen, mit
Zitronensaft	
Zucker	abschmecken
	für die Schneeklößchen
1 Eiweiß	steif schlagen
2 schwach gehäufte Teel. Zucker	unterschlagen, kleine Klöße abstechen, auf kochendheißes Wasser setzen, im zugedeckten Topf in etwa 5 Minuten fest werden lassen, auf die Suppe geben. Pro Portion: E: 2 g, F: 2 g, Kh: 38 g kJ: 828, kcal: 198.

Suppeneinlagen

Regeln 1. Wird eine besonders klare Suppe gewünscht, Einlagen – wie Teigwaren, Reis, Klöße – in Salzwasser gar kochen, sie erst kurz vor dem Anrichten in die fertige Suppe geben. Einlagen in gebundenen Suppen garen.

2. Um Klößchen abzustechen, Löffel vorher in die kochende Flüssigkeit tauchen, damit sich der Teig gut ablöst; um runde Klößchen zu erhalten, diese zweckmäßig mit nassen Händen formen.

3. Alle Klößchen in kochende Flüssigkeit geben, im offenen Topf gar ziehen lassen (Flüssigkeit muß sich leicht bewegen).

4. Beim Einlauf darauf achten, daß die Brühe stark kocht, damit das Ei sofort gerinnt und große Flocken entstehen. Nach dem Aufkochen die Brühe im zugedeckten Topf so lange stehenlassen (nicht kochen), bis sie wieder klar ist.

Flädchen

60 g Weizenmehl in eine Schüssel sieben, in die Mitte eine Vertiefung eindrücken

Salz

1 Ei hineingeben, von der Mitte aus Ei und Mehl verrühren nach und nach

125 ml (1/8 l) Wasser hinzufügen, darauf achten, daß keine Klumpen entstehen, zuletzt

1 Teel. gehackte Petersilie unterrühren

aus dem Teig möglichst dünne Eierkuchen backen, in feine Streifen schneiden, in die Suppe geben.

Pro Portion: E: 3 g, F: 2 g, Kh: 11 g
kJ: 322, kcal: 77.

Schneeklößchen

2 Eiweiß steif schlagen

2 schwach gehäufte Teel. Zucker unterschlagen, kleine Klöße abstechen, auf kochendheiße Suppe oder Wasser setzen, im zugedeckten Topf in etwa 5 Minuten fest werden lassen.

Pro Portion: E: 2 g, F: 0 g, Kh: 3 g
kJ: 75, kcal: 18.

Veränderung: Die Klößchen mit geraspelter Schokolade oder mit Zukker und Zimt bestreuen.

Fleischklößchen

20 g Butter oder Margarine	schaumig rühren
50 g Hackfleisch	
1 Eigelb	
Salz	
Pfeffer	
20 g Semmelmehl	hinzufügen, vermengen
	aus der Masse mit nassen Händen Klößchen formen, in
kochendes Salzwasser oder	
kochende Suppe	geben, gar ziehen lassen (Flüssigkeit muß sich leicht bewegen)
Garzeit:	Etwa 5 Minuten.
	Pro Portion: E: 4 g, F: 9 g, Kh: 4 g kJ: 490, kcal: 117.
	Die Klößchen eignen sich besonders gut als Einlage in Frikassee und Ragout.

Grießklößchen

125 ml (1/8 l) Milch	mit
10 g Butter oder Margarine	
Salz	
geriebener Muskatnuß	zum Kochen bringen, von der Kochstelle nehmen
50 g Grieß	unter Rühren hineinstreuen, zu einem glatten Kloß rühren, noch etwa 1 Minute erhitzen
	den heißen Kloß in eine Schüssel geben
1 Ei	unterrühren
	aus der Masse mit zwei Teelöffeln Klößchen formen, in
kochendes Salzwasser oder	
kochende Suppe	geben, gar ziehen lassen (Flüssigkeit muß sich leicht bewegen)
Garzeit:	Etwa 5 Minuten.
	Pro Portion: E: 4 g, F: 5 g, Kh: 11 g kJ: 452, kcal: 108.

Speckklößchen

40 g fetten Speck	in kleine Würfel schneiden, auslassen, kalt stellen das abgekühlte Fett schaumig rühren
1 Ei	
Salz	
50 g Semmelmehl	hinzufügen (es muß eine geschmeidige Masse entstehen) die Masse etwa 30 Minuten stehenlassen, mit nassen Händen Klößchen daraus formen, in
kochendes Salzwasser oder kochende Suppe	geben, gar ziehen lassen (Flüssigkeit muß sich leicht bewegen)
Garzeit:	Etwa 5 Minuten.
	Pro Portion: E: 3 g, F: 11 g, Kh: 11 g kJ: 649, kcal: 155.

Wiener Nockerln

40 g Butter oder Margarine	schaumig rühren
1 Ei	
Salz	hinzufügen
75 g Weizenmehl	sieben, abwechselnd mit
2 Eßl. Milch	unterrühren (so viel Milch verwenden, daß ein geschmeidiger Teig entsteht) aus der Masse mit zwei Teelöffeln Klößchen formen, in
kochendes Salzwasser oder kochende Suppe	geben, gar ziehen lassen (Flüssigkeit muß sich leicht bewegen)
Garzeit:	Etwa 10 Minuten.
	Pro Portion: E: 4 g, F: 10 g, Kh: 14 g kJ: 715, kcal: 171.

Markklößchen

40 g Mark	zerlassen, durch ein Sieb gießen, kalt stellen das abgekühlte Fett schaumig rühren
1 Ei	
Salz	
45 g Semmelmehl	hinzufügen (es muß eine geschmeidige Masse entstehen)
1 Messerspitze Backpulver Backin	unterrühren die Masse etwa 30 Minuten stehenlassen, mit nassen Händen Klößchen daraus formen, in
kochendes Salzwasser oder kochende Suppe	geben, gar ziehen lassen (Flüssigkeit muß sich leicht bewegen)
Garzeit:	Etwa 3 Minuten.
	Pro Portion: E: 3 g, F: 11 g, Kh: 10 g kJ: 644, kcal: 154.

Leberklößchen

50 g Gänseleber	waschen
1 kleine Zwiebel	abziehen
20 g fetter Speck	
	die Zutaten durch den Fleischwolf drehen oder fein hakken, mit
1 Eigelb	
Salz, Pfeffer	
20 g Semmelmehl	mischen, von der Masse mit einem Teelöffel Klößchen abstechen, in
kochendes Salzwasser oder	
kochende Suppe	geben, gar ziehen lassen (Flüssigkeit muß sich leicht bewegen)
Garzeit:	Etwa 10 Minuten.
	Pro Portion: E: 4 g, F: 7 g, Kh: 5 g kJ: 427, kcal: 102.

Semmelklößchen

30 g Butter oder Margarine	schaumig rühren
1 Ei	
Salz	
50 g Semmelmehl	hinzufügen (es muß eine geschmeidige Masse entstehen)
1 Messerspitze Backpulver	
Backin	unterrühren
	die Masse etwa 30 Minuten stehenlassen, mit nassen Händen Klößchen daraus formen, in
kochendes Salzwasser oder	
kochende Suppe	geben, gar ziehen lassen (Suppe muß sich leicht bewegen)
Garzeit:	Etwa 4 Minuten.
	Pro Portion: E: 3 g, F: 8 g, Kh: 11 g kJ: 548, kcal: 131.

Einlauf

20 g Weizenmehl	mit
1 Eßl. kalter Milch	
1 Ei	
Salz	
geriebener Muskatnuß	verschlagen, tropfenweise über einen Schneebesen (oder durch die Löcher eines Durchschlages) in die stark kochende Brühe geben, gar ziehen lassen das Ei muß sofort gerinnen, es müssen große Flocken entstehen nach dem Aufkochen die Brühe im zugedeckten Topf so lange stehenlassen (nicht kochen), bis sie wieder klar ist
Kochzeit:	Etwa 3 Minuten. Pro Portion: E: 2 g, F: 2 g, Kh: 4 g kJ: 180, kcal: 43.

Eierstich

(Abb. S. 51)

2 Eier	mit
125 ml ($^1/_8$ l) kalter Milch	
Salz	
geriebener Muskatnuß	verschlagen, in ein mit
10 g Butter oder Margarine	gefettetes Gefäß füllen, mit
Aluminium-Haushaltsfolie	verschließen, in kochendes Wasser stellen das Wasser wieder zum Kochen bringen, den Topf mit einem Deckel verschließen (das Wasser nicht mehr kochen lassen) wenn die Masse fest geworden ist, sie stürzen, in Würfel schneiden, in die Suppe geben
Garzeit:	Etwa 30 Minuten. Pro Portion: E: 4 g, F: 6 g, Kh: 2 g kJ: 351, kcal: 84.
Veränderung:	1 Eßl. feingehackte Kräuter, feingeriebenen Käse oder Tomatenmark mit den Eiern verschlagen.

Sossen

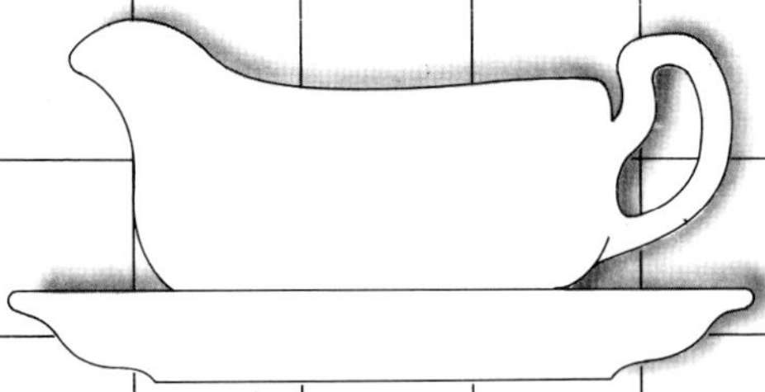

Soßen

Regeln 1. Die Grundlage der warmen, salzigen Soßen ist im allgemeinen die helle oder dunkle Mehlschwitze. Sie wird mit Fleisch-, Knochen- oder Gemüsebrühe aufgefüllt. Die Grundsoße kann mit verschiedenen Zutaten gewürzt und verändert werden.

2. Um warme, helle Soßen zu verfeinern, sie mit Eigelb abziehen (legieren): Dazu 1 Eigelb mit 2 Eßl. Milch oder Sahne verschlagen. Langsam einige Eßl. der heißen Soße hinzugeben – ohne mit dem Schlagen auszusetzen – zuletzt das Eigelb unter Rühren an die heiße, aber nicht mehr kochende Soße geben. Dabei ebenfalls tüchtig rühren und darauf achten, daß die Soße nicht anfängt zu kochen, da das Eigelb sonst gerinnt. Im übrigen siehe „Eierspeisen" unter Regeln (S. 308) ab Punkt 5.

3. Wenn warme Soßen mit saurer Sahne, Crème fraîche, Dosenmilch, Zitronensaft, Wein, Senf, Meerrettich oder feinen Kräutern abgeschmeckt werden sollen, dürfen die Soßen nach Zugabe dieser Zutaten nicht mehr kochen, da sie dadurch geschmacklich beeinträchtigt würden.

4. Bei kalten Soßen im allgemeinen Öl, Sahne und Eier mit Zitronensaft oder Essig und Salz zu einer glatten Emulsion rühren oder schlagen, ehe die würzigen Beigaben hinzugegeben werden. Die Soßen passen besonders gut zu kaltem Fleisch und Fisch.
Salate und Rohkostgemüse können auch damit gebunden werden.

5. Die Herstellung der süßen Soßen ist besonders einfach. Sie bestehen aus Milch, Saft oder Wein und werden mit Speisestärke oder Ei gebunden. Das Bindemittel, z. B. Gustin, mit kaltem Wasser anrühren, dann in die kochende Flüssigkeit geben. Soll die Soße mit Eigelb abgezogen werden, sich nach den Angaben unter Punkt 2 richten.

Warme Soßen, hell

Helle Grundsoße

30 g Butter oder Margarine	zerlassen
35 g Weizenmehl	unter Rühren so lange darin erhitzen, bis es hellgelb ist
500 ml (1/2 l) Fleischbrühe (zubereitet aus Brühwürfeln)	hinzugießen, mit einem Schneebesen durchschlagen, darauf achten, daß keine Klumpen entstehen die Soße zum Kochen bringen, etwa 5 Minuten kochen lassen, abschmecken
Kochzeit:	Etwa 5 Minuten. Pro Portion: E: 1 g, F: 7 g, Kh: 7 g kJ: 402, kcal: 96.

Tomatensoße

1 kleine Zwiebel	abziehen
30 g roher Schinken	
	beide Zutaten in kleine Würfel schneiden
250 g Tomaten	waschen, in Stücke schneiden
20 g Butter oder Margarine	zusammen mit dem Schinken zerlassen Zwiebel und Tomaten darin andünsten, mit
40 g Weizenmehl	bestreuen, kurz miterhitzen
500 ml (1/2 l) Fleischbrühe (zubereitet aus Brühwürfeln)	hinzugießen, mit einem Schneebesen durchschlagen, darauf achten, daß keine Klumpen entstehen die Soße zum Kochen bringen, etwa 10 Minuten kochen lassen, durch ein Sieb streichen, mit
Salz, Pfeffer *Zitronensaft* *Zucker* *Tomatenmark*	abschmecken
Kochzeit:	Etwa 10 Minuten. Pro Portion: E: 3 g, F: 7 g, Kh: 10 g kJ: 531, kcal: 127.
Veränderung:	Anstelle von frischen Tomaten geschälte Tomaten (etwa 300 g) aus der Dose verwenden. Tomatensaft evtl. mit Wasser auf 500 ml (1/2 l) auffüllen.

Holländische Soße
(einfach)

30 g Butter oder Margarine	zerlassen
35 g Weizenmehl	unter Rühren so lange darin erhitzen, bis es hellgelb ist
250 ml (1/4 l) Milch	
250 ml (1/4 l) Fleischbrühe (zubereitet aus Brühwürfeln)	hinzugießen, mit einem Schneebesen durchschlagen, darauf achten, daß keine Klumpen entstehen die Soße zum Kochen bringen, etwa 5 Minuten kochen lassen
1 Eigelb	mit
2 Eßl. Sahne	verschlagen, die Soße damit abziehen (nicht mehr kochen lassen), mit
Salz	
Zitronensaft	abschmecken
20 g Butter	unterrühren
Kochzeit:	Etwa 5 Minuten. Pro Portion: E: 4 g, F: 17 g, Kh: 10 g kJ: 900, kcal: 215.

Holländische Soße
(abgeschlagen)

20 g Weizenmehl	mit
2 Eßl. kaltem Wasser	anrühren, mit
2 Eiern	
1 Eßl. Zitronensaft	
250 ml (1/4 l) Fleischbrühe (zubereitet aus Brühwürfeln)	verschlagen, in einen kleinen Kochtopf geben, bei schwacher Hitze im Wasserbad so lange mit einem Schneebesen durchschlagen, bis eine dicke Kochblase aufsteigt (nicht kochen lassen)
60 g Butter	unter ständigem Schlagen in Flöckchen dazugeben die Soße mit
Salz	
geriebener Muskatnuß	abschmecken
Erhitzungszeit:	Etwa 6 Minuten. Pro Portion: E: 4 g, F: 16 g, Kh: 4 g kJ: 766, kcal: 183.

Béchamelsoße

2 kleine Zwiebeln	abziehen
40 g Schinken	
	beide Zutaten in kleine Würfel schneiden
30 g Butter oder Margarine	zusammen mit dem Schinken zerlassen
35 g Weizenmehl	zusammen mit den Zwiebeln unter Rühren so lange darin erhitzen, bis es hellgelb ist
250 ml (1/4 l) Milch	
250 ml (1/4 l) Fleischbrühe	
(zubereitet aus Brühwürfeln)	hinzugießen, mit einem Schneebesen durchschlagen, darauf achten, daß keine Klumpen entstehen die Soße zum Kochen bringen, etwa 10 Minuten kochen lassen, mit
Salz, Pfeffer	abschmecken
Kochzeit:	Etwa 10 Minuten. Pro Portion: E: 5 g, F: 12 g, Kh: 11 g kJ: 749, kcal: 179.
Veränderung:	Die Soße durch ein Sieb streichen.

Zwiebelsoße

3 mittelgroße Zwiebeln	abziehen, fein würfeln
40 g Butter oder Margarine	zerlassen
35 g Weizenmehl	zusammen mit den Zwiebeln unter Rühren so lange darin erhitzen, bis es hellgelb ist
250 ml (1/4 l) Milch	
250 ml (1/4 l) Fleischbrühe	
(zubereitet aus Brühwürfeln)	hinzugießen, mit einem Schneebesen durchschlagen, darauf achten, daß keine Klumpen entstehen die Soße zum Kochen bringen, etwa 10 Minuten kochen lassen, mit
Salz	
Essig	
Zucker	abschmecken
Kochzeit:	Etwa 10 Minuten. Pro Portion: E: 4 g, F: 11 g, Kh: 12 g kJ: 690, kcal: 165.
Veränderung:	Die Soße durch ein Sieb streichen, mit Kümmel abschmecken.

Käsesoße

30 g Butter oder Margarine	zerlassen
35 g Weizenmehl	unter Rühren so lange darin erhitzen, bis es hellgelb ist
250 ml (1/4 l) Milch	
250 ml (1/4 l) Fleischbrühe	
(zubereitet aus Brühwürfeln)	hinzugießen, mit einem Schneebesen durchschlagen, darauf achten, daß keine Klumpen entstehen die Soße zum Kochen bringen, etwa 5 Minuten kochen lassen
150 g Käse, z. B. Gouda	reiben, in die Soße geben, mit
Salz	
Zitronensaft	abschmecken
Kochzeit:	Etwa 5 Minuten.
	Pro Portion: E: 13 g, F: 20 g, Kh: 11 g kJ: 1188, kcal: 284.

Kräutersoße

30 g Butter oder Margarine	zerlassen
35 g Weizenmehl	unter Rühren so lange darin erhitzen, bis es hellgelb ist
500 ml (1/2 l) Fleischbrühe	
(zubereitet aus Brühwürfeln)	hinzugießen, mit einem Schneebesen durchschlagen, darauf achten, daß keine Klumpen entstehen die Soße zum Kochen bringen, etwa 5 Minuten kochen lassen
3 Eßl. gehackte Kräuter,	
z. B. Dill, Petersilie,	
Schnittlauch	in die Soße geben, mit
Salz	
Zitronensaft	abschmecken
Kochzeit:	Etwa 5 Minuten.
	Pro Portion: E: 1 g, F: 7 g, Kh: 7 g kJ: 410, kcal: 98.

Meerrettichsoße

30 g Butter oder Margarine	zerlassen
35 g Weizenmehl	unter Rühren so lange darin erhitzen, bis es hellgelb ist
250 ml (1/4 l) Milch	
250 ml (1/4 l) Fleischbrühe	
(zubereitet aus Brühwürfeln)	hinzugießen, mit einem Schneebesen durchschlagen, darauf achten, daß keine Klumpen entstehen die Soße zum Kochen bringen, etwa 5 Minuten kochen lassen
3 gehäufte Eßl. geriebenen	
Meerrettich (aus dem Glas)	in die Soße geben (nicht mehr kochen lassen), mit
Salz	
Zitronensaft	abschmecken
Kochzeit:	Etwa 5 Minuten.
	Pro Portion: E: 4 g, F: 13 g, Kh: 10 g kJ: 720, kcal: 172.

Senfsoße

30 g Butter oder Margarine	zerlassen
35 g Weizenmehl	unter Rühren so lange darin erhitzen, bis es hellgelb ist
250 ml (1/4 l) Milch	
250 ml (1/4 l) Fleischbrühe (zubereitet aus Brühwürfeln)	hinzugießen, mit einem Schneebesen durchschlagen, darauf achten, daß keine Klumpen entstehen die Soße zum Kochen bringen, etwa 5 Minuten kochen lassen
2 schwach gehäufte Eßl. mittelscharfen Senf	in die Soße geben, mit
Salz	
Zitronensaft	
Zucker	abschmecken
Kochzeit:	Etwa 5 Minuten. Pro Portion: E: 5 g, F: 9 g, Kh: 10 g kJ: 611, kcal: 146.

Warme Soßen, dunkel

Dunkle Grundsoße

40 g Margarine, z. B. Sanella	zerlassen
50 g Weizenmehl	unter Rühren so lange darin erhitzen, bis es hell- bis dunkelbraun ist
500 ml (1/2 l) Fleischbrühe (zubereitet aus Brühwürfeln)	hinzugießen, mit einem Schneebesen durchschlagen, darauf achten, daß keine Klumpen entstehen die Soße zum Kochen bringen, etwa 5 Minuten kochen lassen, abschmecken
Kochzeit:	Etwa 5 Minuten. Pro Portion: E: 2 g, F: 9 g, Kh: 9 g kJ: 540, kcal: 129.
Veränderung:	1 Zwiebel abziehen, fein würfeln, in das leicht gebräunte Mehl geben, da sie sonst zu dunkel wird.

Specksoße

50 g Zwiebeln	abziehen
50 g fetter Speck	
	beide Zutaten in kleine Würfel schneiden, unter Rühren so lange erhitzen, bis sie gelblich sind, aus dem Topf nehmen
35 g Weizenmehl	hinzufügen, unter Rühren so lange in dem ausgelassenen Fett erhitzen, bis es braun ist
500 ml ($^1/_2$ l) Fleischbrühe (zubereitet aus Brühwürfeln)	hinzugießen, mit einem Schneebesen durchschlagen, darauf achten, daß keine Klumpen entstehen
$^1/_2$ Lorbeerblatt	
2 Gewürznelken	und Speck- und Zwiebelwürfel unterrühren
	die Soße zum Kochen bringen, etwa 5 Minuten kochen lassen
2 Eßl. Essig	hinzufügen, mit
Zucker	
Salz	abschmecken, Lorbeerblatt und Nelken vor dem Anrichten aus der Soße nehmen
Kochzeit:	Etwa 5 Minuten.
	Pro Portion: E: 2 g, F: 12 g, Kh: 8 g kJ: 611, kcal: 146.
	Die Soße zu Brechbohnen, Kartoffelklößen, Pellkartoffeln oder Verlorenen Eiern reichen.

Burgundersoße

40 g Schalotten (Zwiebeln)	abziehen, mit
kochendem Wasser	überbrühen, zum Abtropfen auf ein Sieb geben
10 g Zucker	in einem Topf unter Rühren bräunen lassen
125 ml ($^1/_8$ l) Fleischbrühe (zubereitet aus Brühwürfeln)	
Zitronensaft	
Salz	hinzufügen, die Schalotten darin glasig schmoren lassen
40 g Margarine, z. B. Sanella	zerlassen
30 g Weizenmehl	unter Rühren so lange darin erhitzen, bis es fast dunkelbraun ist
250 ml ($^1/_4$ l) Fleischbrühe (zubereitet aus Brühwürfeln)	
125 ml ($^1/_8$ l) Burgunder	hinzugießen, mit einem Schneebesen durchschlagen, darauf achten, daß keine Klumpen entstehen
	die Schalotten unterrühren
	die Soße zum Kochen bringen, etwa 5 Minuten kochen lassen, mit Salz abschmecken
1 Eßl. Burgunder	hinzufügen
Kochzeit:	Etwa 5 Minuten.
	Pro Portion: E: 1 g, F: 9 g, Kh: 10 g kJ: 628, kcal: 150.
Veränderung:	Die Soße mit Thymian abschmecken.

Madeirasoße

1 mittelgroße Zwiebel	abziehen
50 g Schinkenspeck	
	beide Zutaten in kleine Würfel schneiden
1/2 Bund Suppengrün	putzen
2 mittelgroße Tomaten	
	die Zutaten waschen, kleinschneiden den Schinkenspeck auslassen, Suppengrün und Tomaten darin andünsten
40 g Margarine, z. B. Sanella	zerlassen
50 g Weizenmehl	unter Rühren so lange darin erhitzen, bis es fast dunkelbraun ist die Zwiebel erst hinzugeben, wenn das Mehl leicht gebräunt ist
500 ml (1/2 l) Fleischbrühe (zubereitet aus Brühwürfeln)	hinzugießen, mit einem Schneebesen durchschlagen, darauf achten, daß keine Klumpen entstehen Schinken, Suppengrün und Tomaten in die Soße geben, zum Kochen bringen, etwa 30 Minuten kochen lassen, durch ein Sieb streichen, mit
Salz	
Zitronensaft	
Zucker	abschmecken
4 Eßl. Madeira	hinzufügen
Kochzeit:	Etwa 30 Minuten.
	Pro Portion: E: 4 g, F: 17 g, Kh: 15 g kJ: 1071, kcal: 256.
	Die Soße zu gekochter Zunge reichen.

Polnische Soße

40 g Pfefferkuchen	zerkrümeln
2 mittelgroße Zwiebeln	abziehen, in Scheiben schneiden
20 g Margarine, z. B. Sanella	zerlassen
10 g Weizenmehl	unter Rühren so lange darin erhitzen, bis es fast dunkelbraun ist
125 ml ($^{1}/_{8}$ l) Fleischbrühe (zubereitet aus Brühwürfeln)	
375 ml ($^{3}/_{8}$ l) Malzbier	hinzugießen, mit einem Schneebesen durchschlagen, darauf achten, daß keine Klumpen entstehen Pfefferkuchen, Zwiebeln,
2 Eßl. kleingeschnittenes Suppengrün	
4 Pfefferkörner	
2 Pimentkörner (Nelkenpfeffer)	
1 Gewürznelke	
1 kleines Lorbeerblatt	unterrühren die Soße zum Kochen bringen, etwa 30 Minuten kochen lassen, durch ein Sieb streichen, mit
Salz	
Zitronensaft	
Zucker	abschmecken
3 Eßl. Rotwein	hinzufügen
Kochzeit:	Etwa 30 Minuten.
	Pro Portion: E: 2 g, F: 4 g, Kh: 23 g kJ: 665, kcal: 159.
	Die Soße zu Karpfen reichen.

Kalte Soßen

Salatsoße I

(Marinade)

3 Eßl. Speiseöl	mit
1–2 Eßl. Essig	
Salz, Pfeffer, Zucker	verschlagen
1 Eßl. gehackte Kräuter, z. B. Petersilie, Estragon, Kerbel, Dill, Kresse, Schnittlauch, Pimpinelle	unterrühren.
	Pro Portion: E: 0 g, F: 11 g, Kh: 0 g kJ: 410, kcal: 98.
Veränderung:	1–2 mittelgroße abgezogene, gewürfelte Zwiebeln hinzufügen.

Salatsoße II

3 Eßl. Speiseöl	mit
2 Eßl. Zitronensaft oder Essig	
Salz	
Zucker	verschlagen
1 mittelgroße Zwiebel	abziehen, fein würfeln
2 Eßl. Sahne	
1 Eßl. gehackte Kräuter, z. B. Schnittlauch, Petersilie, Dill, Kresse	
	die Zutaten unterrühren.
	Pro Portion: E: 0 g, F: 13 g, Kh: 1 g kJ: 527, kcal: 126.

Joghurtsoße

1 Becher (150 g) Joghurt (3,5% Fett)	mit
1 Teel. Speiseöl	
1 Eßl. Essig	verrühren, mit
Salz	
Zucker	abschmecken.
	Pro Portion: E: 2 g, F: 3 g, Kh: 2 g kJ: 155, kcal: 37.

Mayonnaise I

	Alle Zutaten müssen die gleiche Temperatur haben, am besten lauwarm sein; sollte das Öl zu kalt sein, es in der geöffneten Dose (Flasche) etwa 5 Minuten in warmes Wasser stellen
1 Eigelb	mit
Salz	in einer Rührschüssel mit einem Schneebesen oder mit einem elektrischen Handrührgerät mit Rührbesen zu einer dicklichen Masse schlagen, erst dann tropfenweise unter ständigem Schlagen
125 ml (1/8 l) Speiseöl	hinzufügen zunächst nur die Hälfte der vorgeschriebenen Ölmenge nehmen ist die Masse steif, erst
1 Teel. Essig oder Zitronensaft	hinzufügen, dann den Rest des Öls hinzugeben. Pro Portion: E: 1 g, F: 31 g, Kh: 0 g kJ: 1209, kcal: 289. Sollte die Mayonnaise gerinnen, 1 Teel. kaltes Wasser tropfenweise unter ständigem Schlagen dazugeben oder 1 Eigelb gut verrühren, die geronnene Mayonnaise langsam darunter geben.
Veränderung:	Unter die Mayonnaise 1 Teel. Senf, etwas saure oder süße Sahne oder Joghurt rühren.

Mayonnaise II
(schnell herzustellen)

1 Eigelb	mit
1 Eßl. Essig oder Zitronensaft *2 schwach gehäuften Teel. Senf* *Salz* *1 gestrichenen Teel. Zucker*	in einer Rührschüssel mit einem Schneebesen oder mit einem elektrischen Handrührgerät mit Rührbesen zu einer dicklichen Masse schlagen, darunter
125 ml (1/8 l) Speiseöl	schlagen (bei dieser Zubereitung ist es nicht notwendig, das Öl tropfenweise zuzusetzen, es wird in Mengen von 1–2 Eßl. untergeschlagen, die an das Eigelb gegebenen Gewürze verhindern eine Gerinnung). Pro Portion: E: 1 g, F: 31 g, Kh: 1 g kJ: 1243, kcal: 297.
Veränderung:	Unter die Mayonnaise Joghurt nach Geschmack rühren.

Senfsahnesoße

125 ml (1/8 l) Sahne mit
5 schwach gehäuften Teel. Senf verrühren, mit
Zitronensaft
Salz
Zucker abschmecken.
Pro Portion: E: 2 g, F: 10 g, Kh: 1 g
kJ: 456, kcal: 109.

Sahnesoße

1 Becher (150 g) saure Sahne (10% Fett) mit
Zitronensaft verschlagen, mit
Zucker
Salz abschmecken.
Pro Portion: E: 1 g, F: 4 g, Kh: 2 g
kJ: 201, kcal: 48.

Veränderung: Die Soße mit 2 Eßl. Speiseöl mischen oder auch mit 1 Eßl. Milch verdünnen.

Crème fraîche-Soße

1 Becher (150 g) Crème fraîche (30% Fett) mit
2 Eßl. Milch
1 schwach gehäuften Eßl. Tomaten-Ketchup verrühren, mit
Salz, Pfeffer, Zucker abschmecken
2 Eßl. gehackte Kräuter, z. B. Petersilie, Schnittlauch, Dill, Kresse unterrühren.
Pro Portion: E: 1 g, F: 12 g, Kh: 3 g
kJ: 531, kcal: 127.

Remouladensoße

(Abb. nebenstehend, oben)

2 hartgekochte Eier	pellen, das Eigelb durch ein Sieb streichen, mit
1 rohen Eigelb	
Salz	verrühren, dann tropfenweise unter Schlagen die Hälfte von
125 ml (1/8 l) Speiseöl	hinzufügen, ist die Masse steif genug,
2 Eßl. Essig oder Zitronensaft	
1 schwach gehäuften Teel. Senf	hinzufügen, dann erst den Rest des Öls hinzugeben
1 Eßl. Kapern	fein wiegen
2 kleine Gewürzgurken	fein schneiden
2 Eßl. gehackte Kräuter, z. B. Petersilie, Schnittlauch	
Pfeffer	
Zucker	
	die Zutaten zu der Mayonnaise geben.
	Pro Portion: E: 3 g, F: 34 g, Kh: 1 g kJ: 1397, kcal: 334.
Veränderung:	Das hartgekochte Eiweiß in kleine Würfel schneiden, mit in die Soße geben.

Kräutersahnesoße

(Frühlingssoße)
(Abb. nebenstehend, Mitte)

250 g saure Sahne (10% Fett)	mit
1 Eßl. Zitronensaft	verschlagen
2 hartgekochte Eier	pellen, hacken
3 Eßl. gehackte Kräuter, z. B. Petersilie, Dill, Schnittlauch, Kerbel, Kresse	
	die Zutaten unterrühren
	die Soße mit
Zucker	
Salz	abschmecken.
	Pro Portion: E: 6 g, F: 10 g, Kh: 3 g kJ: 523, kcal: 125.
	Die Soße schmeckt besonders gut zu gekochtem Rindfleisch.

Remouladensoße, Rezept siehe oben – Kräutersahnesoße, Rezept siehe oben
Meerrettichsahne, Rezept S. 80

Essig

Meerrettichsahne

(Abb. S. 79, unten)

125 ml (1/8 l) Sahne	steif schlagen, mit
1 gut gehäuften Eßl. geriebenem Meerrettich (aus dem Glas)	verrühren, mit
Zitronensaft	
Salz	
Zucker	abschmecken.
	Pro Portion: E: 1 g, F: 12 g, Kh: 1 g kJ: 494, kcal: 118.

Senfsoße

3 hartgekochte Eier	pellen, fein hacken, mit
4 schwach gehäuften Eßl. Senf	
1 schwach gehäuften Teel. Zwiebelwürfeln	
6 gestrichenen Eßl. saurer Sahne (10% Fett)	verrühren
2 kleine Äpfel	schälen, vierteln, entkernen, reiben, hinzufügen die Soße mit
Salz	
Zucker	abschmecken.
	Pro Portion: E: 10 g, F: 9 g, Kh: 8 g kJ: 649, kcal: 155.

Cumberlandsoße

Schale von 1 Apfelsine (ungespritzt)	von der weißen Haut befreien, die Schale in sehr feine Streifen schneiden, in etwa 10 Minuten in
3 Eßl. Rotwein	weich kochen lassen, kalt stellen
250 g Johannisbeergelee	mit
1 schwach gehäuften Teel. Senf	gut verrühren, die erkalteten Apfelsinenstreifen mit dem Rotwein hinzufügen die Soße mit
Salz	
Zitronensaft	abschmecken.
	Pro Portion: E: 0 g, F: 0 g, Kh: 40 g kJ: 724, kcal: 173.
	Die Soße schmeckt gut zu Wild, kaltem Fleisch oder Pasteten.

Süße Soßen, warm und kalt

Schokoladensoße

	Aus
1 Päckchen Soßen-Pulver für Schokoladensoße	
50 g Zucker	
200 ml ($^1/_5$ l) kalter Milch	nach der Vorschrift auf dem Päckchen (aber nur mit 200 ml – $^1/_5$ l – Milch) eine Schokoladensoße zubereiten, kalt stellen, ab und zu durchrühren
1 Teel. Rum	unterrühren
125 ml ($^1/_8$ l) Sahne	steif schlagen
30 g zartbittere Schokolade	grob hacken
	beide Zutaten unter die erkaltete Soße heben.
	Pro Portion: E: 3 g, F: 14 g, Kh: 22 g kJ: 987, kcal: 236.
	Schokoladensoße ist eine ausgezeichnete Beigabe zu gekochten Birnen.

Vanillesoße

	Aus
1 Päckchen Soßen-Pulver Vanille-Geschmack	
30 g Zucker	
500 ml ($^1/_2$ l) kalter Milch	nach der Vorschrift auf dem Päckchen eine Soße zubereiten, kalt stellen, ab und zu durchrühren
125 ml ($^1/_8$ l) Sahne	fast steif schlagen, unter die erkaltete Soße heben.
	Pro Portion: E: 5 g, F: 14 g, Kh: 18 g kJ: 941, kcal: 225.

Weinschaumsoße
(Chaudeau)

$^1/_2$ Päckchen Soßen-Pulver Vanille-Geschmack	
50 g Zucker	
1 Ei	
1 Eigelb	
250 ml ($^1/_4$ l) Weißwein	
1 Eßl. Zitronensaft	in einen kleinen Kochtopf geben, gut verschlagen, im Wasserbad so lange mit einem Schneebesen durchschlagen, bis eine dicke Kochblase aufsteigt (nicht kochen lassen)
Erhitzungszeit:	Etwa 20 Minuten.
	Pro Portion: E: 3 g, F: 3 g, Kh: 16 g kJ: 586, kcal: 140.

Fleisch

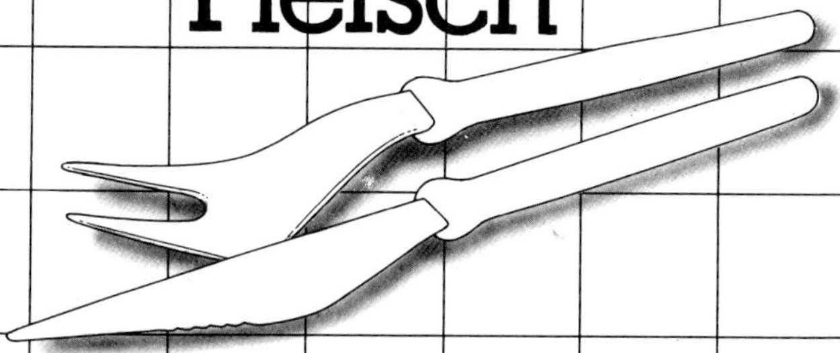

Rind

Rindfleisch ist die allgemeine Bezeichnung für Ochsen-, Färsen-, Kuh- und Bullenfleisch. Das Fleisch soll eine kräftig rote Farbe haben und beim Anfassen und Einschneiden eine gewisse Festigkeit und glänzende Schnittflächen zeigen.
Rindfleisch muß, bevor es verkauft wird, gut abgehangen sein, denn schlachtfrisches Rindfleisch bleibt zäh. Zum Kochen muß es 3–5 Tage abhängen, zum Braten 8–14 Tage. Die Nachfrage nach Braten- und Kurzbratstücken ist größer als die nach Kochfleischstücken.
Zum BRATEN eignen sich: Roastbeef, Lende (Filet), Hohe Rippe, Oberschale, Schwanzstück, Kugel, Hüfte, Hüftdeckel,
zum SCHMOREN: Oberschale, Schwanzstück (mit Schwanzrolle), Querrippe, Kugel, Falsches Filet, Dicker Bug, Bugschaufelstück, Gulasch, Rouladen, Leber, Nieren;
zum KURZBRATEN und GRILLEN: Scheiben vom Roastbeef (Entrecôte), von der Hüfte, der Lende (Filet, Châteaubriand), vom Beefsteak (Oberschale, Kluft, Kugel), Leberscheiben;
zum KOCHEN: Zungenstück, Nacken (Hals), Brust, Hohe Rippe, Flach- oder Querrippe, Bugschaufelstück, Mittelbugstück, Lappen, Beinscheibe und Schwanz, Lunge, Herz, Zunge, Nieren.

Bulle

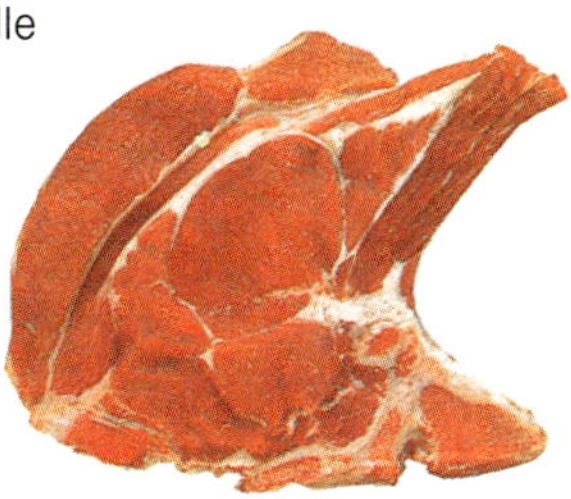

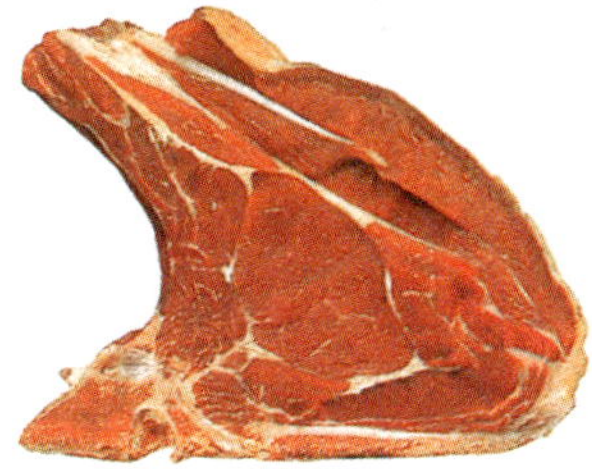

Ochse

Färse

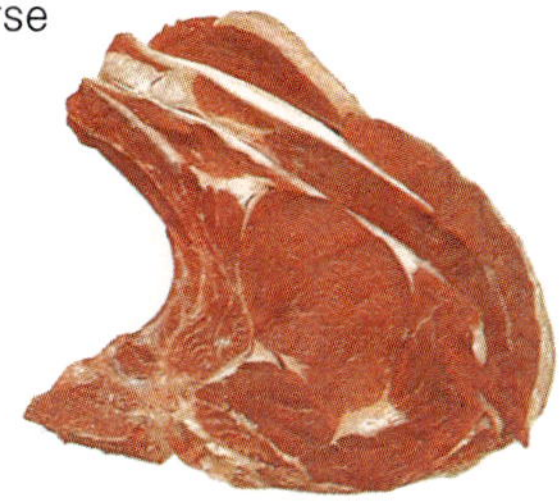

Zungenstück (Hals)

Mittelbrust

Falsches Filet

Hohe Rippe

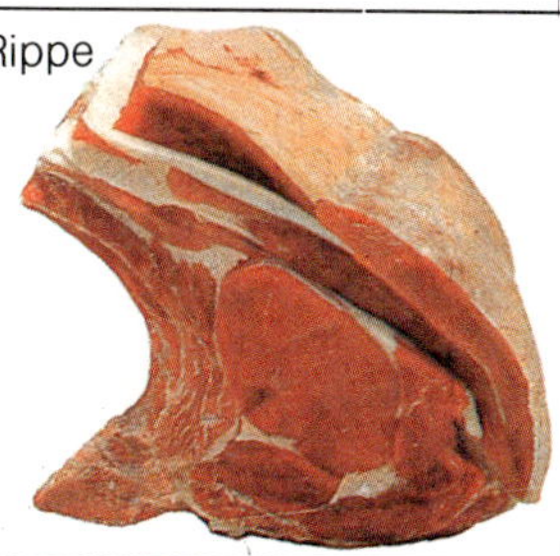

Brustspitze

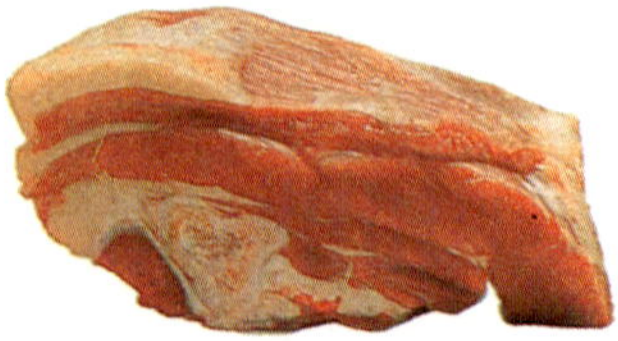

Nacken

Dicker Bug

Bugschaufel- und Mittelbugstück

Roastbeef (Rumpsteak)

Filet

Schwanzstück

Oberschale (Kluft)

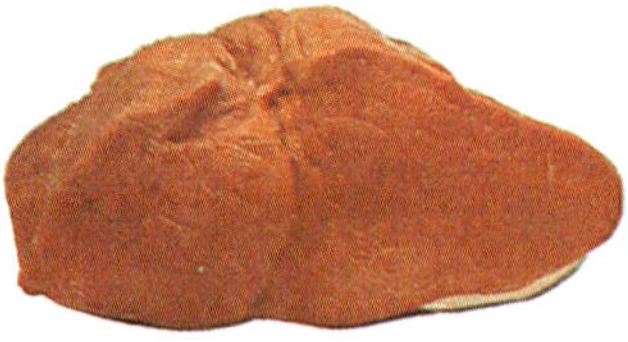

Lappen

Schwanzrolle

Kugel- und Bürgermeisterstück

Quer- oder Flachrippe

Hüfte und Hüftdeckel

Beinscheiben und Schwanz

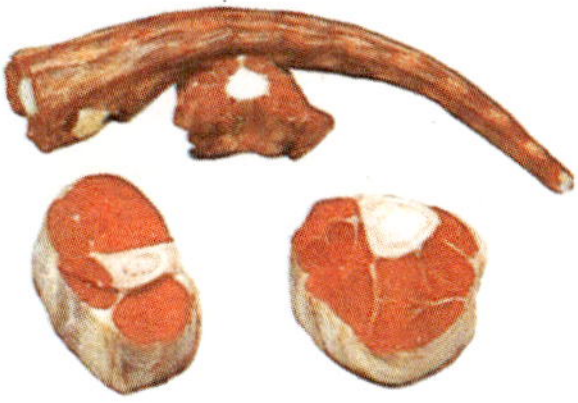

Kalb

Das zarte, saftige Kalbfleisch gilt allgemein als Delikatesse, aber es erfreut sich auch bei den Herstellern von Babykost großer Beliebtheit und wird gern bei der Krankenkost verwendet.
Kalbfleisch soll eine hellrosa Farbe haben und auf der Schnittfläche leicht feucht sein.
Zum BRATEN eignen sich: Ober- und Unterschale (Frikandeau), Kugel, Hüfte, Rücken, Lende (Filet), Brust, Haxe;
zum SCHMOREN: Hals, Brust, Nacken, Schulter (Bug), Haxe;
zum KURZBRATEN und GRILLEN: Scheiben von Ober- und Unterschale (Frikandeau), Kugel, Hüfte, Haxe (Ossobucco), Rücken (Kotelett), Lende (Filet), Scheiben von Leber, Hirn, Bries, Niere;
zum KOCHEN: Nacken, Brust, Haxen, Lappen, Leber, Herz, Bries, Hirn.

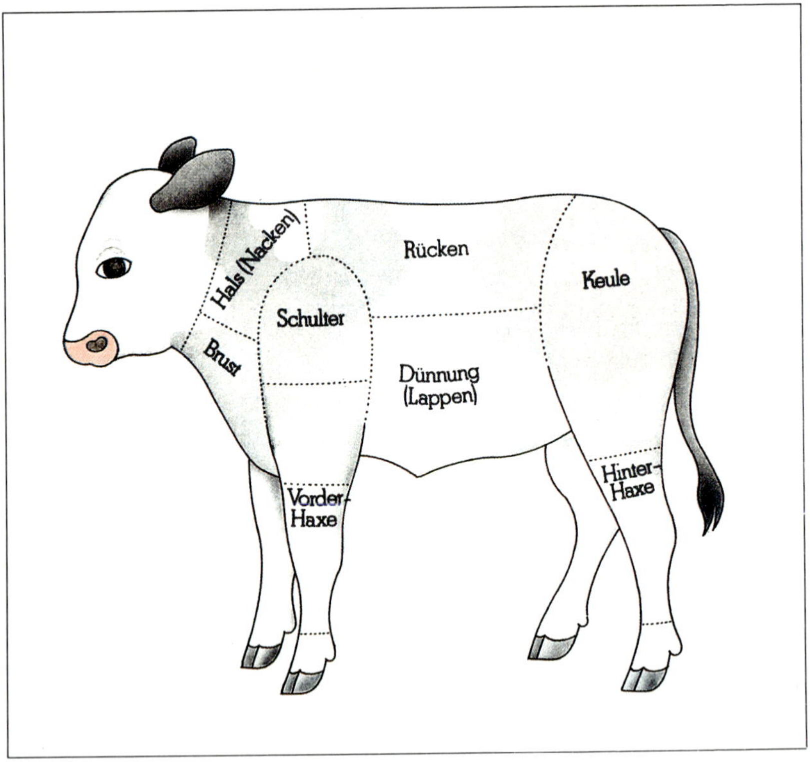

Kotelett

Brust

Nierenbraten

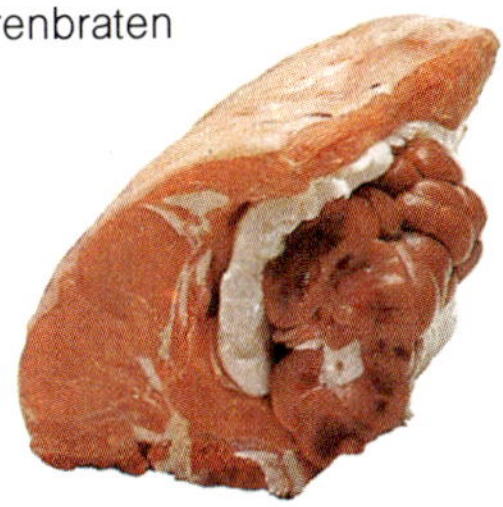

Nuß

Oberschale (Frikandeau)

Vorder- und Hinterhaxe

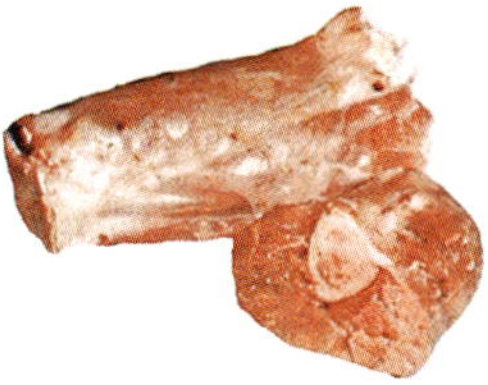

Unterschale

Nacken

Lamm

Das würzige, aromatische Lammfleisch ist in der Bundesrepublik nicht so gefragt, wie beispielsweise in Frankreich, England, Italien und in anderen Nachbarländern.
Dabei läßt sich gerade das zarte, helle Lammfleisch außerordentlich vielseitig zubereiten und ist ein köstlicher Braten zu besonderen Anlässen.
Zum BRATEN eignen sich: Keule, Rücken;
zum SCHMOREN: Hals, Brust, Bug (Blatt), Haxe;
zum KURZBRATEN und GRILLEN: Rücken (Kotelett), Keule, Scheiben von Leber und Niere;
zum KOCHEN: Hals, Brust, Bug (Blatt), Lappen, Haxe, Leber, Herz, Nieren.

Nacken

Keule

Rücken

Schulter

Koteiett

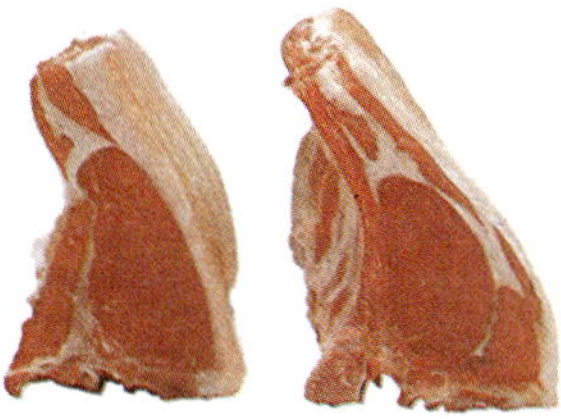

Brust

Schwein

Von allen Fleischsorten wird Schweinefleisch in der Bundesrepublik am meisten verzehrt. Es ist beliebt wegen seines kräftigen, saftigen Geschmacks, ob nun gebraten, geschmort oder gekocht, als Schinken oder als leckere Wurstspezialität.

Schweinefleisch soll im Gegensatz zu Rindfleisch so frisch wie möglich zubereitet und verzehrt werden. Die wichtigsten Stücke beim Schweinefleisch sind: Schinken, Schulter, Kotelettstrang, Bauch, Eisbein.

Zum BRATEN eignen sich: Ober- und Unterschale, Hüfte, Kugel, Lende (Filet), Rücken, Nakken (Kamm);

zum SCHMOREN: Schulter (Bug), Brust (Dicke Rippe), Bauch, Haxe, Leber, Nieren, Herz;

zum KURZBRATEN und GRILLEN: Schnitzel (Ober- und Unterschale, Hüfte, Kugel), Lende (Filet), Rücken (Kotelett), Nacken (Kamm), Bauch (Falsches Kotelett), Scheiben von Leber, Niere, Herz;

zum KOCHEN: Nacken (Kamm), Bauch, Brust (Dicke Rippe), Eisbein, Leber, Zunge, Herz, Nieren, Hirn.

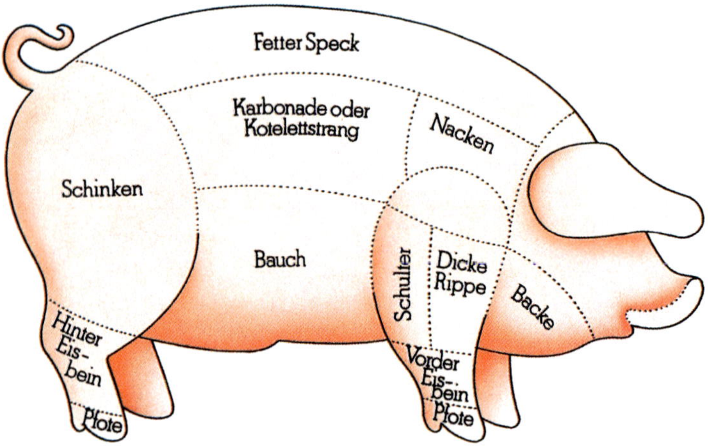

Nacken

Kotelett

Dicke Rippe

Schulter

Bauch

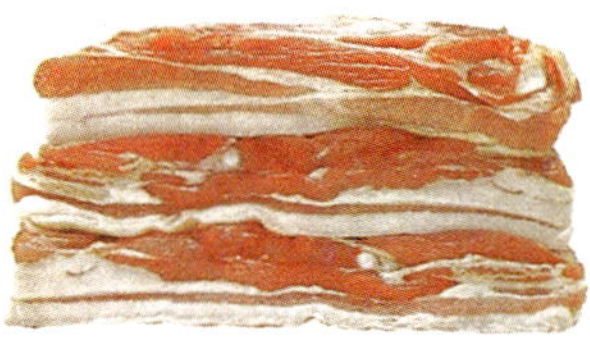

Filet

Hüfte (Schinkenspeckstück)

Nuß

Oberschale

Unterschale

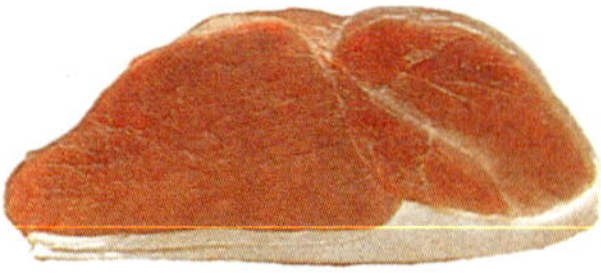

Vorder- und Hintereisbein

Innereien

Was Innereien – wie Hirn, Herz, Leber, Nieren, Lunge – im höchsten Maße besitzen und was sie so besonders wertvoll macht, sind: Eiweiß, Vitamine, Mineralstoffe, Spurenelemente und die so wichtige Arachidonsäure, ein Bremser von Herz- und Kreislaufkrankheiten. Deshalb sollte wenigstens einmal in der Woche ein Gericht mit Innereien zubereitet auf dem Speisezettel stehen.
Ob ein köstliches Herzragout, gegrillte Leber oder geschmorte Nieren – Innereien können nicht nur sehr lecker zubereitet werden, sie sind auch eine Wohltat für die strapazierte Haushaltskasse.

Herz (Schwein, Kalb, Rind)

Nieren (Schwein, Kalb, Rind)

Zunge (Schwein, Kalb, Rind)

Lunge

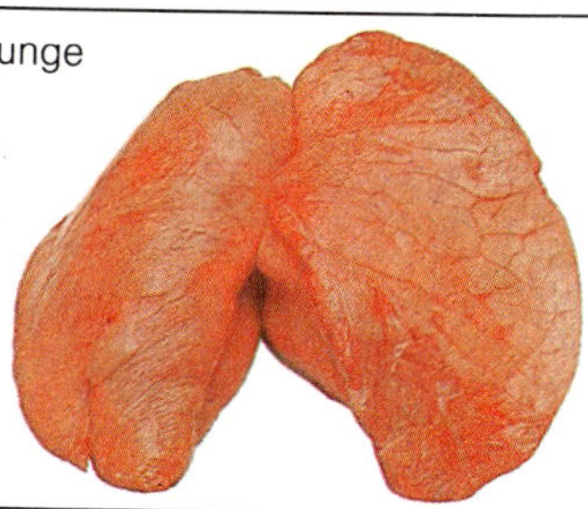

Kalbshirn

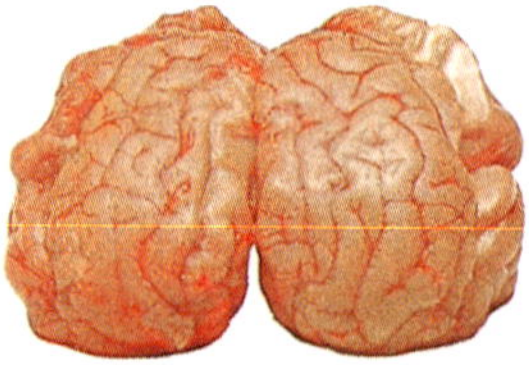

Kalbsbries

Kalbsleber

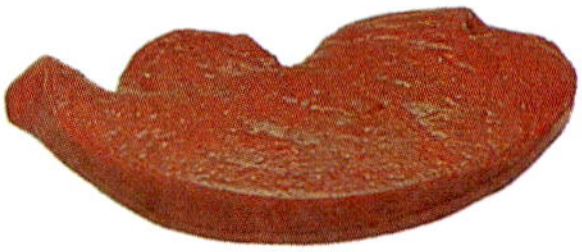

Schweineleber

Rinderleber

Gekochtes Fleisch, große Fleischstücke

Regeln

1. Größere Fleischstücke rollen und binden, damit sie dem Wasser wenig Oberfläche bieten.

2. Fleisch in kochendes Wasser geben, damit das Eiweiß der äußeren Schicht gerinnt. Poren schließen sich und der Fleischsaft kann nicht heraustreten.

3. Während der Kochzeit darf das Wasser nur sieden.

4. Das Fleisch evtl. nach dem Kochen 10 Minuten in der Brühe liegen lassen, damit es saftiger bleibt.

5. Die Fleischbrühe zur Zubereitung von Soßen verwenden.

6. Das gare Fleisch quer zur Faser hin aufschneiden.

Rindfleisch

500 g Fleischknochen	waschen, in
1 1/2 l kaltes Salzwasser	geben, zum Kochen bringen, etwa 1 Stunde kochen lassen
600 g Rinderbrust (ohne Knochen)	waschen
1 mittelgroße Zwiebel	abziehen
1 Bund Suppengrün	putzen, waschen
	die Zutaten mit dem Fleisch in die Brühe geben, gar kochen lassen, aus der Brühe nehmen
	das Fleisch in Scheiben schneiden, auf einer vorgewärmten Platte anrichten, mit etwas heißer Brühe übergießen, mit dem geschnittenen Suppengrün garnieren
Kochzeit:	Etwa 2 1/2 Stunden.
	Pro Portion: E: 32 g, F: 38 g, Kh: 4 g kJ: 2176, kcal: 520. In der Berechnung ist die Brühe enthalten.
Beigabe:	Gedünstetes Gemüse oder Meerrettich- (S. 70), Tomaten- (S. 67), Kräuter- (S. 70) oder Senfsoße (S. 71), Salzkartoffeln (S. 248).
Veränderung:	Anstelle von Rinderbrust Hohe Rippe (ohne Knochen) verwenden.

Rinderzunge

(8 Portionen)

$1^{1}/_{4}$ kg küchenfertige Rinderzunge	waschen, in
$2^{1}/_{2}$ l kochendes Salzwasser	geben, zum Kochen bringen
1 Päckchen tiefgekühltes Suppengrün	hinzufügen, die Zunge gar kochen lassen (die Zunge ist gar, wenn sich die Spitze weich ansticht) die gare Zunge mit kaltem Wasser abspülen, die Haut abziehen, solange die Zunge heiß ist das obere knorpelige Ende ablösen die Zunge bis zum Anrichten wieder in die heiße Brühe geben, herausnehmen, in fingerdicke Scheiben schneiden, auf einer vorgewärmten Platte anrichten
Kochzeit:	Etwa $2^{1}/_{2}$ Stunden. Pro Portion: E: 25 g, F: 25 g, Kh: 1 g kJ: 1473, kcal: 352. In der Berechnung ist die Brühe enthalten.
Beigabe:	Salzkartoffeln (S. 248), Meerrettich- (S. 70), Madeira- (S. 73) oder Burgundersoße (S. 72).
Veränderung:	Anstelle von frischer Rinderzunge gepökelte Rinderzunge verwenden; sie vor dem Kochen einige Stunden wässern, ohne Salz kochen.

Schweinefleisch

600 g frischen Schweinebauch (ohne Knochen)	waschen, in
$1^{1}/_{2}$ l kochendes Salzwasser	geben, zum Kochen bringen
1 Bund Suppengrün	putzen, waschen, hinzufügen, das Fleisch gar kochen lassen, aus der Brühe nehmen, in Scheiben schneiden, auf einer vorgewärmten Platte anrichten, mit dem geschnittenen Suppengrün garnieren
Kochzeit:	Etwa $1^{1}/_{2}$ Stunden. Pro Portion: E: 18 g, F: 63 g, Kh: 4 g kJ: 2900, kcal: 693. In der Berechnung ist die Brühe enthalten.
Beigabe:	Senf- (S. 71) oder Kräutersoße (S. 70), Salzkartoffeln (S. 248).
Veränderung:	Anstelle von Schweinebauch Schweineschulter verwenden.

Schweinefleisch, gepökelt

800 g gepökeltes Eisbein	waschen, in
1 1/2 l kochendes Wasser	geben, zum Kochen bringen
1 mittelgroße Zwiebel	abziehen, mit
1 Lorbeerblatt	
2 Gewürznelken	spicken, hinzufügen
	das Fleisch gar kochen lassen, aus der Brühe nehmen, vom Knochen lösen, in Portionsstücke schneiden, auf einer vorgewärmten Platte anrichten
Kochzeit:	2–2 1/2 Stunden.
	Pro Portion: E: 25 g, F: 45 g, Kh: 1 g kJ: 2251, kcal: 538. In der Berechnung ist die Brühe enthalten.
Beigabe:	Sauerkraut, Kartoffelbrei (S. 255).
Veränderung:	Anstelle von Eisbein gepökelten, durchwachsenen Speck verwenden.

Kalbfleisch

600 g Kalbsbrust (ohne Knochen)	waschen, in
1 1/2 l kochendes Salzwasser	geben, zum Kochen bringen
1 Bund Suppengrün	putzen, waschen, hinzufügen
	das Fleisch gar kochen lassen, aus der Brühe nehmen, in Scheiben schneiden, auf einer vorgewärmten Platte anrichten, mit dem geschnittenen Suppengrün garnieren
Kochzeit:	Etwa 1 1/2 Stunden.
	Pro Portion: E: 29 g, F: 10 g, Kh: 4 g kJ: 967, kcal: 231. In der Berechnung ist die Brühe enthalten. Kräuter- (S. 70) oder Béchamelsoße (S. 69), Salzkartoffeln (S. 248) oder Brühreis (S. 335).
Veränderung:	Anstelle von Kalbsbrust Kalbsschulter bzw. -blatt (ohne Knochen) verwenden.

Kalbszunge

600 g küchenfertige Kalbszunge	waschen, in
$1\frac{1}{2}$ l kochendes Salzwasser	geben, zum Kochen bringen
1 Päckchen tiefgekühltes Suppengrün	hinzufügen, die Zunge gar kochen lassen (die Zunge ist gar, wenn sich die Spitze weich ansticht) die gare Zunge mit kaltem Wasser abspülen, die Haut abziehen, solange die Zunge heiß ist das obere knorpelige Ende ablösen die Zunge bis zum Anrichten wieder in die heiße Brühe geben, herausnehmen, in fingerdicke Scheiben schneiden, auf einer vorgewärmten Platte anrichten
Kochzeit:	Etwa 1 $\frac{3}{4}$ Stunden. Pro Portion: E: 26 g, F: 9 g, Kh: 1 g kJ: 870, kcal: 208. In der Berechnung ist die Brühe enthalten.
Beigabe:	Tomatensoße (S. 67).

Kalbshirn

600 g Kalbshirn	so lange wässern, bis das Blut ausgezogen ist das Hirn von Haut und Adern befreien, mit
1 Eßl. Essig	in
500 ml ($\frac{1}{2}$ l) kochendes Salzwasser	geben, zum Kochen bringen
1 Bund Petersilie	waschen, hinzufügen, das Kalbshirn gar ziehen lassen das gut abgetropfte Kalbshirn auf einer vorgewärmten Platte anrichten, mit
30 g gebräunter Butter	übergießen
Kochzeit:	5–6 Minuten. Pro Portion: E: 15 g, F: 18 g, Kh: 1 g kJ: 992, kcal: 237. In der Berechnung ist die Brühe enthalten.
Beigabe:	Tomatensalat (S. 275).
Veränderung:	Kalbshirn auch zur Verfeinerung von Ragout fin (S. 106) verwenden; soll das Kalbshirn gebraten werden, es in der Brühe erkalten lassen, herausnehmen, abtropfen lassen, mit Salz, Pfeffer bestreuen, in Weizenmehl, verschlagenem Ei, Semmelmehl wenden, in zerlassener Margarine braten.

Gekochtes Fleisch, kleine Fleischstücke

Regeln 1. Fleisch in kochendes Wasser geben, damit das Eiweiß der äußeren Schicht gerinnt. Die Poren schließen sich und der Fleischsaft kann nicht heraustreten.

2. Während der Kochzeit darf das Wasser nur sieden.

3. Die Soße aus der Fleischbrühe zubereiten.

4. Für helles Fleisch helle Soße (Frikassee), für dunkles Fleisch dunkle Soße (Ragout) verwenden.

5. Das gare Fleisch in die kochende Soße geben, kurz aufkochen lassen.

Westfälischer Pfeffer-Potthast

600 g Rindfleisch (aus der Keule) waschen, in Würfel schneiden, in
500 ml (1/2 l) kochendes Salzwasser geben, zum Kochen bringen
1 kleines Lorbeerblatt
10 Pfefferkörner
2 Gewürznelken
1 Eßl. Kapern hinzufügen, das Fleisch kochen lassen
375 g Zwiebeln abziehen, halbieren, in Scheiben schneiden, nach 30 Minuten Kochzeit zu dem Fleisch geben
das Fleisch gar kochen lassen, den Pfeffer-Potthast mit
30 g Semmelmehl binden, mit
Salz, Zitronensaft
gemahlenem Pfeffer (aus der Mühle) abschmecken

Kochzeit: Etwa 1 1/4 Stunden.
Pro Portion: E: 33 g, F: 11 g, Kh: 14 g
kJ: 1293, kcal: 309.

Beigabe: Salzkartoffeln (S. 248), Salat oder Gewürzgurken.

Rinderzungenragout
(8 Portionen)

$1^1/_4$ kg küchenfertige Rinderzunge	waschen, in
$2^1/_2$ l kochendes Salzwasser	geben, zum Kochen bringen
1 Päckchen tiefgekühltes Suppengrün	hinzufügen, die Zunge gar kochen lassen (die Zunge ist gar, wenn sich die Spitze weich ansticht) die gare Zunge mit kaltem Wasser abspülen, die Haut abziehen, solange die Zunge heiß ist das obere knorpelige Ende ablösen die Zunge in Scheiben oder Würfel schneiden die Brühe durch ein Sieb gießen, 1 l davon abmessen die Zunge in die restliche heiße Brühe geben
	für die Soße
100 g Margarine, z. B. Sanella	zerlassen
100 g Weizenmehl	unter Rühren so lange darin erhitzen, bis es braun ist
1 l Zungenbrühe	hinzugießen, mit einem Schneebesen durchschlagen, darauf achten, daß keine Klumpen entstehen, die Soße zum Kochen bringen, etwa 5 Minuten kochen lassen die abgetropfte Zunge in die Soße geben, kurz aufkochen lassen, das Ragout mit
Salz, Pfeffer, Zucker	abschmecken
250 ml ($^1/_4$ l) Rotwein	unterrühren
300 g Champignons (aus der Dose)	zum Abtropfen auf ein Sieb geben, vierteln, in das Ragout geben
Kochzeit:	Etwa $2^1/_2$ Stunden. Pro Portion: E: 28 g, F: 35 g, Kh: 12 g kJ: 2184, kcal: 522. In der Berechnung ist die Brühe enthalten.
Veränderung:	Gegarte Fleischklößchen (S. 61) in das Ragout geben.

Kalbfleisch-frikassee

600 g Kalbfleisch (ohne Knochen)	waschen, in Würfel schneiden, in
750 ml ($^3/_4$ l) kochendes Salzwasser	geben, zum Kochen bringen
1 mittelgroße Zwiebel	abziehen, mit
1 Lorbeerblatt *3 Gewürznelken*	spicken, hinzufügen, das Fleisch gar kochen lassen die Brühe durch ein Sieb gießen, 500 ml ($^1/_2$ l) davon abmessen
	für die Soße
30 g Butter oder Margarine	zerlassen

35 g Weizenmehl	unter Rühren so lange darin erhitzen, bis es hellgelb ist
500 ml ($^{1}/_{2}$ l) Kalbfleischbrühe	hinzugießen, mit einem Schneebesen durchschlagen, darauf achten, daß keine Klumpen entstehen, die Soße zum Kochen bringen, etwa 5 Minuten kochen lassen das Fleisch in die Soße geben, kurz aufkochen lassen
1 Eigelb	mit
2 Eßl. kalter Milch	verschlagen, das Frikassee damit abziehen (nicht mehr kochen lassen), mit
Salz, Pfeffer Zitronensaft, Zucker	abschmecken
Kochzeit:	45–60 Minuten.
	Pro Portion: E: 29 g, F: 11 g, Kh: 8 g kJ: 1117, kcal: 267.
Beigabe:	Reis (Reisrand).
Veränderung:	Das Frikassee nach Belieben durch Fleischklößchen (S. 61), Blumenkohlröschen, Spargelstücke, Champignons, gehackte Sardellen verfeinern.

Ragout von Kalbsherz

600 g Kalbsherz	quer in Hälften schneiden, Adern, Haut, Blut entfernen, das Fleisch wässern, in Stücke schneiden, in
500 ml ($^{1}/_{2}$ l) kochendes Salzwasser	geben, zum Kochen bringen
1 Lorbeerblatt 3 Gewürznelken 5 Pimentkörner (Nelkenpfeffer)	hinzufügen, das Fleisch gar kochen lassen die Brühe durch ein Sieb gießen, 500 ml ($^{1}/_{2}$ l) davon abmessen (evtl. mit Wasser ergänzen)
	für die Soße
50 g Margarine, z. B. Sänella	zerlassen
50 g Weizenmehl	unter Rühren so lange darin erhitzen, bis es braun ist
1 mittelgroße Zwiebel	abziehen, fein würfeln, erst in das leicht gebräunte Mehl geben, da sie sonst zu dunkel wird
500 ml ($^{1}/_{2}$ l) Kalbsherzbrühe	hinzugießen, mit einem Schneebesen durchschlagen, darauf achten, daß keine Klumpen entstehen, die Soße zum Kochen bringen, etwa 5 Minuten kochen lassen das Fleisch in die Soße geben, kurz aufkochen lassen das Ragout mit
Salz, Pfeffer Zitronensaft Zucker	abschmecken
1 Essiggurke	in Würfel oder Scheiben schneiden, in das Ragout geben
Kochzeit:	Etwa 1$^{1}/_{2}$ Stunden.
	Pro Portion: E: 21 g, F: 16 g, Kh: 11 g kJ: 1226, kcal: 293.

Königsberger Klopse

1 Brötchen (Semmel)	in kaltem Wasser einweichen
1 mittelgroße Zwiebel	abziehen, fein würfeln
500 g Hackfleisch (halb Rind-, halb Schweinefleisch)	mit dem gut ausgedrückten Brötchen, der Zwiebel,
1 Eiweiß	vermengen, mit
1 schwach gehäuften Teel. Senf	
Salz, Pfeffer	abschmecken, aus der Masse mit nassen Händen Klopse formen, in
750 ml ($^3/_4$ l) kochendes Salzwasser	geben, zum Kochen bringen, gar ziehen lassen (Wasser muß sich leicht bewegen) die Brühe durch ein Sieb gießen, 500 ml ($^1/_2$ l) davon abmessen
	für die Soße
30 g Butter oder Margarine	zerlassen
35 g Weizenmehl	unter Rühren so lange darin erhitzen, bis es hellgelb ist
500 ml ($^1/_2$ l) Brühe	hinzugießen, mit einem Schneebesen durchschlagen, darauf achten, daß keine Klumpen entstehen, die Soße zum Kochen bringen, etwa 5 Minuten kochen lassen
1 Eigelb	mit
2 Eßl. kalter Milch	verschlagen, die Soße damit abziehen (nicht mehr kochen lassen)
1 Eßl. Kapern	hinzufügen, mit
Salz, Pfeffer	
Speisewürze	
Zitronensaft	abschmecken, die Klopse in die Soße geben, 5 Minuten darin ziehen lassen
Garzeit:	Etwa 15 Minuten.
	Pro Portion: E: 28 g, F: 39 g, Kh: 14 g kJ: 2289, kcal: 547.
Veränderung:	$^1/_2$ Salzhering fein hacken, mit dem Fleisch vermengen.

Kalbszungen-frikassee

600 g küchenfertige Kalbszunge	waschen, in
1 1/2 l kochendes Salzwasser	geben, zum Kochen bringen
1 mittelgroße Zwiebel	mit
1 Lorbeerblatt	
3 Gewürznelken	spicken, hinzufügen
	die Zunge gar kochen lassen (die Zunge ist gar, wenn sich die Spitze weich ansticht)
	die gare Zunge mit kaltem Wasser abspülen, die Haut abziehen, solange die Zunge heiß ist
	das obere knorpelige Ende ablösen
	die Zunge in schräge Scheiben schneiden
	die Brühe durch ein Sieb gießen, 500 ml (1/2 l) davon abmessen, die Zungenscheiben in die restliche heiße Brühe geben
	für die Soße
30 g Butter oder Margarine	zerlassen
35 g Weizenmehl	unter Rühren so lange darin erhitzen, bis es hellgelb ist
500 ml (1/2 l) Zungenbrühe	hinzugießen, mit einem Schneebesen durchschlagen, darauf achten, daß keine Klumpen entstehen, die Soße zum Kochen bringen, etwa 5 Minuten kochen lassen
1 Eigelb	mit
2 Eßl. kalter Milch	verschlagen, die Soße damit abziehen (nicht mehr kochen lassen), mit
Salz, Pfeffer	abschmecken
	die Zunge in die Soße geben, kurz aufkochen lassen
Kochzeit:	1 3/4–2 Stunden.
	Pro Portion: E: 28 g, F: 17 g, Kh: 8 g kJ: 1351, kcal: 323
	In der Berechnung ist die Brühe enthalten.
Veränderung:	1 Teel. Kapern mit in die Soße geben.

Ragout fin in Muscheln

(Abb. nebenstehend)

300 g gekochte Kalbszunge (S. 100)	
175 g gekochtes Kalbshirn (S. 100)	
250 g gekochtes Kalbfleisch (S. 99)	die Zutaten in kleine Würfel schneiden
	für die Soße
40 g Butter oder Margarine	zerlassen
50 g Weizenmehl	unter Rühren so lange darin erhitzen, bis es hellgelb ist
500 ml (1/2 l) Fleischbrühe	hinzugießen, mit einem Schneebesen durchschlagen, darauf achten, daß keine Klumpen entstehen, zum Kochen bringen, etwa 5 Minuten kochen lassen
100 g Champignons (aus der Dose)	in kleine Stücke schneiden, mit dem Fleisch in die Soße geben, kurz aufkochen lassen
2 Eigelb	mit
2 EßI. kalter Milch	verschlagen, das Ragout fin damit abziehen (nicht mehr kochen lassen)
2 EßI. Zitronensaft	
1 EßI. Weißwein	hinzufügen, mit
Salz, Pfeffer	
Worcestersoße	abschmecken die Masse in 12 Muschel- oder Ragout fin-Förmchen füllen, mit
25 g Semmelmehl	
30 g geriebenem Käse, z. B. Gouda	bestreuen
20 g Butter	in Flöckchen darauf setzen, die Förmchen auf dem Rost in den Backofen schieben
Strom:	225–250
Gas:	10 Minuten vorheizen 6–8, überbacken 6–8
Backzeit:	Etwa 15 Minuten.
	Pro Portion: E: 36 g, F: 30 g, Kh: 18 g kJ: 2155, kcal: 515.
Veränderung:	1 Teel. Kapern mit dem Fleisch in die Soße geben.

Rindfleischragout

600 g Rindfleisch (ohne Knochen)	waschen, in Würfel schneiden, in
750 ml ($^3/_4$ l) kochendes Salzwasser	geben, zum Kochen bringen
1 mittelgroße Zwiebel	abziehen, mit
1 kleinen Lorbeerblatt	
4 Pimentkörnern (Nelkenpfeffer)	
1 Päckchen tiefgekühltem Suppengrün	hinzufügen, das Fleisch gar kochen lassen
	die Brühe durch ein Sieb gießen, 500 ml ($^1/_2$ l) davon abmessen
	für die Soße
50 g Margarine, z. B. Sanella	zerlassen
50 g Weizenmehl	unter Rühren so lange darin erhitzen, bis es braun ist
1 mittelgroße Zwiebel	abziehen, fein würfeln, erst in das leicht gebräunte Mehl geben, da sie sont zu dunkel wird
500 ml ($^1/_2$ l) Rindfleischbrühe	hinzugießen, mit einem Schneebesen durchschlagen, darauf achten, daß keine Klumpen entstehen, die Soße zum Kochen bringen, etwa 5 Minuten kochen lassen
	das Fleisch in die Soße geben, kurz aufkochen lassen
	das Ragout mit
Salz, Pfeffer	
Speisewürze	
Essig	
Zucker	abschmecken
1 Essiggurke	in Würfel oder Scheiben schneiden, in das Ragout geben
Kochzeit:	1 $^3/_4$–2 Stunden.
	Pro Portion: E: 29 g, F: 13 g, Kh: 12 g kJ: 1284, kcal: 307.

Geschmortes Fleisch, große Fleischstücke

Regeln 1. Das Fleisch in heißem Fett bis zur Bräunung anbraten, dann unter Zusatz von etwas Wasser im geschlossenen Topf gar schmoren lassen. Für diese Zubereitungsweise eignen sich besonders kleine Fleischstücke (unter 1 kg) und solche mit derber Fleischfaser.

2. Werden Zwiebeln, Tomaten oder kleingeschnittenes Suppengrün verwendet, sie in das Fett geben, wenn das Fleisch fast fertig gebräunt ist.

3. Sobald das Fleisch gut gebräunt ist, etwas von 500 ml (1/2 l) heißem Wasser hinzugießen, im geschlossenen Topf gar schmoren lassen, verdampfte Flüssigkeit nach und nach ersetzen.

4. Um die Soße zuzubereiten, das gare Fleisch aus dem Topf nehmen, den Bratensatz durch ein Sieb gießen, so viel Wasser hinzugießen, wie im Rezept angegeben ist. Die Flüssigkeit zum Kochen bringen, mit angerührter Speisestärke, z. B. Gustin, oder angerührtem Weizenmehl binden.
Die Soße durch Zugabe von saurer Sahne oder Crème fraîche verfeinern.

5. Das gare Fleisch vor dem Schneiden etwa 10 Minuten „ruhen" lassen, damit sich der Fleischsaft setzt und beim Aufschneiden nicht herauslaufen kann.

6. Das gare Fleisch quer zur Faser hin aufschneiden.

Sauerbraten
(Abb. nebenstehend)

1 kg Rindfleisch (aus der Keule, ohne Knochen)	waschen, abtrocknen, in eine Schüssel legen
	für die Marinade
1 mittelgroße Zwiebel	abziehen, in Scheiben schneiden
1 Bund Suppengrün	putzen, waschen, kleinschneiden die Zutaten mit
15 Pfefferkörnern *5 Pimentkörnern (Nelkenpfeffer)* *1 Lorbeerblatt*	zu dem Fleisch geben
250 ml ($^{1}/_{4}$ l) Essig	mit
375 ml ($^{3}/_{8}$ l) Wasser	verdünnen, über das Fleisch gießen (Fleisch muß bedeckt sein), zugedeckt etwa 4 Tage an einem kühlen Ort stehenlassen, das Fleisch ab und zu wenden das genügend gesäuerte Fleisch abtrocknen
50 g Pflanzenfett, z. B. Biskin	erhitzen, das Fleisch von allen Seiten gut darin anbraten, mit
Salz, Pfeffer	bestreuen, das abgetropfte Suppengrün hinzufügen, mitbraten lassen 375 ml ($^{3}/_{8}$ l) von der Marinade abmessen
250 ml ($^{1}/_{4}$ l) heißes Wasser	hinzugießen, etwas davon zu dem Fleisch gießen, das Fleisch schmoren lassen, von Zeit zu Zeit wenden, verdampfte Flüssigkeit nach und nach ersetzen das gare Fleisch in Scheiben schneiden, auf einer vorgewärmten Platte anrichten, warm stellen den Bratensatz durch ein Sieb gießen, mit der restlichen Flüssigkeit auf 500 ml ($^{1}/_{2}$ l) auffüllen, zum Kochen bringen
30 g Weizenmehl	mit
4 Eßl. kaltem Wasser	anrühren, den mit Flüssigkeit aufgefüllten Bratensatz damit binden, die Soße mit Salz, Pfeffer,
Zucker	abschmecken
Schmorzeit:	Etwa 2$^{1}/_{2}$ Stunden. Pro Portion: E: 54 g, F: 31 g, Kh: 14 g kJ: 2418, kcal: 578.
Beigabe:	Backobst (S. 300), Makkaroni (S. 338).
Veränderung:	Die Soße mit eingeweichten Rosinen, abgezogenen, gehobelten, gebräunten Mandeln und Crème fraîche verfeinern.

Sauerbraten, Rezept siehe oben – Makkaroni, Rezept S. 338
Backobst, Rezept S. 300

Schweine-schmorbraten

1 kg Schweinefleisch (aus der Keule, ohne Knochen)	waschen, abtrocknen
1 Bund Suppengrün	putzen, waschen
1 mittelgroße Zwiebel	abziehen beide Zutaten kleinschneiden
50 g Pflanzenfett, z. B. Biskin	erhitzen, das Fleisch von allen Seiten gut darin anbraten, mit
Salz, Pfeffer	bestreuen, die geschnittenen Zutaten hinzufügen, kurz miterhitzen, etwas von
500 ml ($^1/_2$ l) heißem Wasser	hinzugießen, das Fleisch schmoren lassen, von Zeit zu Zeit wenden, verdampfte Flüssigkeit nach und nach ersetzen das gare Fleisch in Scheiben schneiden, auf einer vorgewärmten Platte anrichten, warm stellen den Bratensatz durch ein Sieb gießen, mit Wasser auf 500 ml ($^1/_2$ l) auffüllen, zum Kochen bringen
25 g Speisestärke, z. B. Gustin	mit
3 Eßl. kaltem Wasser	anrühren, den mit Wasser aufgefüllten Bratensatz damit binden, die Soße mit Salz, Pfeffer abschmecken
Schmorzeit:	$1^1/_2$–2 Stunden. Pro Portion: E: 43 g, F: 70 g, Kh: 10 g kJ: 3724, kcal: 890.
Beigabe:	Tomatensalat (S. 275).
Veränderung:	Anstelle von Schweinekeule Schweinenacken, -schulter oder -rollbraten verwenden.

Kalbsschmorbraten

1 kg Kalbfleisch (aus der Schulter, ohne Knochen)	waschen, abtrocknen, wenn nötig, zu guter Form binden
1 Bund Suppengrün	putzen, waschen, kleinschneiden
50 g Pflanzenfett, z. B. Biskin	erhitzen, das Fleisch von allen Seiten gut darin anbraten, mit
Salz, Pfeffer	bestreuen Suppengrün,
1 Lorbeerblatt 5 Pfefferkörner	hinzufügen, kurz miterhitzen, etwas von
500 ml ($^1/_2$ l) heißem Wasser	hinzugießen, das Fleisch schmoren lassen, von Zeit zu Zeit wenden, verdampfte Flüssigkeit nach und nach ersetzen

	das gare Fleisch (Faden lösen) in Scheiben schneiden, auf einer vorgewärmten Platte anrichten, warm stellen den Bratensatz durch ein Sieb gießen, entfetten, mit Wasser auf 500 ml (1/2 l) auffüllen, zum Kochen bringen
25 g Weizenmehl	mit
3 Eßl. kaltem Wasser	anrühren, den mit Wasser aufgefüllten Bratensatz damit binden
3 schwach gehäufte Eßl. Crème fraîche (30% Fett)	unterrühren, die Soße mit Salz, Pfeffer abschmecken
Schmorzeit:	Etwa 2 Stunden.
	Pro Portion: E: 54 g, F: 24 g, Kh: 10 g kJ: 2075, kcal: 496.
Veränderung:	Anstelle von Kalbfleisch aus der Schulter Fleisch aus der Keule oder Kalbsnierenbraten verwenden.

Hammelschmorbraten

1 kg Hammelfleisch (aus der Keule, ohne Knochen)	waschen, abtrocknen, mit
Salz, Pfeffer	
Thymian	einreiben
1 mittelgroße Möhre	schrappen, waschen
1 mittelgroße Zwiebel	abziehen
	beide Zutaten kleinschneiden
50 g Pflanzenfett, z. B. Biskin	erhitzen, das Fleisch von allen Seiten gut darin anbraten, die geschnittenen Zutaten,
1 schwach gehäuften Eßl. Tomatenmark	hinzufügen, kurz miterhitzen, etwas von
500 ml (1/2 l) heißem Wasser	hinzugießen, das Fleisch schmoren lassen, von Zeit zu Zeit wenden, verdampfte Flüssigkeit nach und nach ersetzen das gare Fleisch in Scheiben schneiden, auf einer vorgewärmten Platte anrichten, warm stellen den Bratensatz durch ein Sieb gießen, mit Wasser auf 500 ml (1/2 l) auffüllen, zum Kochen bringen
30 g Weizenmehl	mit
4 Eßl. kaltem Wasser	anrühren, den mit Wasser aufgefüllten Bratensatz damit binden, die Soße mit Salz, Pfeffer abschmecken
Schmorzeit:	2-2 1/2 Stunden (je nach Alter des Tieres).
	Pro Portion: E: 46 g, F: 58 g, Kh: 9 g kJ: 3280, kcal: 784.

Rinderschmorbraten

1 kg Rindfleisch (aus der Keule, ohne Knochen)	waschen, abtrocknen
1 Bund Suppengrün	putzen, waschen
1 mittelgroße Zwiebel	abziehen
1 mittelgroße Tomate	waschen
	die drei Zutaten kleinschneiden
50 g Pflanzenfett, z. B. Biskin	erhitzen, das Fleisch von allen Seiten gut darin anbraten, mit
Salz, Pfeffer	bestreuen, die geschnittenen Zutaten hinzufügen, kurz miterhitzen, etwas von
500 ml (1/2 l) heißem Wasser	hinzugießen, das Fleisch schmoren lassen, von Zeit zu Zeit wenden, verdampfte Flüssigkeit nach und nach ersetzen, das gare Fleisch in Scheiben schneiden, auf einer vorgewärmten Platte anrichten, warm stellen
	den Bratensatz durch ein Sieb gießen, entfetten, mit Wasser auf 500 ml (1/2 l) auffüllen, zum Kochen bringen
30 g Weizenmehl	mit
4 Eßl. kaltem Wasser	anrühren, den mit Wasser aufgefüllten Bratensatz damit binden, die Soße mit Salz, Pfeffer abschmecken
Schmorzeit:	Etwa 2 1/2 Stunden.
	Pro Portion: E: 54 g, F: 31 g, Kh: 11 g kJ: 2372, kcal: 567.
Beigabe:	Salzkartoffeln (S. 248), Kartoffelklöße (S. 258), Makkaroni (S. 338), Gemüse und Salat.
Veränderung:	500 g gewaschene Knochen mit dem Fleisch bräunen.

Geschmortes Fleisch, kleine Fleischstücke

Rinderrouladen

4 Scheiben Rindfleisch (je 150 g, aus der Keule geschnitten)	mit
Salz, Pfeffer	
Gulasch-Gewürz	bestreuen, mit
2 schwach gehäuften Eßl. Senf	bestreichen
60 g durchwachsenen Speck	in Streifen schneiden
100 g Zwiebeln	abziehen, halbieren, in Scheiben schneiden
1 Gewürzgurke	in Streifen schneiden
	die Zutaten auf die Fleischscheiben geben, von der schmalen Seite her aufrollen, mit Holzstäbchen oder

	Fäden zusammenhalten
50 g Pflanzenfett, z. B. Biskin	erhitzen, die Rouladen von allen Seiten gut darin anbraten
	etwas von
500 ml ($^{1}/_{2}$ l) heißem Wasser	hinzugießen, die Rouladen gar schmoren lassen, von Zeit zu Zeit wenden, verdampfte Flüssigkeit nach und nach ersetzen
	die garen Rouladen (Holzstäbchen oder Fäden entfernen) auf einer vorgewärmten Platte anrichten, warm stellen
	den Bratensatz mit Wasser auf 500 ml ($^{1}/_{2}$ l) auffüllen, zum Kochen bringen
30 g Weizenmehl	mit
4 Eßl. kaltem Wasser	anrühren, den mit Wasser aufgefüllten Bratensatz damit binden, die Soße mit Salz, Pfeffer abschmecken
Schmorzeit:	2–2$^{1}/_{2}$ Stunden.
	Pro Portion: E: 36 g, F: 34 g, Kh: 8 g kJ: 2117, kcal: 506.
Beigabe:	Blumenkohl (S. 233), Schwarzwurzeln (S. 234), Rotkohl (S. 224), Salzkartoffeln (S. 248).
Veränderung:	Die Soße mit Paprika, Tomatenmark, saurer Sahne oder Rotwein abschmecken.

Saure Nieren

600 g Schweinenieren	aufschneiden, von den Röhren befreien, in Scheiben schneiden, waschen, mit kochendheißem Wasser übergießen, 30 Minuten darin liegen lassen
	die Nieren zum Abtropfen auf ein Sieb geben, trockentupfen
100 g fetten Speck	in kleine Würfel schneiden, auslassen, die Nieren von allen Seiten gut darin anbraten
1 mittelgroße Zwiebel	abziehen, fein würfeln, mitbräunen lassen, mit
30 g Weizenmehl	bestreuen, mitbräunen lassen
500 ml ($^{1}/_{2}$ l) Fleischbrühe (zubereitet aus Brühwürfeln)	hinzugießen, mit
Salz, Pfeffer	würzen
	die Nieren gar schmoren lassen
2 Eßl. Essig	hinzufügen, mit Salz,
Zucker	abschmecken
Schmorzeit:	10–15 Minuten.
	Pro Portion: E: 23 g, F: 30 g, Kh: 7 g kJ: 1695, kcal: 405.
Beigabe:	Reis (S. 335), Makkaroni (S. 338), Semmelklöße (S. 345).

Gulasch

600 g schieres Rindfleisch (ohne Knochen)	waschen, abtrocknen, in Würfel schneiden
2 Eßl. Speiseöl	erhitzen, das Fleisch von allen Seiten gut darin anbraten
250 g Zwiebeln	abziehen, halbieren, in Scheiben schneiden, mitbräunen lassen, das Fleisch mit
Salz, Pfeffer Gulasch-Gewürz	würzen
2 schwach gehäufte Eßl. Tomatenmark	hinzufügen, etwas von
500 ml ($^{1}/_{2}$ l) heißem Wasser	hinzugießen, das Fleisch gar schmoren lassen, verdampfte Flüssigkeit nach und nach ersetzen wenn das Fleisch gar ist, das restliche Wasser hinzugießen
30 g Weizenmehl	mit
4 Eßl. kaltem Wasser	anrühren, das Gulasch damit binden, mit Salz,
Paprika edelsüß 1–2 Spritzern Tabasco	abschmecken
Schmorzeit:	1–1$^{1}/_{2}$ Stunden. Pro Portion: E: 29 g, F: 14 g, Kh: 12 g kJ: 1284, kcal: 307.
Beigabe:	Kartoffelbrei (S. 255), Reis (S. 335) oder Makkaroni (S. 338), Tomaten- (S. 275), Gurken- (S. 272) oder Blattsalate (S. 267).

Gebratenes Fleisch, im Backofen

Regeln

1. Fleischstücke von mindestens 1 kg werden in der Rostbratpfanne oder auf dem Rost auf der Rostbratpfanne gebraten.

2. Fleisch vor dem Braten mit Salz und Gewürzen einreiben.

3. Rostbratpfanne mit Wasser ausspülen. Sobald der Bratensatz anfängt zu bräunen oder das Wasser verdampft ist, heißes Wasser nachgießen.

4. Um eine kräftige Soße zu erzielen, Knochen von Anfang an in die Rostbratpfanne geben. Zwiebeln, Suppengrün, Tomaten 30 Minuten vor Beendigung der Bratzeit in die Pfanne geben.

5. Die Soße aus dem losgekochten Bratensatz zubereiten. Ihn durch ein Sieb gießen, mit so viel Wasser auffüllen, wie im Rezept angegeben ist. Die Flüssigkeit auf der Kochstelle zum Kochen bringen, mit angerührter Speisestärke, z. B. Gustin, oder angerührtem Weizenmehl binden.
Die Soße evtl. durch Zugabe von saurer Sahne oder Crème fraîche verfeinern.

6. Das gare Fleisch vor dem Schneiden etwa 10 Minuten „ruhen" lassen, damit sich der Fleischsaft setzt und beim Aufschneiden des Fleisches nicht herausläuft.

7. Das gare Fleisch quer zur Faser hin aufschneiden.

Rinderfilet

(Abb. nebenstehend)

1 kg Filet (gut abgehangen)	waschen, abtrocknen, enthäuten, mit
Salz, Pfeffer	einreiben, auf den gefetteten Rost auf eine mit Wasser ausgespülte Rostbratpfanne legen, in den Backofen schieben, braten lassen, ab und zu wenden
	das gare Fleisch vor dem Schneiden etwa 10 Minuten „ruhen" lassen, damit sich der Fleischsaft setzt (dazu Backofentür öffnen, Backofen ausschalten), auf einer vorgewärmten Platte anrichten
Strom:	225–250
Gas:	10 Minuten vorheizen 6–7, braten 6–7
Bratzeit:	Etwa 30 Minuten.
	Pro Portion: E: 48 g, F: 11 g, Kh: 0 g kJ: 1318, kcal: 315.
Beigabe:	Broccoli (S. 234), Herzogin-Kartoffeln (S. 255).

Roastbeef

1 kg Rinderrücken (ohne Knochen)	waschen, abtrocknen, die Haut (Fett) einritzen
	das Fleisch mit
Salz, Pfeffer	einreiben, mit der Fettschicht nach oben auf den gefetteten Rost auf eine mit Wasser ausgespülte Rostbratpfanne legen, in den Backofen schieben, braten lassen, ab und zu wenden
	das gare Fleisch vor dem Schneiden etwa 10 Minuten „ruhen" lassen, damit sich der Fleischsaft setzt (dazu Backofentür öffnen, Backofen ausschalten), auf einer vorgewärmten Platte anrichten
Strom:	225–250
Gas:	10 Minuten vorheizen 6–7, braten 6–7
Bratzeit:	35–45 Minuten.
	Pro Portion: E: 52 g, F: 26 g, Kh: 0 g kJ: 1966, kcal: 470.

Rinderfilet, Rezept siehe oben – Broccoli, Rezept S. 234
Herzogin-Kartoffeln, Rezept S. 255

Hackbraten
(Falscher Hase)

2 Brötchen (Semmeln)	in kaltem Wasser einweichen
2 mittelgroße Zwiebeln	abziehen, fein würfeln
20 g Margarine, z. B. Sanella	zerlassen, die Zwiebeln darin andünsten
750 g Hackfleisch (halb Rind-, halb Schweinefleisch)	mit den gut ausgedrückten Brötchen, den Zwiebeln,
2 Eiern	
1 schwach gehäuften Teel. Senf	
1 Eßl. gehackter Petersilie	vermengen, mit
Salz, Pfeffer	abschmecken, aus der Masse mit nassen Händen einen länglichen Kloß formen, in eine mit
40 g Pflanzenfett, z. B. Biskin	ausgestrichene Rostbratpfanne legen
40 g durchwachsenen Speck	in feine Streifen schneiden, den Kloß damit belegen, gut mit einem Messer eindrücken, in den Backofen schieben
	sobald der Bratensatz bräunt, etwas von
750 ml ($^{3}/_{4}$ l) heißem Wasser	hinzugießen, das Fleisch ab und zu mit dem Bratensatz begießen, verdampfte Flüssigkeit nach und nach ersetzen
1 mittelgroße Zwiebel	abziehen
1 mittelgroße Tomate	waschen
	beide Zutaten vierteln, 30 Minuten vor Beendigung der Bratzeit in die Rostbratpfanne geben, mitbraten lassen
	das gare Fleisch in Scheiben schneiden, auf einer vorgewärmten Platte anrichten, warm stellen
	den Bratensatz mit Wasser loskochen, durch ein Sieb gießen, mit Wasser auf 500 ml ($^{1}/_{2}$ l) auffüllen, auf der Kochstelle zum Kochen bringen
25 g Speisestärke, z. B. Gustin	mit
3 Eßl kaltem Wasser	anrühren, den mit Wasser aufgefüllten Bratensatz damit binden, die Soße mit Salz, Pfeffer abschmecken
Strom:	200–225
Gas:	4–5
Bratzeit:	Etwa 1$^{1}/_{4}$ Stunden.
	Pro Portion: E: 43 g, F: 70 g, Kh: 21 g kJ: 3937, kcal: 941.
Veränderung:	Als Füllung weichgekochte Eier oder Möhren verwenden.

Gefüllte Schweinerippe

	Für die Füllung
250 g entsteinte, getrocknete Pflaumen	etwa 12 Stunden in kaltem Wasser einweichen, gut abtropfen lassen
300 g Äpfel	schälen, vierteln, entkernen, in Scheiben schneiden, mit den Pflaumen,
40 g Semmelmehl	
20 g Zucker	
Salz	vermengen
1 kg Schweinerippe (dickes Stück mit Knochen, vom Metzger als Tasche geschnitten)	waschen, abtrocknen, innen und außen mit
Salz, Pfeffer	einreiben
	die Füllung in die Tasche geben, zunähen oder mit Holzstäbchen zusammenhalten
	die Schweinerippe in eine mit Wasser ausgespülte Rostbratpfanne legen, in den Backofen schieben
	sobald der Bratensatz bräunt, etwas von
1 1/2 l heißem Wasser	hinzugießen, das Fleisch ab und zu mit dem Bratensatz begießen, verdampfte Flüssigkeit nach und nach ersetzen
	das gare Fleisch von den Fäden (Holzstäbchen) befreien, in Portionsstücke schneiden, mit der Füllung auf einer vorgewärmten Platte anrichten, warm stellen
	den Bratensatz mit Wasser loskochen, durch ein Sieb gießen, mit Wasser auf 500 ml (1/2 l) auffüllen, auf der Kochstelle zum Kochen bringen
25 g Speisestärke, z. B. Gustin	mit
3 Eßl. kaltem Wasser	anrühren, den mit Wasser aufgefüllten Bratensatz damit binden, die Soße mit Salz, Pfeffer abschmecken
Strom:	200–225
Gas:	3–4
Bratzeit:	1 3/4–2 Stunden.
	Pro Portion: E: 36 g, F: 50 g, Kh: 71 g kJ: 3828, kcal: 915.

Schweinshaxe

(Abb. nebenstehend)

4 Schweinshaxen	
(je 500 g, mit Knochen)	waschen, abtrocknen, mit
Salz, Pfeffer	einreiben, in eine mit Wasser ausgespülte Rostbratpfanne legen, in den Backofen schieben
	sobald der Bratensatz bräunt, etwas von
1 1/2 l heißem Wasser	hinzugießen, das Fleisch ab und zu mit dem Bratensatz begießen, verdampfte Flüssigkeit nach und nach ersetzen
1 mittelgroße Zwiebel	abziehen, vierteln, 30 Minuten vor Beendigung der Bratzeit in die Rostbratpfanne geben, mitbraten lassen
	das gare Fleisch auf einer vorgewärmten Platte anrichten
	den Bratensatz mit etwas Wasser loskochen, zu dem Fleisch reichen
Strom:	200–225
Gas:	3–4
Bratzeit:	Etwa 3 Stunden.
	Pro Portion: E: 58 g, F: 72 g, Kh: 1 g kJ: 3929, kcal: 939.
Beigabe:	Sauerkraut, Kartoffelbrei (S. 255).

Schweinefilet

750 g Schweinefilet	waschen, abtrocknen, entfetten, enthäuten, mit
Salz, Pfeffer	einreiben, mit
20 g flüssiger Margarine, z. B. Sanella	bestreichen, mit
50 g fetten Speckstreifen	belegen
	das Fleisch in eine mit Wasser ausgespülte Rostbratpfanne legen, auf der obersten Schiene in den Backofen schieben
1 mittelgroße Zwiebel	abziehen
1 mittelgroße Tomate	waschen
1 Bund Suppengrün	putzen, waschen
	die Zutaten kleinschneiden
	sobald der Bratensatz bräunt, die geschnittenen Zutaten hinzufügen, mitbräunen lassen
	etwas von
500 ml (1/2 l) heißem Wasser	hinzugießen, das Fleisch ab und zu mit dem Bratensatz begießen, verdampfte Flüssigkeit nach und nach ersetzen
	das gare Fleisch in Scheiben schneiden, auf einer vorgewärmten Platte anrichten, warm stellen
	den Bratensatz mit Wasser loskochen, durch ein Sieb gießen, mit Wasser auf 250 ml (1/4 l) auffüllen, auf der Kochstelle zum Kochen bringen
15 g Weizenmehl	mit
2 Eßl. kaltem Wasser	anrühren, den mit Wasser aufgefüllten Bratensatz damit binden
1 Becher (150 g) Crème fraîche (30% Fett)	unterrühren, die Soße mit Salz, Pfeffer abschmecken
Strom:	225–250
Gas:	10 Minuten vorheizen 4–5, braten 4–5
Bratzeit:	20–25 Minuten.
	Pro Portion: E: 38 g, F: 45 g, Kh: 9 g kJ: 2607, kcal: 623.

Kasseler Rippenspeer

1½ kg Rippenspeer (mit Knochen, herausgelöst und zerkleinert)	waschen, abtrocknen, die Fettschicht gitterförmig einschneiden
	das Fleisch mit der Fettschicht nach oben auf den gefetteten Rost auf eine mit Wasser ausgespülte Rostbratpfanne legen, Knochen in die Pfanne geben, in den Backofen schieben
	sobald der Bratensatz bräunt, etwas von
1½ l heißem Wasser	hinzugießen, das Fleisch ab und zu mit dem Bratensatz begießen, verdampfte Flüssigkeit nach und nach ersetzen
1 mittelgroße Zwiebel	abziehen
1 mittelgroße Tomate	waschen
1 Bund Suppengrün	putzen, waschen
	die Zutaten kleinschneiden, mit
1 Lorbeerblatt	
2 Gewürznelken	30 Minuten vor Beendigung der Bratzeit in die Rostbratpfanne geben, mitbraten lassen
	das gare Fleisch in Scheiben schneiden, auf einer vorgewärmten Platte anrichten, warm stellen
	den Bratensatz mit Wasser loskochen, durch ein Sieb gießen, mit Wasser auf 500 ml (½ l) auffüllen
5 schwach gehäufte Eßl. saure Sahne (10% Fett)	hinzufügen, auf der Kochstelle zum Kochen bringen
25 g Speisestärke, z. B. Gustin	mit
3 Eßl. kaltem Wasser	anrühren, den mit Wasser aufgefüllten Bratensatz damit binden, die Soße mit
Salz, Pfeffer	abschmecken
Strom:	200–225
Gas:	3–4
Bratzeit:	50–60 Minuten.
	Pro Portion: E: 60 g, F: 86 g, Kh: 12 g kJ: 4699, kcal: 1123.

Hammelrücken

1 kg Hammelrücken (mit Knochen)	waschen, abtrocknen, mit
Salz, Pfeffer Rosmarin Thymian 1 zerdrückten Knoblauchzehe	einreiben, in eine mit Wasser ausgespülte Rostbratpfanne legen, in den Backofen schieben sobald der Bratensatz bräunt, etwas von
750 ml (3/4 l) heißem Wasser	hinzugießen, das Fleisch ab und zu mit dem Bratensatz begießen, verdampfte Flüssigkeit nach und nach ersetzen
1 mittelgroße Zwiebel	abziehen
1 mittelgroße Tomate	waschen beide Zutaten vierteln, 30 Minuten vor Beendigung der Bratzeit in die Rostbratpfanne geben, mitbraten lassen das gare Fleisch vom Knochen lösen, in Scheiben schneiden, wieder auf das Knochengerüst legen, auf einer vorgewärmten Platte anrichten, warm stellen den Bratensatz mit Wasser loskochen, durch ein Sieb gießen, mit Wasser auf 500 ml (1/2 l) auffüllen, auf der Kochstelle zum Kochen bringen
25 g Speisestärke, z. B. Gustin	mit
3 Eßl. kaltem Wasser	anrühren, den mit Wasser aufgefüllten Bratensatz damit binden, die Soße mit Salz, Pfeffer, Rosmarin, Thymian abschmecken
Strom:	200–225
Gas:	3–4
Bratzeit:	1 1/2–1 3/4 Stunden.
	Pro Portion: E: 31 g, F: 65 g, Kh: 7 g kJ: 3259, kcal: 779.

Gefüllte Kalbsbrust
(8 Portionen)

	Für die Füllung
2 Brötchen (Semmeln)	in kaltem Wasser einweichen
2 mittelgroße Zwiebeln	abziehen, fein würfeln
750 g Hackfleisch (halb Rind-, halb Schweinefleisch)	mit den gut ausgedrückten Brötchen, den Zwiebeln,
2 Eiern	
2 Eßl. gehackten Kräutern, z. B. Petersilie, Schnittlauch, Dill, Basilikum	vermengen, mit
Salz	abschmecken
$1^{1}/_{2}$ kg Kalbsbrust (ohne Knochen, vom Metzger als Tasche geschnitten)	waschen, abtrocknen, innen und außen mit
Salz, Pfeffer	einreiben, die Füllung in die Tasche geben, zunähen oder mit Holzstäbchen zusammenhalten die Kalbsbrust mit
20 g weicher Margarine, z. B. Sanella	bestreichen, mit
50 g fetten Speckscheiben	belegen, auf dem Rost auf eine mit Wasser ausgespülte Rostbratpfanne legen, in den Backofen schieben sobald der Bratensatz bräunt, etwas von
$1^{1}/_{2}$ l heißem Wasser	hinzugießen, das Fleisch ab und zu mit dem Bratensatz begießen, verdampfte Flüssigkeit nach und nach ersetzen das gare Fleisch von den Fäden (Holzstäbchen) befreien, in Portionsstücke schneiden, mit der Füllung auf einer vorgewärmten Platte anrichten, warm stellen den Bratensaft mit Wasser loskochen, durch ein Sieb gießen, mit Wasser auf 500 ml ($^{1}/_{2}$ l) auffüllen, auf der Kochstelle zum Kochen bringen
30 g Weizenmehl	mit
4 Eßl. kaltem Wasser	anrühren, den mit Wasser aufgefüllten Bratensatz damit binden
1 Becher (150 g) Crème fraîche (30% Fett)	unterrühren, die Soße mit Salz, Pfeffer abschmecken
Strom:	200–225
Gas:	3–4
Bratzeit:	Etwa $2^{3}/_{4}$ Stunden. Pro Portion: E: 57 g, F: 50 g, Kh: 11 g kJ: 3197, kcal: 764.

Kalbsbraten

1 kg Kalbfleisch (aus der Keule, ohne Knochen)	waschen, abtrocknen, evtl. enthäuten, mit
Salz, Pfeffer	einreiben, mit
20 g weicher Margarine, z. B. Sanella	bestreichen, mit
50 g fetten Speckscheiben	belegen, in eine mit Wasser ausgespülte Rostbratpfanne legen, in den Backofen schieben sobald der Bratensatz bräunt, etwas von
$1\frac{1}{2}$ l heißem Wasser	hinzugießen, das Fleisch ab und zu mit dem Bratensatz begießen, verdampfte Flüssigkeit nach und nach ersetzen
1 mittelgroße Zwiebel	abziehen
1 mittelgroße Möhre	schrappen, waschen beide Zutaten kleinschneiden, 30 Minuten vor Beendigung der Bratzeit in die Rostbratpfanne geben, mitbraten lassen das gare Fleisch in Scheiben schneiden, auf einer vorgewärmten Platte anrichten, warm stellen den Bratensatz mit Wasser loskochen, durch ein Sieb gießen, mit Wasser auf 500 ml ($\frac{1}{2}$ l) auffüllen, auf der Kochstelle zum Kochen bringen
25 g Speisestärke, z. B. Gustin	mit
3 Eßl. kaltem Wasser	anrühren, den mit Wasser aufgefüllten Bratensatz damit binden
1 Becher (150 g) Crème fraîche (30% Fett)	unterrühren, die Soße mit Salz, Pfeffer abschmecken
Strom:	200–225
Gas:	3–4
Bratzeit:	Etwa $2\frac{1}{2}$ Stunden. Pro Portion: E: 53 g, F: 31 g, KH: 9 g kJ: 2301, kcal: 550.

Gebratenes Fleisch, in der Pfanne

Regeln

1. Fleischstücke unpaniert oder paniert verwenden.

2. Panierte Fleischstücke:
Durch das Panieren wird eine Schutzschicht geschaffen; der Fleischsaft geht nicht verloren, das Fleisch bleibt saftiger.

3. Panieren:
Das gesalzene Fleisch zunächst in Weizenmehl, dann in verschlagenem Ei und zuletzt in Semmelmehl wenden.

4. Die panierten Fleischstücke sofort braten, damit der Belag nicht aufweicht und das Bräunen nicht erschwert wird.

5. Unpanierte Fleischstücke:
Das Fett in der Pfanne erhitzen, dann erst das Fleisch hineingeben. Die Poren schließen sich und der Fleischsaft kann nicht heraustreten.

6. Alle unpanierten Fleischstücke salzen und würzen, nachdem die untere Seite gebräunt ist.

7. Die fertig gebratenen Fleischstücke sofort servieren, da sie sonst hart und unansehnlich werden.

8. Den losgekochten Bratensatz zu dem Fleisch reichen.

Bratwurst

30 g Pflanzenfett, z. B. Biskin erhitzen
4 vorgebrühte Bratwürste von beiden Seiten bei schwacher Hitze darin braun braten

Bratzeit: Etwa 10 Minuten.
Pro Portion: E: 19 g, F: 56 g, Kh: 0 g
kJ: 2577, kcal: 616.

Beigabe: Senf oder Tomaten-Ketchup, geröstete Zwiebeln.

Frikadellen
(Bouletten)

1 Brötchen (Semmel)	in kaltem Wasser einweichen
2 mittelgroße Zwiebeln	abziehen, fein würfeln
600 g Hackfleisch (halb Rind-, halb Schweinefleisch)	mit dem gut ausgedrückten Brötchen, den Zwiebeln,
1 Ei	vermengen, mit
2 gestrichenen Teel. Senf	
Salz, Pfeffer, Paprika edelsüß	abschmecken
	aus der Masse mit nassen Händen ovale Frikadellen formen
50 g Pflanzenfett, z. B. Biskin	erhitzen, die Frikadellen von beiden Seiten darin braten
Bratzeit:	Etwa 10 Minuten.
	Pro Portion: E: 31 g, F: 51 g, Kh: 8 g kJ: 2741, kcal: 655.

Deutsches Beefsteak

600 g Hackfleisch (halb Rind-, halb Schweinefleisch)	mit
4 Eßl. kaltem Wasser	vermengen, mit
Salz, Pfeffer	abschmecken
	aus der Masse mit nassen Händen flache Klopse formen, mit einem Messer gitterförmig einkerben
50 g Pflanzenfett, z. B. Biskin	erhitzen, die Klopse von beiden Seiten darin braten, auf einer vorgewärmten Platte anrichten, warm stellen
4 mittelgroße Zwiebeln	abziehen, in Scheiben schneiden, in dem Bratfett unter Wenden bräunen, auf die Beefsteaks geben
Bratzeit	
für das Fleisch:	Etwa 15 Minuten
für die Zwiebeln:	5–6 Minuten.
	Pro Portion: E: 29 g, F: 49 g, Kh: 3 g kJ: 2540, kcal: 607.
Beigabe:	Spiegeleier (S. 314), Bratkartoffeln (S. 252).

Schweineleber

600 g Schweineleber (in Scheiben)	waschen, trockentupfen, in
20 g Weizenmehl	wenden
50 g Pflanzenfett, z. B. Biskin	erhitzen, die Leber hineinlegen, nachdem die untere Seite gebräunt ist, die Leber wenden, mit
Salz, Pfeffer	bestreuen
4 mittelgroße Zwiebeln	abziehen, in Scheiben schneiden, mit in die Pfanne geben, an der Seite unter Wenden bräunen
	die Leber mit den Zwiebeln auf einer vorgewärmten Platte anrichten
Bratzeit:	6–8 Minuten.
	Pro Portion: E: 31 g, F: 21 g, Kh: 9 g kJ: 1556, kcal: 372.
Beigabe:	Kartoffelbrei (S. 255), Béchamelkartoffeln (S. 260) oder „Himmel und Erde" (S. 202).
Veränderung:	Anstelle der Schweineleber Kalbs- oder Rinderleber verwenden; Rinder- oder Schweineleber ist zarter, wenn sie, in Scheiben geschnitten, vor dem Braten 30 Minuten in kalte Milch gelegt wird.

Gebratene Nieren

600 g Kalbsnieren	aufschneiden, von den Röhren befreien, in Scheiben schneiden, gründlich waschen, mit kochendheißem Wasser übergießen, 30 Minuten darin liegen lassen, abtropfen lassen
	die Nieren mit
Salz, Pfeffer	bestreuen, in
20 g Weizenmehl	wenden
50 g Pflanzenfett, z. B. Biskin	erhitzen, die Nieren unter Wenden darin braun braten
	den Bratensatz mit
250 ml ($^{1}/_{4}$ l) heißem Wasser	loskochen, die Nieren gar schmoren lassen
10 g Speisestärke, z. B. Gustin	mit
1 Eßl. kaltem Wasser	anrühren, die Nieren damit binden, mit
Paprika edelsüß Zitronensaft	abschmecken
Schmorzeit:	Etwa 25 Minuten.
	Pro Portion: E: 23 g, F: 21 g, Kh: 7 g kJ: 1360, kcal: 325.
Beigabe:	Kartoffelbrei (S. 255), Selleriesalat (S. 281).

Schweinekotelett, paniert

(Abb. nebenstehend)

4 Schweinekoteletts (je 200 g)	leicht klopfen, mit
Salz, Pfeffer	bestreuen
	die Koteletts zunächst in
20 g Weizenmehl	dann in
1 verschlagenen Ei	zuletzt in
40 g Semmelmehl	wenden
50 g Pflanzenfett, z. B. Biskin	erhitzen, das Fleisch von beiden Seiten unter mehrmaligem Wenden darin braten, auf einer vorgewärmten Platte anrichten
Bratzeit:	Etwa 15 Minuten.
	Pro Portion: E: 30 g, F: 53 g, Kh: 12 g kJ: 2874, kcal: 687.
Beigabe:	Zwiebeln (S. 230).
Veränderung:	Anstelle von Schweinekoteletts Kalbskoteletts (Bratzeit: 8–10 Minuten) verwenden.

Kalbsschnitzel, paniert

4 Scheiben Kalbfleisch (je 150 g, aus der Keule)	mit
Salz, Pfeffer	bestreuen
	die Schnitzel zunächst in
10 g Weizenmehl	dann in
1 verschlagenen Ei	zuletzt in
40 g Semmelmehl	wenden
60 g Pflanzenfett, z. B. Biskin	erhitzen, das Fleisch von beiden Seiten darin braten, auf einer vorgewärmten Platte anrichten
Bratzeit:	Etwa 10 Minuten.
	Pro Portion: E: 34 g, F: 19 g, Kh: 11 g kJ: 1556, kcal: 372.
Veränderung:	Anstelle von Kalbfleisch Schweinefleisch verwenden.

Schweinekotelett, Rezept siehe oben – Zwiebeln, Rezept S. 230

Rumpsteak

	Bei
4 Rumpsteaks (je 150 g)	die Sehnen (Fett) an den Rändern etwas einschneiden
50 g Pflanzenfett, z. B. Biskin	erhitzen, das Fleisch hineinlegen, nachdem die untere Seite gebräunt ist, das Fleisch wenden, mit
Salz, Pfeffer	bestreuen die Fleischscheiben öfter mit Bratfett begießen, damit sie saftig bleiben die Steaks auf einer vorgewärmten Platte anrichten, das Bratfett über die Steaks gießen
Bratzeit:	6–8 Minuten. Pro Portion: E: 31 g, F: 28 g, Kh: 0 g kJ: 1665, kcal: 398.
Beigabe:	Geriebener Meerrettich (aus dem Glas).
Veränderung:	Die Rumpsteaks mit gebräunten Zwiebeln garnieren.

Rinderfiletsteak

4 Rinderfiletsteaks (je 150 g)	etwas zusammendrücken
50 g Pflanzenfett, z. B. Biskin	erhitzen, die Filetscheiben hineinlegen, nachdem die untere Seite gebräunt ist, das Fleisch wenden, mit
Salz, Pfeffer	bestreuen die Fleischscheiben öfter mit Bratfett begießen, damit sie saftig bleiben Filetsteaks sollen nicht ganz durchgebraten sein das Fleisch auf einer vorgewärmten Platte anrichten das Bratfett über die Fleischscheiben gießen
Bratzeit:	6–8 Minuten. Pro Portion: E: 29 g, F: 19 g, Kh: 0 g kJ: 1276, kcal: 305.
Beigabe:	Kräuterbutter.

Fleisch in Gelee (Aspik)

Regeln

1. Zum Gelieren von 500 ml (1/2 l) Flüssigkeit 1 Päckchen Gelatine gemahlen, weiß oder 6 Blatt weiße Gelatine verwenden.

2. Gemahlene Gelatine mit kaltem Wasser anrühren, 10 Minuten zum Quellen stehenlassen und – wenn im Rezept nicht anders angegeben – unter Rühren erwärmen, bis sie gelöst ist, evtl. kühl stellen, unter die zu steifende Speise rühren.
Blatt-Gelatine in kaltem Wasser einweichen, in heißer Flüssigkeit auflösen.

3. Flüssigkeit mit gelöster Gelatine wird erst dann fest, wenn sie genügend abgekühlt ist und lange genug gestanden hat. Falls die Zimmertemperatur über 23° C beträgt, erstarrt gelöste Gelatine nicht mehr. Daraus ergibt sich folgendes: Gelatine-Speisen einige Stunden vor dem Verzehr – am besten am Abend vorher – zubereiten und kalt stellen.

4. Sollen Gelatine-Speisen gestürzt werden, sie in Formen füllen, die mit kaltem Wasser ausgespült sind. Damit sich die Speisen gut stürzen lassen, sie mit einem Messer vom Rand lösen, die Form einen Augenblick in heißes Wasser halten.

5. Um eine klare Brühe zu erhalten, sie folgendermaßen „klären“:
Die erkaltete Brühe entfetten, 1 Eierschale zerdrücken, mit 1 Eiweiß, 3 Eßl. kaltem Wasser verschlagen, in die Brühe geben, unter ständigem Schlagen bis kurz vor dem Kochen erhitzen, dabei gerinnt das Eiweiß und bindet die in der Brühe enthaltenen Bestandteile. Die Brühe kalt stellen, so lange ruhig stehenlassen, bis sie klar ist, abschäumen, durch ein sauberes Tuch gießen.

Sülze

(Abb. nebenstehend)

1 l Wasser	mit
knapp 1 Eßl. Salz	zum Kochen bringen
250 g Kalbfleisch	
250 g Schweinefleisch	
	das Fleisch waschen, hineingeben, zum Kochen bringen, abschäumen
1 mittelgroße Zwiebel	abziehen
1 Päckchen tiefgekühltes Suppengrün	
	die Zutaten mit
1 Lorbeerblatt	
3–4 Pfefferkörnern	hinzufügen, das Fleisch gar kochen lassen, aus der Brühe nehmen, erkalten lassen, in Würfel schneiden
	die Brühe durch ein Sieb gießen, 375 ml ($^{3}/_{8}$ l) davon abmessen
125 ml ($^{1}/_{8}$ l) Essig	hinzufügen, mit
Salz, Zucker	abschmecken
	sollte die Brühe stark trübe sein, sie klären (S. 135)
1 Päckchen Gelatine	
gemahlen, weiß	mit
5 Eßl. kaltem Wasser	anrühren, 10 Minuten zum Quellen stehenlassen
	die Brühe wieder zum Kochen bringen, von der Kochstelle nehmen, die Gelatine hineingeben, so lange rühren, bis sie gelöst ist
	die Fleischwürfel hinzugeben
	die Flüssigkeit mit dem Fleisch in mit kaltem Wasser ausgespülte Schälchen füllen, im Kühlschrank erstarren lassen
	wenn die Sülze schnittfest ist, sie mit einem Messer vorsichtig vom Rand des Gefäßes lösen (evtl. vorher kurz in heißes Wasser halten), auf eine Platte stürzen, mit
Petersilie	garnieren.
	Pro Portion: E: 25 g, F: 6 g, Kh: 2 g kJ: 724, kcal: 173.

Sülzkotelett

600 g Schweinerücken	waschen, in
$1^1/_2$ l kochendes Wasser	geben, zum Kochen bringen, das Wasser abgießen, das Fleisch abwaschen, in
$1^1/_2$ l kochendes Salzwasser	geben, zum Kochen bringen, abschäumen
1 mittelgroße Zwiebel	abziehen
1 Bund Suppengrün	putzen, waschen die Zutaten kleinschneiden, mit
4 Pfefferkörnern *2 Pimentkörnern (Nelkenpfeffer)* *1 Gewürznelke* *1 kleinen Lorbeerblatt*	hinzufügen das Fleisch gar kochen lassen, aus der Brühe nehmen, in 4 gleich dicke Scheiben schneiden, erkalten lassen die Brühe durch ein Sieb gießen, 375 ml ($^3/_8$ l) davon abmessen
125 ml ($^1/_8$ l) Essig	hinzufügen, mit Salz abschmecken sollte die Brühe stark trübe sein, sie klären (S. 135)
1 Päckchen Gelatine gemahlen, weiß	mit
5 Eßl. kaltem Wasser	anrühren, 10 Minuten zum Quellen stehenlassen die Brühe wieder zum Kochen bringen, von der Kochstelle nehmen, die Gelatine hineingeben, so lange rühren, bis sie gelöst ist, kühl stellen
4 Kotelettformen	mit
1 Eßl. Speiseöl	ausstreichen so viel von der erkalteten Brühe hineingeben, daß der Boden bedeckt ist, im Kühlschrank erstarren lassen
1 mittelgroße Tomate	waschen, den Stengelansatz herausschneiden
1 hartgekochtes Ei	pellen
1 Gewürzgurke	
	die Zutaten in Scheiben schneiden, die erstarrte Schicht damit garnieren, einige Eßl. Brühe darüber gießen, wieder im Kühlschrank erstarren lassen in jede Form ein Kotelett legen je $^1/_4$ der restlichen, schon etwas dicklichen Brühe darüber gießen, wieder im Kühlschrank erstarren lassen vor dem Servieren das Gelee mit einem Messer vom Rand der Formen lösen, die Formen kurz in heißes Wasser halten, die Sülzkoteletts auf eine Platte stürzen
Kochzeit:	Etwa $1^1/_2$ Stunden. Pro Portion: E: 24 g, F: 35 g, Kh: 5 g kJ: 1908, kcal: 456.
Beigabe:	Kräutersahnesoße (S. 78), Remouladensoße (S. 78).
Veränderung:	Anstelle von Schweinerücken Kasseler Rippenspeer verwenden, dann dem Kochwasser kein Salz hinzufügen.

Gelee (Aspik)

375 ml (3/8 l) Fleischbrühe (zubereitet aus Brühwürfeln)	mit
100 ml (1/10 l) Essig	abschmecken die Brühe klären (S. 135)
1 Päckchen Gelatine gemahlen, weiß	mit
5 Eßl. kaltem Wasser	anrühren, 10 Minuten zum Quellen stehenlassen, die Brühe wieder zum Kochen bringen, von der Kochstelle nehmen, die Gelatine hineingeben, so lange rühren, bis sie gelöst ist sehr hübsch sieht es aus, wenn man auf dem Boden der mit kaltem Wasser ausgespülten Form einen sogenannten Spiegel herstellt dazu so viel von der Brühe in die Form geben, daß der Boden bedeckt ist, ist diese Schicht erstarrt, sie mit
Gurken-, Tomaten- und Eischeiben	garnieren, einige Eßl. Brühe darüber gießen, wieder erstarren lassen, ist sie erstarrt, die betreffende Einlage und den Rest der schon etwas dicklichen Brühe darüber geben, im Kühlschrank erstarren lassen wenn das Gelee schnittfest ist, dieses mit einem Messer vorsichtig vom Rand der Form lösen (evtl. vorher kurz in heißes Wasser halten), auf eine Platte stürzen, nach Belieben mit
Petersilie Tomaten-, Gurken- und Eischeiben	garnieren.
Veränderung:	Anstelle der Fleischbrühe Gemüsebrühe verwenden. Das Gelee (Aspik) eignet sich gut für Fisch, Geflügel, Eier und Gemüse. Pro Portion: E: 3 g, F: 0 g, Kh: 0 g kJ: 63, kcal: 15.

Wild und Geflügel

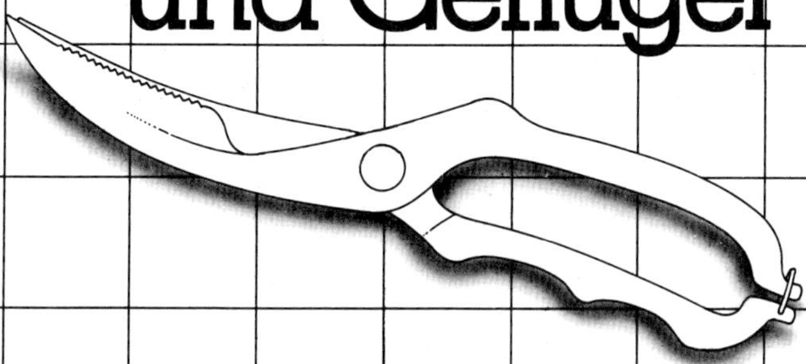

Wild

Regeln 1. Wild muß gut abgehangen sein.

2. Damit das Fleisch zarter und der Wildgeschmack gemildert wird, das Fleisch evtl. eine Nacht in eine Marinade oder einige Tage in Buttermilch legen.

3. Beim Braten von Wild die dünneren Teile, z. B. Rükken, nicht sofort mit in die Pfanne legen, sondern erst zu einem späteren Zeitpunkt, da diese Fleischstücke am zartesten sind und leicht trocken werden.

Hasenbraten

Ein junger Hase hat leicht einreißbare Löffel, er muß einige Tage im Fell (BALG) abhängen, ehe er in der Küche verwendet werden kann
zum Abziehen den Hasen mit den Hinterläufen an 2 starken Nägeln (Haken) aufhängen, den Rücken zur Wand das Fell rund um die 4 Pfoten einschneiden, es auf der Innenseite der Keulen bis zum Schlußdarm aufschlitzen, auf der Bauchseite, von der Blume ausgehend, einen kleinen Einschnitt machen
das Fell von den Hinterläufen über den Körper herunter bis zum Kopf streifen, die Vorderläufe von unten nach oben herausdrücken, die Pfoten abbrechen, das Fell zuletzt über den Kopf ziehen
den Hasen zum Ausweiden auf ein Brett legen, den Bauch der Länge nach aufschneiden, das Eingeweide und die Nieren herausnehmen, von der Leber vorsichtig die unbrauchbare Galle lösen
Leber, Herz und Lunge aufheben
Kopf, Bauchhaut mit den Rippen sowie die Vorderläufe abhacken, sie mit Leber, Herz zu Hasenpfeffer oder Ragout verwenden.

Hasenbraten
(6 Portionen)

1 küchenfertigen Hasen (2 kg, Rücken, Keulen, Läufe)	waschen, abtrocknen, enthäuten, von allem Fett befreien, Keulen und Läufe vom Rücken trennen, mit
Salz, Pfeffer	
Rosmarin	einreiben, mit
50 g weicher Butter	
oder Margarine	bestreichen, die Hälfte von
125 g fetten Speckscheiben	in eine mit Wasser ausgespülte Rostbratpfanne legen, darauf Keulen und Läufe geben, mit Speckscheiben bedecken (einige für den Rücken zurücklassen)
1 mittelgroße Zwiebel	abziehen
1 mittelgroße Möhre	schrappen, waschen
	beide Zutaten kleinschneiden, mit
1 Lorbeerblatt	
10 zerdrückten Wacholderbeeren	
5 Pimentkörnern (Nelkenpfeffer)	hinzufügen, in den Backofen schieben
	den Rücken erst nach 15 Minuten Bratzeit dazulegen
	sobald der Bratensatz bräunt, etwas von
250 ml (1/4 l)	
heißem Wasser	hinzugießen, das Fleisch ab und zu mit dem Bratensatz begießen, verdampfte Flüssigkeit nach und nach ersetzen
1 Becher (150 g)	
saure Sahne (10% Fett)	mit
5 Eßl. Dosenmilch	verrühren, 10 Minuten vor Beendigung der Bratzeit den Hasen damit begießen
	das gare Fleisch auf einer vorgewärmten Platte anrichten, warm stellen
	den Bratensatz mit Wasser loskochen, durch ein Sieb gießen, mit Wasser auf 500 ml (1/2 l) auffüllen, auf der Kochstelle zum Kochen bringen
25 g Speisestärke,	
z. B. Gustin	mit
3 Eßl. kaltem Wasser	anrühren, den mit Wasser aufgefüllten Bratensatz damit binden, die Soße mit Salz, Pfeffer abschmecken
Strom:	200–225
Gas:	3–4
Bratzeit:	Etwa 1 1/2 Stunden (je nach Alter des Tieres).
	Pro Portion: E: 60 g, F: 37 g, Kh: 8 g
	kJ: 2648, kcal: 633.

Hasenpfeffer

800 g Hasenklein (gespaltener Kopf, Hals, Rippen, Leber, Herz, evtl. Vorderläufe)	waschen, abtrocknen, zerkleinern
50 g fetten Speck	in kleine Würfel schneiden, auslassen, das Hasenklein von allen Seiten gut darin anbraten
2 mittelgroße Zwiebeln	abziehen, fein würfeln, mitbräunen lassen
Salz, Pfeffer *1 Lorbeerblatt* *5 Wacholderbeeren* *5 zerdrückte Pimentkörner (Nelkenpfeffer)* *20 zerdrückte Pfefferkörner*	hinzufügen, etwas von
750 ml (3/4 l) heißem Wasser	hinzugießen, das Hasenklein gar schmoren lassen, verdampfte Flüssigkeit nach und nach ersetzen wenn das Fleisch gar ist, das restliche Wasser hinzugießen, zum Kochen bringen
30 g Weizenmehl	mit
4 Eßl. Rotwein	anrühren, das Hasenklein damit binden, mit Salz, Pfeffer,
Zucker	abschmecken
Schmorzeit:	1 1/4–1 1/2 Stunden (je nach Alter des Tieres). Pro Portion: E: 36 g, F: 16 g, Kh: 8 g kJ: 1443, kcal 345.
Veränderung:	Anstelle von Hasenklein Kaninchenklein verwenden, evtl. beides vor dem Schmoren einige Zeit in Buttermilch legen, damit es zarter wird.

Hasenkeulen

4 Hasenkeulen (je 400 g)	waschen, abtrocknen, enthäuten, mit
Salz, Pfeffer *10 zerdrückten Wacholderbeeren*	einreiben
50 g Pflanzenfett, z. B. Biskin	erhitzen, die Keulen von allen Seiten gut darin anbraten
3 mittelgroße Zwiebeln	abziehen, kleinschneiden, mit
1 Lorbeerblatt *6 Pimentkörnern (Nelkenpfeffer)*	hinzufügen, kurz miterhitzen etwas von
750 ml (3/4 l) heißem Wasser	hinzugießen, die Keulen schmoren lassen, von Zeit zu Zeit wenden, verdampfte Flüssigkeit nach und nach ersetzen die garen Keulen auf einer vorgewärmten Platte anrichten, warm stellen den Bratensatz durch ein Sieb gießen, mit Wasser auf

	500 ml ($^1/_2$ l) auffüllen, zum Kochen bringen
30 g Weizenmehl	mit
4 Eßl. kaltem Wasser	anrühren, den mit Wasser aufgefüllten Bratensatz damit binden
3 Eßl. Rotwein	hinzufügen
	die Soße mit Salz, Pfeffer abschmecken, über die Hasenkeulen verteilen
Schmorzeit:	Etwa 1$^1/_2$ Stunden (je nach Alter des Tieres).
	Pro Portion: E: 70 g, F: 22 g, Kh: 8 g kJ: 2343, kcal: 560.
Beigabe:	Rotkohl (S. 224), Apfelmus (S. 300)

Rehkeule
(6 Portionen)

1$^1/_2$ kg Rehkeule (ohne Knochen)	waschen, abtrocknen, enthäuten, mit
Salz, Pfeffer	
Rosmarin	einreiben
	die Hälfte von
75 g fetten Speckscheiben	in eine mit Wasser ausgespülte Rostbratpfanne legen, darauf die Rehkeule geben, mit den restlichen Speckscheiben bedecken, in den Backofen schieben
	sobald der Bratensatz bräunt, etwas von
250 ml ($^1/_4$ l) Rotwein	hinzugießen, das Fleisch ab und zu mit dem Bratensatz begießen, verdampfte Flüssigkeit nach und nach ersetzen
2 mittelgroße Zwiebeln	abziehen, vierteln, mit
1 Lorbeerblatt	
10 Pfefferkörnern	
10 zerdrückten Wacholderbeeren	30 Minuten vor Beendigung der Bratzeit in die Rostbratpfanne geben, mitbraten lassen
	das gare Fleisch in Scheiben schneiden, auf einer vorgewärmten Platte anrichten, warm stellen
	den Bratensatz mit Wasser loskochen, durch ein Sieb gießen, mit Wasser auf 500 ml ($^1/_2$ l) auffüllen, auf der Kochstelle zum Kochen bringen
25 g Speisestärke, z. B. Gustin	mit
3 Eßl. kaltem Wasser	anrühren, den mit Wasser aufgefüllten Bratensatz damit binden, die Soße mit Salz, Pfeffer,
Koriander	abschmecken
Strom:	200–225
Gas:	3–4
Bratzeit:	2–2$^1/_2$ Stunden (je nach Alter des Tieres).
	Pro Portion: E: 54 g, F: 14 g, Kh: 6 g kJ: 1732, kcal: 414.
Veränderung:	Anstelle der Rehkeule Rehblatt verwenden.

Rehrücken

(Abb. nebenstehend)

$1^1/_2$ kg Rehrücken	waschen, abtrocknen, enthäuten, mit
Salz, Pfeffer	
Koriander	einreiben
	die Hälfte von
125 g fetten Speckscheiben	in eine mit Wasser ausgespülte Rostbratpfanne legen, den Rehrücken darauf legen, mit den restlichen Speckscheiben bedecken
2 mittelgroße Zwiebeln	abziehen, vierteln, mit
5 zerdrückten Wacholderbeeren	
10 Pfefferkörnern	hinzufügen, in den Backofen schieben
	sobald der Bratensatz bräunt, etwas von
750 ml ($^3/_4$ l) heißem Wasser	hinzugießen, das Fleisch ab und zu mit dem Bratensatz begießen, verdampfte Flüssigkeit nach und nach ersetzen
1 Becher (150 g) saure Sahne (10% Fett)	verrühren, 10 Minuten vor Beendigung der Bratzeit den Rehrücken damit begießen
	das gare Fleisch vom Knochen lösen, in Scheiben schneiden, wieder auf das Knochengerüst legen, auf einer vorgewärmten Platte anrichten, warm stellen
	den Bratensatz mit Wasser loskochen, durch ein Sieb gießen, mit Wasser auf 500 ml ($^1/_2$ l) auffüllen, auf der Kochstelle zum Kochen bringen
25 g Speisestärke, z. B. Gustin	mit
3 Eßl. kaltem Wasser	anrühren, den mit Wasser aufgefüllten Bratensatz damit binden, die Soße mit Salz, Pfeffer abschmecken
Strom:	200–225
Gas:	3–4
Bratzeit:	35–50 Minuten (je nach Alter des Tieres).
	Pro Portion: E: 61 g, F: 41 g, Kh: 9 g
	kJ: 2841, kcal: 679.
Beigabe:	Spätzle (S. 338).

Rehrücken, Rezept siehe oben – Spätzle, Rezept S. 338

Wildschweinkeule
(6 Portionen)

$1^1/_2$ kg Wildschweinkeule (ohne Knochen)	waschen, abtrocknen, mit
Salz, Pfeffer	einreiben, das Fett (falls vorhanden) gitterförmig einschneiden, das Fleisch mit der Fettschicht nach oben auf den Rost auf eine mit
10 g Pflanzenfett, z. B. Biskin	gefettete Rostbratpfanne legen, in den Backofen schieben sobald der Bratensatz bräunt, etwas von
250 ml ($^1/_4$ l) Rotwein	hinzugießen, das Fleisch ab und zu mit dem Bratensatz begießen, verdampfte Flüssigkeit nach und nach ersetzen
1 mittelgroße Zwiebel	abziehen
1 Bund Suppengrün	putzen, waschen beide Zutaten kleinschneiden, mit
1 Lorbeerblatt 10 zerdrückten Wacholderbeeren 20 Pfefferkörnern 5 Pimentkörnern (Nelkenpfeffer)	30 Minuten vor Beendigung der Bratzeit in die Rostbratpfanne geben, mitbraten lassen, das sich evtl. angesammelte Fett abschöpfen das gare Fleisch in Scheiben schneiden, auf einer vorgewärmten Platte anrichten, warm stellen den Bratensatz mit Wasser loskochen, durch ein Sieb gießen, mit Wasser auf 500 ml ($^1/_2$ l) auffüllen
2 schwach gehäufte Eßl. Johannisbeergelee (50 g) 3 schwach gehäufte Eßl. saure Sahne (10% Fett)	hinzufügen, auf der Kochstelle zum Kochen bringen
30 g Weizenmehl	mit
4 Eßl. kaltem Wasser 2 schwach gehäuften Eßl. saurer Sahne (10% Fett)	anrühren, den mit Wasser aufgefüllten Bratensatz damit binden, die Soße mit Salz, Pfeffer abschmecken
Strom:	200–225
Gas:	3–4
Bratzeit:	2–$2^1/_4$ Stunden (je nach Alter des Tieres). Pro Portion: E: 56 g, F: 11 g, Kh: 14 g kJ: 1749, kcal: 418.

Hirschrücken

1 1/2 kg Hirschrücken	waschen, abtrocknen, enthäuten, mit
Salz, Pfeffer	einreiben, mit
40 g weicher Butter oder Margarine	bestreichen
	die Hälfte von
100 g fetten Speckscheiben	in eine mit Wasser ausgespülte Rostbratpfanne legen, den Hirschrücken darauf legen, mit den restlichen Speckscheiben bedecken
1 Lorbeerblatt *3 Gewürznelken* *10 Pfefferkörner*	hinzufügen, in den Backofen schieben, sobald der Bratensatz bräunt, etwas von
750 ml (3/4 l) heißem Wasser	hinzugießen, das Fleisch ab und zu mit dem Bratensatz begießen, verdampfte Flüssigkeit nach und nach ersetzen
1 Becher (150 g) saure Sahne (10% Fett)	verrühren, 10 Minuten vor Beendigung der Bratzeit den Hirschrücken damit begießen, das gare Fleisch vom Knochen lösen, in Scheiben schneiden, wieder auf das Knochengerüst legen, auf einer vorgewärmten Platte anrichten, warm stellen den Bratensatz mit Wasser loskochen, durch ein Sieb gießen, mit Wasser auf 500 ml (1/2 l) auffüllen, auf der Kochstelle zum Kochen bringen
25 g Speisestärke, z. B. Gustin	mit
3 Eßl. kaltem Wasser	anrühren, den mit Wasser aufgefüllten Bratensatz damit binden, die Soße mit Salz, Pfeffer abschmecken
Strom:	200–225
Gas:	3–4
Bratzeit:	1 1/4–1 1/2 Stunden.
	Pro Portion: E: 61 g, F: 44 g, Kh: 7 g kJ: 2920, kcal: 698.

Hirschragout

(Abb. nebenstehend)

600 g Hirschfleisch (aus der Schulter, ohne Knochen)	waschen, abtrocknen, enthäuten, in Würfel schneiden
150 g durchwachsenen Speck	in kleine Würfel schneiden
30 g Pflanzenfett, z. B. Biskin	zerlassen, den Speck darin auslassen, das Fleisch von allen Seiten gut darin anbraten
4 mittelgroße Zwiebeln	abziehen, würfeln, mitbräunen lassen
Salz, Pfeffer *10 Wacholderbeeren* *5 Pimentkörner (Nelkenpfeffer)* *1 Gewürznelke* *1 Lorbeerblatt* *2 Messerspitzen Thymian*	hinzufügen
	etwas von
750 ml (3/4 l) heißem Wasser	hinzugießen, das Fleisch gar schmoren lassen, verdampfte Flüssigkeit nach und nach ersetzen
	wenn das Fleisch gar ist, das restliche Wasser hinzugießen
30 g Weizenmehl	mit
4 Eßl. Rotwein	anrühren, das Ragout damit binden, mit Salz, Pfeffer abschmecken
2 schwach gehäufte Eßl. Johannisbeergelee (50 g)	unterrühren
250 g Pfifferlinge (aus der Dose)	abtropfen lassen, hinzufügen, kurz miterhitzen
Schmorzeit:	Etwa 2 Stunden (je nach Alter des Tieres).
	Pro Portion: E: 37 g, F: 37 g, Kh: 19 g kJ: 2527, kcal: 604.
Beigabe:	Kartoffelklöße (S. 258), Salzkartoffeln (S. 248), Spätzle (S. 338), Rotkohl (S. 224), Apfelmus (S. 300) mit Preiselbeerkompott.
Veränderung:	Anstelle von Hirschfleisch Rehfleisch verwenden; das Ragout mit saurer Sahne verfeinern.

Johannisbeer-
gelee

Kaninchenbraten

1 küchenfertiges Kaninchen (750 g, Rücken, Keulen, Läufe)	waschen, abtrocknen, enthäuten, von allem Fett befreien, Keulen und Läufe vom Rücken trennen, mit
Salz, Pfeffer	einreiben die Hälfte von
125 g fetten Speckscheiben	in eine mit Wasser ausgespülte Rostbratpfanne legen, darauf Keulen und Läufe geben, mit den restlichen Speckscheiben bedecken (einige für den Rücken zurücklassen)
1 Lorbeerblatt *10 zerdrückte Wacholderbeeren*	hinzufügen, in den Backofen schieben den Rücken erst nach 15 Minuten Bratzeit dazulegen sobald der Bratensatz bräunt, etwas von
750 ml ($^{3}/_{4}$ l) heißem Wasser	hinzugießen, das Fleisch ab und zu mit dem Bratensatz begießen, verdampfte Flüssigkeit nach und nach ersetzen
1 Becher (150 g) Crème fraîche (30% Fett)	verrühren, 10 Minuten vor Beendigung der Bratzeit das Kaninchen damit begießen das gare Fleisch auf einer vorgewärmten Platte anrichten, warm stellen den Bratensatz mit Wasser loskochen, durch ein Sieb gießen, mit Wasser auf 500 ml ($^{1}/_{2}$ l) auffüllen, auf der Kochstelle zum Kochen bringen
25 g Speisestärke, z. B. Gustin	mit
3 Eßl. kaltem Wasser	anrühren, den mit Wasser aufgefüllten Bratensatz damit binden, die Soße mit Salz, Pfeffer abschmecken
Strom:	200–225
Gas:	3–4
Bratzeit:	50–70 Minuten (je nach Alter des Tieres). Pro Portion: E: 33 g, F: 50 g, Kh: 7 g kJ: 2667, kcal: 638.
Veränderung:	Das Kaninchen vor dem Braten einige Zeit in Buttermilch oder in Rotweinbeize legen.

Geflügel

Regeln 1. Das Geflügel sauber rupfen, sengen, ausnehmen, waschen.

2. Zum Braten das Geflügel abtrocknen, evtl. binden (Keulen und Flügel fest an den Körper drücken), damit es saftiger bleibt und sich besser zerlegen läßt.

3. Soll das Geflügel gefüllt werden, die Füllung in das Innere geben, die Öffnung anschließend mit einem Holzstäbchen zustecken.

4. Mageres Geflügel mit Fett bestreichen oder mit Speckscheiben belegen.

5. Fettes Geflügel während des Bratens ab und zu unterhalb der Flügel und Keulen einstechen, damit das Fett besser ausbraten kann (evtl. das Fett abschöpfen).

6. Damit die Haut schön kroß wird, das Geflügel 10 Minuten vor Beendigung der Bratzeit mit Salzwasser bestreichen.

Gekochtes Huhn

1 küchenfertiges Suppenhuhn (1 1/4 kg) waschen, zusammen mit Herz, aufgeschnittenem, gesäubertem Magen, Hals in

2 1/2 l kochendes Salzwasser geben, zum Kochen bringen, abschäumen

1 Bund Suppengrün putzen, waschen, hinzufügen, das Huhn gar kochen lassen, aus der Brühe nehmen, das Fleisch von den Knochen lösen, die Haut entfernen, das Fleisch in Stücke schneiden

Kochzeit: 2–2 1/2 Stunden.

Pro Portion: E: 43 g, F: 46 g, Kh: 4 g
kJ: 2690, kcal: 643.

In der Berechnung ist die Brühe enthalten.

Veränderung: Anstelle des Suppenhuhns 1 Poularde (Kochzeit: 40–45 Minuten) verwenden.

Geschmorte Poularde
(im Brattopf)

1 küchenfertige Poularde (1¼ kg)	waschen, abtrocknen, in Portionsstücke schneiden, mit
Salz Paprika edelsüß	einreiben
2 Eßl. Speiseöl	erhitzen, die Fleischteile von allen Seiten gut darin anbraten, etwas von
375 ml (3/8 l) heißem Wasser	hinzugießen, das Fleisch schmoren lassen, von Zeit zu Zeit wenden, verdampfte Flüssigkeit nach und nach ersetzen die garen Fleischteile auf einer vorgewärmten Platte anrichten, warm stellen den Bratensatz mit Wasser auf 375 ml (3/8 l) auffüllen
3 schwach gehäufte Eßl. saure Sahne (10% Fett)	hinzufügen, zum Kochen bringen
1 gestrichenen Eßl. Speisestärke, z. B. Gustin	mit
2 Eßl. kaltem Wasser	anrühren, den mit Wasser aufgefüllten Bratensatz damit binden, die Soße mit Salz,
Pfeffer	abschmecken
Schmorzeit:	35–40 Minuten. Pro Portion: E: 48 g, F: 23 g, Kh: 3 g kJ: 1841, kcal: 440.
Veränderung:	Anstelle der Poularde 2 Brathähnchen (Schmorzeit: 30–35 Minuten) verwenden.

Gebratene Poularde
(im Backofen)

1 küchenfertige Poularde (1¼ kg)	waschen, abtrocknen, mit
2 Eßl. Speiseöl ½ Teel. Paprika edelsüß ¼ Teel. Currypulver Salz, Pfeffer	verrühren, die Poularde innen und außen damit einreiben, in eine mit Wasser ausgespülte Rostbratpfanne legen, in den Backofen schieben sobald der Bratensatz bräunt, etwas von
375 ml (3/8 l) heißem Wasser	hinzugießen, die Poularde ab und zu mit dem Bratensatz begießen, verdampfte Flüssigkeit nach und nach ersetzen die gare Poularde in Portionsstücke teilen, auf einer vorgewärmten Platte anrichten, warm stellen

	den Bratensatz mit Wasser loskochen, durch ein Sieb gießen, mit Wasser auf 375 ml ($^{3}/_{8}$ l) auffüllen, auf der Kochstelle zum Kochen bringen
1 gestrichenen Eßl. Speisestärke, z. B. Gustin	mit
2 Eßl. kaltem Wasser	anrühren, den mit Wasser aufgefüllten Bratensatz damit binden, die Soße mit Salz, Pfeffer abschmecken
Strom:	200–225
Gas:	3–4
Bratzeit:	40–45 Minuten.
.	Pro Portion: E: 48 g, F: 20 g, Kh: 2 g kJ: 1699, kcal: 406.
Veränderung:	Anstelle der Poularde 2 Brathähnchen (Bratzeit: 30–35 Minuten) verwenden.

Hähnchenkeulen in Currysoße

4 Hähnchenkeulen (je 250 g)	waschen, abtrocknen, mit
Salz, Pfeffer	
Paprika edelsüß	einreiben
30 g Pflanzenfett, z. B. Biskin	erhitzen, die Keulen von allen Seiten gut darin anbraten, herausnehmen
2 mittelgroße Zwiebeln	abziehen
4 mittelgroße Äpfel	schälen, vierteln, entkernen beide Zutaten in kleine Würfel schneiden, in dem Bratfett dünsten, mit
1 gestrichenen Eßl. Currypulver	bestäuben
375 ml ($^{3}/_{8}$ l) heißes Wasser	hinzugießen, mit
1 Teel. Salz	
40 g Zucker	würzen die Hähnchenkeulen wieder hinzufügen, gar schmoren lassen die garen Keulen auf einer vorgewärmten Platte anrichten, warm stellen
1 gestrichenen Eßl. Speisestärke, z. B. Gustin	mit
2 Eßl. kaltem Wasser	anrühren, die Zwiebel-Apfelmasse damit binden, mit Salz, Zucker, Currypulver,
Speisewürze	abschmecken
3 schwach gehäufte Eßl. Crème fraîche (30% Fett)	unterrühren die Soße über die Hähnchenkeulen verteilen
Schmorzeit:	25–30 Minuten.
	Pro Portion: E: 40 g, F: 21 g, Kh: 29 g kJ: 2021, kcal: 483.
Beigabe:	Reis.

Feines Hühnerfrikassee

(Abb. nebenstehend)

1 küchenfertiges Suppenhuhn ($1\frac{1}{4}$ kg)	waschen, in
2 l kochendes Salzwasser	geben, zum Kochen bringen, abschäumen
1 Bund Suppengrün	putzen, waschen
1 mittelgroße Zwiebel	abziehen, mit
1 Lorbeerblatt	
1 Gewürznelke	spicken
	die Zutaten hinzufügen, das Huhn gar kochen lassen, aus der Brühe nehmen, sie durch ein Sieb gießen, 1 l davon abmessen
	das Fleisch von den Knochen lösen, die Haut entfernen, das Fleisch evtl. etwas kleinschneiden, in der restlichen Brühe heißhalten
	für die Soße
60 g Butter oder Margarine	zerlassen
70 g Weizenmehl	unter Rühren so lange darin erhitzen, bis es hellgelb ist
1 l Hühnerbrühe	hinzugießen, mit einem Schneebesen durchschlagen, darauf achten, daß keine Klumpen entstehen, die Soße zum Kochen bringen, etwa 10 Minuten kochen lassen
175 g Spargelstücke (aus der Dose)	
150 g Champignons (aus der Dose)	
	beide Zutaten gut abtropfen lassen, mit dem abgetropften Fleisch in die Soße geben, kurz aufkochen lassen
2 Eigelb	mit
4 Eßl. kalter Milch	verschlagen, das Frikassee damit abziehen (nicht mehr kochen lassen), mit
Salz, Pfeffer	
Zitronensaft	abschmecken
Kochzeit:	2-$2\frac{1}{2}$ Stunden.
	Pro Portion: E: 49 g, F: 63 g, Kh: 20 g kJ: 3720, kcal: 889. In der Berechnung ist die Brühe enthalten.
Beigabe:	Reis (Reisring).
Veränderung:	Anstelle des Suppenhuhns 1 Poularde (Kochzeit: 40-45 Minuten) verwenden; Fleischklößchen (S. 61) gleichzeitig in der Soße gar ziehen lassen.

Feines Hühnerfrikassee, Rezept siehe oben
Reisring, Rezept S. 335

Gänsebrust mit Orangensoße

(Abb. nebenstehend)

1 kg Gänsebrust (mit Knochen)	waschen, abtrocknen, mit
Salz, Pfeffer	einreiben, mit dem Knochen nach unten in einen Brattopf legen, auf dem Rost in den Backofen schieben nach 30 Minuten Bratzeit das sich angesammelte Fett abschöpfen
2 mittelgroße Möhren	schrappen
1/4 Sellerieknolle (150 g)	putzen, schälen beide Zutaten waschen, in den Brattopf geben, kurz mitbraten lassen, etwas von
500 ml (1/2 l) heißem Wasser	hinzugießen, das Fleisch gar schmoren lassen, von Zeit zu Zeit wenden, verdampfte Flüssigkeit nach und nach ersetzen kurz vor Beendigung der Schmorzeit das Fleisch mit
Saft von 2 Orangen (160 ml)	übergießen das gare Fleisch vom Knochen lösen, in Scheiben schneiden, auf einer vorgewärmten Platte anrichten, warm stellen den Bratensatz durch ein Sieb gießen, mit Wasser auf 500 ml (1/2 l) auffüllen, auf der Kochstelle zum Kochen bringen
15 g Speisestärke, z. B. Gustin	mit
2 Eßl. kaltem Wasser	anrühren, die Soße damit binden, mit Salz, Pfeffer abschmecken
Strom:	200–225
Gas:	4–5
Schmorzeit:	2–2 1/2 Stunden.
	Pro Portion: E: 26 g, F: 49 g, Kh: 13 g kJ: 2640, kcal: 631.

Gebratene Pute
(8 Portionen)

1 küchenfertige Pute	
($3^{1}/_{4}$ kg)	waschen, abtrocknen, innen mit
Salz	einreiben, mit dem Rücken nach unten auf den Rost auf eine mit Wasser ausgespülte Rostbratpfanne legen, auf der unteren Schiene in den Backofen schieben
	sobald der Bratensatz bräunt, etwas von
750 ml ($^{3}/_{4}$ l)	
heißem Wasser	hinzugießen, die Pute ab und zu mit dem Bratensatz begießen, verdampfte Flüssigkeit nach und nach ersetzen
	10 Minuten vor Beendigung der Bratzeit die Pute mit
kaltem Salzwasser	bestreichen, die Hitze auf stark stellen, damit die Haut schön kroß wird
	die gare Pute in Portionsstücke schneiden, auf einer vorgewärmten Platte anrichten, warm stellen
	den Bratensatz mit Wasser loskochen, durch ein Sieb gießen, mit Wasser auf 500 ml ($^{1}/_{2}$ l) auffüllen, auf der Kochstelle zum Kochen bringen
1 gestrichenen Eßl.	
Speisestärke, z. B. Gustin	mit
2 Eßl. kaltem Wasser	anrühren, den mit Wasser aufgefüllten Bratensatz damit binden, die Soße mit Salz,
Pfeffer	abschmecken
Strom:	200–225
Gas:	3–4
Bratzeit:	Etwa $2^{1}/_{2}$ Stunden.
	Pro Portion: E: 56 g, F: 56 g, Kh: 1 g kJ: 3247, kcal: 776.

Fasan
(2 Portionen)

1 küchenfertigen Fasan (1 kg)	waschen, abtrocknen, innen und außen mit
Salz, Pfeffer	und außen mit
Salbei	einreiben
40 g fetten Speck	in dünne Scheiben schneiden, die Fasanenbrust damit bedecken, mit einem Faden festbinden
40 g fetten Speck	in Würfel schneiden, auslassen, den Fasan von allen Seiten gut darin anbraten
1 mittelgroße Zwiebel	abziehen
1 Bund Suppengrün	putzen, waschen
	beide Zutaten kleinschneiden, kurze Zeit mitbraten lassen
10 Pfefferkörner	
10 Wacholderbeeren	
3 Pimentkörner (Nelkenpfeffer)	hinzufügen, etwas von
500 ml (1/2 l) heißem Wasser	hinzugießen, den Fasan schmoren lassen, von Zeit zu Zeit wenden, verdampfte Flüssigkeit nach und nach ersetzen
	den garen Fasan in Portionsstücke schneiden, auf einer vorgewärmten Platte anrichten, warm stellen
	den Bratensatz durch ein Sieb gießen, mit Wasser auf 375 ml (3/8 l) auffüllen
10 g Speisestärke, z. B. Gustin	mit
1 Eßl. kaltem Wasser	anrühren, den mit Wasser aufgefüllten Bratensatz damit binden, die Soße mit Salz, Pfeffer abschmecken
Schmorzeit:	1 1/2–2 Stunden.
	Pro Portion: E: 91 g, F: 43 g, Kh: 13 g kJ: 3452, kcal: 825.
Veränderung:	Die Soße mit saurer Sahne verfeinern.

Putenkeule

1 Putenoberkeule (1¼ kg)	waschen, abtrocknen, mit
Salz, Pfeffer	einreiben, mit
50 g fetten Speckscheiben	belegen, in eine mit Wasser ausgespülte Rostbratpfanne legen, in den Backofen schieben sobald der Bratensatz bräunt, etwas von
750 ml (¾ l)	
heißem Wasser	hinzugießen, das Fleisch mit dem Bratensatz begießen, verdampfte Flüssigkeit nach und nach ersetzen
1 mittelgroße Zwiebel	abziehen
1 Bund Suppengrün	putzen, waschen, beide Zutaten kleinschneiden, 30 Minuten vor Beendigung der Bratzeit in die Rostbratpfanne geben, mitbraten lassen das gare Fleisch vom Knochen lösen, in Scheiben schneiden, auf einer vorgewärmten Platte anrichten, warm stellen den Bratensatz mit Wasser loskochen, durch ein Sieb gießen, mit Wasser auf 500 ml (½ l) auffüllen, auf der Kochstelle zum Kochen bringen
25 g Speisestärke,	
z. B. Gustin	mit
3 Eßl. kaltem Wasser	anrühren, den mit Wasser aufgefüllten Bratensatz damit binden, die Soße mit Salz, Pfeffer abschmecken
Strom:	200–225
Gas:	3–4
Bratzeit:	2–2½ Stunden.
	Pro Portion: E: 53 g, F: 20 g, Kh: 10 g kJ: 1916, kcal: 458.

Gebratene Gans
(8 Portionen)

1 küchenfertige Gans	
(3¼ kg)	waschen, abtrocknen, innen mit
Salz, Pfeffer	einreiben, mit dem Rücken nach unten auf den Rost auf eine mit Wasser ausgespülte Rostbratpfanne legen, auf der unteren Schiene in den Backofen schieben während des Bratens ab und zu unterhalb der Flügel und Keulen in die Gans stechen, damit das Fett besser ausbraten kann nach 45 Minuten Bratzeit das sich angesammelte Fett abschöpfen sobald der Bratensatz bräunt, etwas von
750 ml (¾ l)	
heißem Wasser	hinzugießen, die Gans ab und zu mit dem Bratensatz begießen, verdampfte Flüssigkeit nach und nach ersetzen 10 Minuten vor Beendigung der Bratzeit die Gans mit
kaltem Salzwasser	bestreichen, die Hitze auf stark stellen, damit die Haut schön kroß wird

die gare Gans in Portionsstücke schneiden, auf einer vorgewärmten Platte anrichten, warm stellen

den Bratensatz mit Wasser loskochen, durch ein Sieb gießen, mit Wasser auf 500 ml (1/2 l) auffüllen, auf der Kochstelle zum Kochen bringen

1 gestrichenen EßI. Speisestärke, z. B. Gustin mit

2 EßI. kaltem Wasser anrühren, den mit Wasser aufgefüllten Bratensatz damit binden, die Soße mit Salz, Pfeffer abschmecken

Strom: 200–225

Gas: 3–4

Bratzeit: Etwa 3 Stunden.

Pro Portion: E: 40 g, F: 79 g, Kh: 1 g
kJ: 3908, kcal: 934.

Veränderung: Die Gans mit einer der nachstehenden Füllungen braten:

1. 1 kg Äpfel, gewaschen, nicht geschält, aber entkernt
2. 500 g geschälte, entkernte, in Scheiben geschnittene Äpfel, 500 g eingeweichte, entsteinte Backpflaumen, etwas Zucker und Semmelmehl
3. 250 g Kastanien, von Schale und Haut befreit, halbweich gedünstet, 750 g geschälte, entkernte, in Scheiben geschnittene Äpfel
4. 100 g durchwachsenen Speck zusammen mit 2 mittelgroßen Zwiebeln, gewürfelt, glasig gedünstet, 3 Brötchen (Semmeln) in Würfel geschnitten, in dem Speck angeröstet, mit 125 ml (1/8 l) heißer Milch übergossen, mit Salz, Pfeffer, Majoran, Thymian, geriebener Muskatnuß abgeschmeckt, 150 g entsteinte, abgetropfte Sauerkirschen (aus dem Glas) unterrühren, etwa 5 Minuten quellen lassen, evtl. mit Semmelmehl binden

eine der Füllungen in das Innere der Gans geben, die Öffnung zunähen.

Gebratene Ente
(Abb. nebenstehend)

1 küchenfertige Ente	
($1^{1}/_{2}$ kg)	waschen, abtrocknen, innen mit
Salz	einreiben, mit dem Rücken nach unten auf den Rost auf eine mit Wasser ausgespülte Rostbratpfanne legen, auf der unteren Schiene in den Backofen schieben während des Bratens ab und zu unterhalb der Flügel und Keulen in die Ente stechen, damit das Fett besser ausbraten kann nach 30 Minuten Bratzeit das sich angesammelte Fett abschöpfen sobald der Bratensatz bräunt, etwas von
750 ml ($^{3}/_{4}$ l)	
heißem Wasser	hinzugießen, die Ente ab und zu mit dem Bratensatz begießen, verdampfte Flüssigkeit nach und nach ersetzen 10 Minuten vor Beendigung der Bratzeit die Ente mit
kaltem Salzwasser	bestreichen, die Hitze auf stark stellen, damit die Haut schön kroß wird die gare Ente in Portionsstücke schneiden, auf einer vorgewärmten Platte anrichten, warm stellen den Bratensatz mit Wasser loskochen, durch ein Sieb gießen, mit Wasser auf 500 ml ($^{1}/_{2}$ l) auffüllen, auf der Kochstelle zum Kochen bringen
1 gestrichenen Eßl.	
Speisestärke, z. B. Gustin	mit
2 Eßl. kaltem Wasser	anrühren, den mit Wasser aufgefüllten Bratensatz damit binden, die Soße mit Salz,
Pfeffer	abschmecken
Strom:	200–225
Gas:	3–4
Bratzeit:	Etwa $1^{3}/_{4}$ Stunden. Pro Portion: E: 54 g, F: 52 g, Kh: 2 g kJ: 3075, kcal: 735.
Beigabe:	Rotkohl (S. 224), Apfelmus (S. 300).
Veränderung:	Die Ente mit einer der nachstehenden Füllungen braten: 1. 500 g geschälte, geviertelte, entkernte, in Scheiben geschnittene Äpfel 2. 500 g Hackfleisch (halb Rind- halb Schweinefleisch), 1 in Wasser eingeweichtes, gut ausgedrücktes Brötchen (Semmel), 1 Ei, zerkleinerte Leber, Salz, Pfeffer, Majoran, Thymian eine der Füllungen in das Innere der Ente geben, die Öffnung zunähen.

Fisch

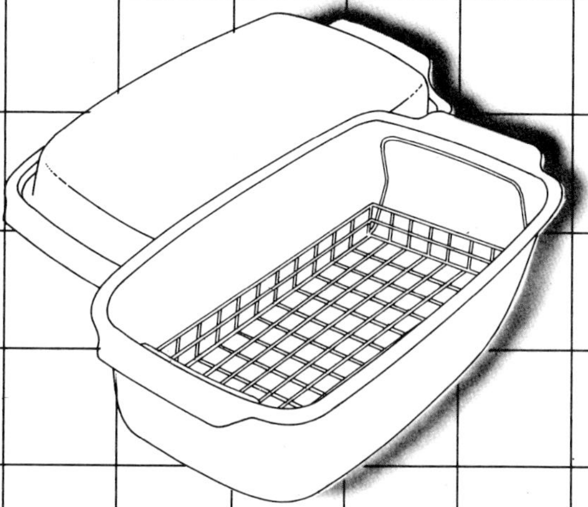

Fisch

Regeln Um zu verhindern, daß Hände und Küchengeräte Fischgeruch annehmen, diese vor der Fischzubereitung mit kaltem Wasser abspülen.
Alle Fische werden nach der Drei-S-Methode vorbereitet: Säubern - Säuern - Salzen.

1. Säubern:
Seefische schuppen. Den Schwanz anfassen, den Fisch mit flach gehaltenem Messer oder mit einem Fischschupper vom Schwanz zum Kopf hin schuppen.
Zarthäutige Fische und solche, die blau gekocht werden sollen, nicht schuppen. Die blaue Farbe entsteht durch den Farbstoff und Schleimgehalt der Haut, die deshalb nicht verletzt werden darf. Diese Fische unter fließendem, kaltem Wasser abspülen (nicht trockentupfen) ohne sie viel anzufassen.
Flossen und Schwanz der Fische, besonders größerer, mit einer Schere beschneiden.
Bei Seezungen die äußere Haut abziehen. Die Haut am Schwanz lockern, mit einem kräftigen Ruck zum Kopf hin abziehen.
Bei Rotzungen die rote Haut abziehen, aber vom Kopf zum Schwanz hin, die weiße Haut nur schuppen.
Um Fische auszunehmen, unterhalb des Kopfes den Bauch bis zum Ende der Bauchhöhle mit einem scharfen Messer aufschneiden. Das Eingeweide entfernen, aber darauf achten, daß die Galle nicht verletzt wird.
Sowohl die innere schwarze Haut als auch die bei einigen Fischen vorhandene weiße, lederartige Haut längs des Rückgrats sowie das geronnene Blut restlos entfernen.
Bei Seefischen die Kiemen (unter den Kiemendeckeln) herausnehmen.
Fische unter fließendem, kaltem Wasser gründlich innen und außen abspülen, evtl. trockentupfen.

2. Säuern:
Fische mit Zitronensaft oder Essig beträufeln, 30 Minuten stehenlassen (Fleisch wird fester, Fischgeruch verschwindet).

3. Salzen:
Fische innen und außen mit Salz einreiben.

4. Fisch folgendermaßen filetieren:
Mit einem scharfen, großen Messer am Kopfende im Rücken einen Einschnitt machen, darauf achten, daß das Messer direkt über den Gräten liegt. Die linke Hand auf den Fisch legen, das Messer immer vom Kopf zum

Schwanz hinziehen; dabei wird das Fleisch von den Gräten gelöst.
Danach die Fischhaut entfernen. Die entgrätete Fischhälfte auf ein Brett legen (Haut nach unten). Am Schwanzende ein Stück Haut ablösen, das Messer leicht schräg halten, weiterschieben und dabei die Haut vom Fisch trennen.

5. Zum Braten den Fisch vor dem Panieren sorgfältig trockentupfen (wird knuspriger), das Semmelmehl gut andrücken.

6. Fische sind gar, wenn sich die Rückenflosse leicht herausziehen läßt.

Gedünsteter Fisch

Karpfen blau, gedünstet
(im Kochtopf)

$1^1/_4$ kg küchenfertigen Karpfen unter fließendem, kaltem Wasser abspülen, innen mit
Salz einreiben (nicht von außen salzen, da dann der Schleim, der die Blaufärbung hervorruft, verletzt würde)
1 mittelgroße Zwiebel abziehen, würfeln
30 g Butter oder Margarine zerlassen, die Zwiebel darin glasig dünsten lassen
5 Eßl. Wasser hinzufügen, den Fisch,
20 Pfefferkörner
1 Lorbeerblatt
1 Gewürznelke
3 Pimentkörner (Nelkenpfeffer) hinzufügen, gar dünsten lassen
den garen Fisch auf einer vorgewärmten Platte anrichten

Dünstzeit: 40–45 Minuten.
Pro Portion: E: 30 g, F: 14 g, Kh: 1 g
kJ: 1105, kcal: 264.

Beigabe: Zerlassene Butter.

Veränderung: Anstelle von Karpfen folgende Fische verwenden:
1. Forellen, je 300 g (rundgebunden) – Dünstzeit: 20–25 Minuten
2. Schleien, je 300 g (rundgebunden) – Dünstzeit: 25–30 Minuten.

Karpfen blau, gedünstet
(im Backofen)

$1\frac{1}{4}$ kg küchenfertigen Karpfen	unter fließendem, kaltem Wasser abspülen, innen mit
Salz	einreiben (nicht von außen salzen, da dann der Schleim, der die Blaufärbung hervorruft, verletzt würde) den Karpfen auf den Rost auf eine Rostbratpfanne setzen (Karpfen auf eine geschälte rohe Kartoffel setzen), ihn mit
500 ml ($\frac{1}{2}$ l) kochendheißem Essigwasser	übergießen, der Zugluft aussetzen den Karpfen in eine mit
20 g Butter oder Margarine	gefettete, feuerfeste Form (Platte) setzen (mit der Kartoffel), auf dem Rost in den Backofen schieben der Karpfen ist gar, wenn sich die Rückenflosse leicht herausziehen läßt 5 Minuten vor Beendigung der Dünstzeit den Karpfen mit
50 g zerlassener Butter	übergießen, damit die Farbe erhalten bleibt den Karpfen sofort servieren (blau gedünstete Fische nicht der Nachhitze aussetzen, da sie sonst ihre Farbe verlieren würden)
Strom:	175–200
Gas:	2–3
Dünstzeit:	45–50 Minuten. Pro Portion: E: 30 g, F: 22 g, Kh: 0 g kJ: 1414, kcal: 338.
Veränderung:	Anstelle von Karpfen folgende Fische verwenden: 1. Forellen, je 300 g (rundgebunden, ohne Kartoffel) – Dünstzeit: 25–30 Minuten 2. Schleien, je 300 g (rundgebunden, ohne Kartoffel) – Dünstzeit: 30–35 Minuten.

Seelachsfilet, gedünstet
(im Kochtopf)

750 g Seelachsfilet	unter fließendem, kaltem Wasser abspülen, trockentupfen, mit
2 Eßl. Zitronensaft	beträufeln, etwa 30 Minuten stehenlassen, wieder trokkentupfen, mit
Salz, Pfeffer	bestreuen
1 kleine Zwiebel	abziehen, würfeln
20 g Butter oder Margarine	zerlassen, die Zwiebel darin glasig dünsten lassen
2 Eßl. Wasser	hinzufügen, Fischfilet,
10 Pfefferkörner	
1 kleines Lorbeerblatt	
1 Gewürznelke	
2 Pimentkörner (Nelkenpfeffer)	hinzufügen, gar dünsten lassen
	das gare Fischfilet auf einer vorgewärmten Platte anrichten, mit
Zitronenscheiben	
Petersiliensträußchen	garnieren
Dünstzeit:	8–10 Minuten.
	Pro Portion: E: 34 g, F: 6 g, Kh: 1 g kJ: 862, kcal: 206.
Beigabe:	Salzkartoffeln (S. 248), gemischter Salat.
Veränderung:	Anstelle von Seelachsfilet Kabeljau-, Rotbarschfilet, Heilbuttscheiben (Dünstzeit: 8–10 Minuten) oder Blaulengfilet (Dünstzeit: 10–12 Minuten) verwenden.

Kabeljau, gedünstet

(im Backofen)
(Abb. nebenstehend)

$1^1/_4$ kg küchenfertigen Kabeljau (im Stück oder geteilt)	unter fließendem, kaltem Wasser abspülen, trockentupfen, mit
2 Eßl. Zitronensaft	beträufeln, etwa 30 Minuten stehenlassen, wieder trokken tupfen, innen und außen mit
Salz, Pfeffer	bestreuen
	den Fisch in eine mit
20 g Butter oder Margarine	gefettete, feuerfeste Form (Platte) legen, mit
50 g fetten Speckscheiben	bedecken, auf dem Rost in den Backofen schieben
Strom:	175–200
Gas:	3–4
Dünstzeit:	40–45 Minuten.
	Pro Portion: E: 42 g, F: 16 g, Kh: 0 g kJ: 1389, kcal: 332.
Beigabe:	Salzkartoffeln (S. 248).
Veränderung:	Anstelle von Kabeljau folgende Fische verwenden: 1. Schellfisch – Dünstzeit: 40–45 Minuten 2. Seelachs – Dünstzeit: 40–45 Minuten 3. Rotbarsch – Dünstzeit: 40–45 Minuten 4. Blauleng – Dünstzeit: 45–50 Minuten 5. Zander (geschuppt, ausgenommen, ohne Flossen, mit Kopf) – Dünstzeit: 45–50 Minuten 6. Hecht (geschuppt, ausgenommen, ohne Flossen, mit Kopf) – Dünstzeit: 45–50 Minuten 7. Aal (ausgenommen, enthäutet, ohne Kopf, in 5 cm große Stücke geschnitten) – Dünstzeit: 25–30 Minuten.

Gekochter Fisch

Kabeljau, gekocht

$1^1/_4$ kg küchenfertigen Kabeljau (im Stück oder geteilt)	unter fließendem, kaltem Wasser abspülen, trockentupfen, mit
2 Eßl. Zitronensaft	beträufeln, etwa 30 Minuten stehenlassen
2 l Wasser	mit
1 Päckchen tiefgekühltem Suppengrün *1 Lorbeerblatt* *10 Pfefferkörnern* *3 Gewürznelken* *5 Pimentkörnern (Nelkenpfeffer)* *1 mittelgroßen, abgezogenen Zwiebel* *2 schwach gehäuften Eßl. Salz* *6 Eßl. Essig*	zum Kochen bringen, 5 Minuten kochen lassen, den Fisch hineingeben, zum Kochen bringen, gar ziehen lassen, den garen Fisch auf einer vorgewärmten Platte anrichten
Kochzeit:	25–30 Minuten. Pro Portion: E: 42 g, F: 1 g, Kh: 2 g kJ: 858, kcal: 205.
Beigabe:	Zerlassene Butter.
Veränderung:	Anstelle von Kabeljau folgende Fische verwenden: 1. Schellfisch – Kochzeit: 25–30 Minuten 2. Seelachs – Kochzeit: 25–30 Minuten 3. Rotbarsch – Kochzeit: 25–30 Minuten 4. Blauleng – Kochzeit: 30–35 Minuten 5. Zander (geschuppt, ausgenommen, ohne Flossen, mit Kopf) – Kochzeit: 35–40 Minuten 6. Hecht (geschuppt, ausgenommen, ohne Flossen, mit Kopf) – Kochzeit: 35–40 Minuten 7. Aal – $^1/_2$ Rezept – (ausgenommen, enthäutet, ohne Kopf, in 5 cm große Stücke geschnitten) – Kochzeit: 20–25 Minuten.

Gekochter Heilbutt mit Zitronensahne

(6 Portionen)

1 küchenfertigen Heilbutt (2 kg)	unter fließendem, kaltem Wasser abspülen
1 l Wasser	mit
6 Eßl. Surig Essig-Essenz (25%)	vermengen, den Fisch etwa 30 Minuten darin ziehen lassen
2 mittelgroße Zwiebeln	abziehen, halbieren, mit
1 Lorbeerblatt	
8 Pfefferkörnern	
Salz	
250 ml (1/4 l) Weißwein	in
2 l Wasser	zum Kochen bringen, den Fisch hineingeben, zum Kochen bringen, zugedeckt gar ziehen lassen (der Fisch ist gar, wenn sich die Rückenflossen leicht herausziehen lassen)
	den garen Heilbutt auf einer vorgewärmten Platte anrichten, mit
75 g zerlassener, heißer Butter	begießen, mit
Zitronenscheiben	
Tomatenachteln	
Petersilie	garnieren
	für die Zitronensahne
1 Becher (150 g) Crème fraîche (30% Fett)	mit
3 Eßl. Milch	
3 Eßl. Zitronensaft	
2 Eßl. gehacktem Dill	verrühren, mit
Salz, Zucker	abschmecken
	die Zitronensahne zu dem Fisch reichen
Kochzeit:	25–30 Minuten.
	Pro Portion: E: 55 g, F: 79 g, Kh: 4 g kJ: 2125, kcal: 508.
Beigabe:	Dillkartoffeln, Grüner Salat.

Makrelen in Käsesoße

4 küchenfertige Makrelen (je 250 g)	unter fließendem, kaltem Wasser abspülen
750 ml ($^{3}/_{4}$ l) Wasser	mit
1 mittelgroßen Lorbeerblatt	
6 Wacholderbeeren	
einigen Senfkörnern	
1 schwach gehäuften Teel. Salz	
1 Messerspitze Pfeffer	
1 Eßl. Surig Essig-Essenz (25%)	zum Kochen bringen, die Fische hineingeben, zum Kochen bringen, gar ziehen lassen, auf einer vorgewärmten Platte anrichten, warm stellen
	für die Käsesoße
	die Fischbrühe durch ein Sieb gießen, 375 ml ($^{3}/_{8}$ l) davon abmessen
30 g Margarine, z. B. Sanella	zerlassen
30 g Weizenmehl	unter Rühren so lange darin erhitzen, bis es hellgelb ist
375 ml ($^{3}/_{8}$ l) Fischbrühe	hinzugießen, mit einem Schneebesen durchschlagen, darauf achten, daß keine Klumpen entstehen, die Soße zum Kochen bringen, etwa 5 Minuten ziehen lassen
50 g geriebenen Schweizer Käse	
4 Eßl. Sahne	unterrühren, die Soße mit
Salz, Pfeffer, Zucker	abschmecken
	die Soße über die Makrelen geben oder getrennt dazureichen
Kochzeit:	Etwa 10 Minuten.
	Pro Portion: E: 35 g, F: 34 g, Kh: 6 g kJ: 2092, kcal: 500.
Beigabe:	Salzkartoffeln (S. 248), Tomatensalat (S. 275).

Karpfen blau, gekocht

2 l Wasser	mit
1 Päckchen tiefgekühltem Suppengrün	
1 Lorbeerblatt	
10 Pfefferkörnern	
3 Gewürznelken	
5 Pimentkörnern (Nelkenpfeffer)	
1 mittelgroßen, abgezogenen Zwiebel	
2 schwach gehäuften Eßl. Salz	
6 Eßl. Essig	zum Kochen bringen, etwa 5 Minuten kochen lassen
1 1/4 kg küchenfertigen Karpfen	unter fließendem, kaltem Wasser abspülen, in das kochende Wasser geben (Topf *sofort* zudecken), zum Kochen bringen, gar ziehen lassen
	den garen Fisch auf einer vorgewärmten Platte anrichten
Kochzeit:	30–35 Minuten.
	Pro Portion: E: 30 g, F: 8 g, Kh: 2 g kJ: 895, kcal: 214.
Beigabe:	Zerlassene Butter, Meerrettichsahne (S. 80).
Veränderung:	Anstelle von Karpfen folgende Fische verwenden: 1. Forellen, je 300 g (rundgebunden) – Kochzeit: 20–25 Minuten 2. Schleien, je 300 g – Kochzeit: 20–25 Minuten.

Fisch in Soße

Fisch in Soße

750 g küchenfertiger Grüner Aal (ausgenommen, enthäutet, ohne Kopf, in 5 cm große Stücke geschnitten)	
500 ml (1/2 l) Kräutersoße (S. 70)	Pro Portion: E: 21 g, F: 41 g, Kh: 10 g kJ: 2184, kcal: 522.
750 g küchenfertiger Hecht (geschuppt, ausgenommen, ohne Flossen, ohne Kopf)	
500 ml (1/2 l) Senfsoße (S. 71)	Pro Portion: E: 25 g, F: 12 g, Kh: 13 g kJ: 1196, kcal: 284.
750 g küchenfertiger Karpfen (ausgenommen, ohne Flossen, ohne Kopf)	
500 ml (1/2 l) Polnische Soße (S. 74)	Pro Portion: E: 21 g, F: 13 g, Kh: 31 g kJ: 1485, kcal: 355.
750 g küchenfertiger Schellfisch	
500 ml (1/2 l) Kräutersoße mit Petersilie (S. 70)	Pro Portion: E: 21 g, F: 9 g, Kh: 10 g kJ: 908, kcal: 217.
750 g küchenfertige Schleie (ohne Flossen, ohne Kopf)	
500 ml (1/2 l) Kräutersoße mit Dill (S. 70)	Pro Portion: E: 15 g, F: 9 g, Kh: 10 g kJ: 812, kcal: 194.
750 g küchenfertige Seezunge (ausgenommen)	
500 ml (1/2 l) Tomatensoße (S. 67)	Pro Portion: E: 26 g, F: 13 g, Kh: 10 g kJ: 1146, kcal: 274.
	den Fisch unter fließendem, kaltem Wasser abspülen, trockentupfen, in Portionsstücke schneiden, mit
2 Eßl. Zitronensaft	beträufeln, etwa 30 Minuten stehenlassen, wieder trockentupfen, mit
Salz	bestreuen
	die der Fischart entsprechende Soße mit
40 g Butter oder Margarine *50 g Weizenmehl* *500 ml (1/2 l) Flüssigkeit (je nach Rezeptangabe)*	zubereiten
	die Soße zum Kochen bringen, mit Salz,
Zitronensaft	abschmecken, den Fisch hineingeben, gar ziehen lassen
Garzeit:	Etwa 20 Minuten (Aal etwa 40 Minuten).

Seelachsrouladen in Tomatensoße

750 g Seelachsfilet	unter fließendem, kaltem Wasser abspülen, trockentupfen, mit
2 Eßl. Zitronensaft	beträufeln, etwa 30 Minuten stehenlassen, wieder trokkentupfen, mit
Salz	
Selleriesalz	
Paprika edelsüß	bestreuen, in nicht zu kleine Stücke schneiden, mit
1 schwach gehäuften Eßl. Senf	bestreichen, aufrollen, mit
Holzstäbchen	durchstechen
	für die Tomatensoße
1 kleine Zwiebel	abziehen, fein würfeln
375 g Tomaten	waschen, in Stücke schneiden
30 g Butter oder Margarine	zerlassen, Zwiebel und Tomaten darin andünsten, mit
30 g Weizenmehl	bestreuen, kurz miterhitzen
250 ml (1/4 l) Wasser	hinzufügen, mit einem Schneebesen durchschlagen, darauf achten, daß keine Klumpen entstehen, die Soße zum Kochen bringen, durch ein Sieb streichen
2 gehäufte Eßl. Tomatenmark	hinzufügen, die Soße mit Selleriesalz, Salz, Paprika,
Zitronensaft	
Tabasco	abschmecken, zum Kochen bringen, den Fisch hineingeben, gar ziehen lassen, mit
1 Eßl. gehackter Petersilie	bestreuen
Garzeit:	15–20 Minuten.
	Pro Portion: E: 37 g, F: 8 g, Kh: 11 g kJ: 1184, kcal: 283.
Veränderung:	Anstelle von Seelachsfilet Rotbarsch- oder Kabeljaufilet verwenden.

Gebratener Fisch, in der Pfanne

Gebratene Grüne Heringe
(Abb. nebenstehend)

$1^1/_4$ kg küchenfertige Grüne Heringe	unter fließendem, kaltem Wasser abspülen, trockentupfen
20 g Weizenmehl	
Salz, Pfeffer	mischen, die Heringe darin wenden
5 Eßl. Speiseöl	erhitzen, die Heringe von beiden Seiten darin braten
Bratzeit:	6–8 Minuten.
	Pro Portion: E: 40 g, F: 50 g, Kh: 4 g kJ: 2782, kcal: 665.
Beigabe:	Bratkartoffeln (S. 252), Kartoffelsalat (S. 278) oder Pellkartoffeln (S. 249).

Gebratenes Rotbarschfilet

750 g Rotbarschfilet	unter fließendem, kaltem Wasser abspülen, trockentupfen, in Portionsstücke schneiden, mit
2 Eßl. Zitronensaft	beträufeln, etwa 30 Minuten stehenlassen, wieder trokkentupfen, mit
Salz, Pfeffer	bestreuen
1 Ei	mit
2 Eßl. kaltem Wasser	verschlagen
	das Filet zunächst in
20 g Weizenmehl	und dann in dem verschlagenen Ei, zuletzt in
75 g Semmelmehl	wenden
80 g Margarine, z. B. Sanella	erhitzen, das Filet von beiden Seiten goldbraun darin braten
Bratzeit:	10–12 Minuten.
	Pro Portion: E: 38 g, F: 24 g, Kh: 20 g kJ: 2021, kcal: 483.
Veränderung.	Anstelle von Rotbarschfilet Seelachs-, Blauleng-, Kabeljau- oder Seezungenfilet (Bratzeit: Etwa 15 Minuten) verwenden.

Hechtfilet, gebraten

4 Hechtfilets (je 150 g)	unter fließendem, kaltem Wasser abspülen, trockentupfen, nach Belieben mit
verdünnter Surig Essig-Essenz (25%) *	beträufeln, etwa 30 Minuten stehenlassen, wieder trokkentupfen, mit
Salz	bestreuen
50 g fetten Speck	in Würfel schneiden, in
1 Eßl. Speiseöl	auslassen, die Filets von beiden Seiten darin braten
20 g Butter	dazugeben, die Filets in dem heißen Fett wenden, auf einer vorgewärmten Platte anrichten, mit
Petersilie	garnieren
Bratzeit:	Etwa 10 Minuten.
	Pro Portion: E: 28 g, F: 16 g, Kh: 0 g kJ: 1117, kcal: 267.
Beigabe:	Petersilienkartoffeln (S. 249).

**Auf 1 Teel. Essig-Essenz 4 Teel. Wasser*

Seelachsfrikadellen

1 Brötchen (Semmel)	in kaltem Wasser einweichen
500 g Seelachsfilet	unter fließendem, kaltem Wasser abspülen, trockentupfen, mit
2 Eßl. Zitronensaft	beträufeln, etwa 30 Minuten stehenlassen, wieder trokkentupfen
	die Zutaten durch den Fleischwolf drehen
1 mittelgroße Zwiebel	abziehen, fein würfeln
1 Eßl. Speiseöl	erhitzen, die Zwiebel darin andünsten
	Fisch, Brötchen, Zwiebel mit
1 Ei	
1 schwach gehäuften Eßl. Senf	
1 Eßl. gehackter Petersilie	vermengen, mit
Salz, Pfeffer	
Zitronensaft	abschmecken
	aus der Masse mit nassen Händen flache Klöße formen, in
25 g Semmelmehl	wenden
60 g Margarine, z. B. Sanella	erhitzen, die Frikadellen von beiden Seiten darin braun braten
Bratzeit:	Etwa 10 Minuten.
	Pro Portion: E: 27 g, F: 19 g, Kh: 13 g kJ: 1456, kcal: 348.
Beigabe:	Kartoffelsalat (S. 278) oder Salzkartoffeln (S. 248), Gemüse (ab S. 221).

Speckschollen

4 küchenfertige Schollen (je 300 g)	unter fließendem, kaltem Wasser abspülen, trockentupfen, mit
*verdünnter Surig Essig-Essenz (25%)**	beträufeln, etwa 30 Minuten stehenlassen, wieder trokkentupfen, mit
Salz, Pfeffer	bestreuen, in
20 g Weizenmehl	wenden
2 Eßl. Speiseöl	in einer großen Pfanne erhitzen
etwa 200 g magere, durchwachsene Speckscheiben	darin anbraten, die Fische dazugeben, von beiden Seiten darin braun braten die Schollen auf einer vorgewärmten Platte anrichten, mit dem krossen Speck belegen, mit
Zitronenachteln	
Petersilie	garnieren
Bratzeit:	15–20 Minuten. Pro Portion: E: 34 g, F: 41 g, Kh: 4 g kJ: 2314, kcal: 553.
Beigabe:	Salzkartoffeln (S. 248), Feldsalat (S. 271).

** Auf 1 Teel. Essig-Essenz 4 Teel. Wasser*

Gebratene Schollen

4 küchenfertige Schollen (je 300 g)	unter fließendem, kaltem Wasser abspülen, trockentupfen, mit
2 Eßl. Zitronensaft	beträufeln, etwa 30 Minuten stehenlassen, wieder trokkentupfen, innen und außen mit
Salz, Pfeffer	bestreuen die Schollen in
20 g Weizenmehl	wenden
80 g Margarine, z. B. Sanella	erhitzen, die Schollen von beiden Seiten darin goldbraun braten (Fisch ist gar, wenn die gebratene Seite Blasen wirft)
Bratzeit:	6–8 Minuten. Pro Portion: E: 29 g, F: 18 g, Kh: 4 g kJ: 1293, kcal: 309.
Beigabe:	Kartoffelsalat (S. 278) oder Salzkartoffeln (S. 248), Kopfsalat (S. 267).
Veränderung:	Anstelle von Schollen folgende Fische verwenden: 1. Forellen (je 300 g) – Bratzeit: 8–10 Minuten 2. Seezungen (je 250 g) – Bratzeit: 5–7 Minuten 3. Heilbutt (in Scheiben, je 250 g) – Bratzeit: 8–10 Minuten.

Gebratener Fisch, im Backofen

Gefülltes Seelachsfilet

750 g Seelachsfilet	unter fließendem, kaltem Wasser abspülen, trockentupfen, mit
2 Eßl. Zitronensaft	beträufeln, etwa 30 Minuten stehenlassen
	für die Füllung
1 Packung tiefgekühlten Rahmspinat (450 g)	nach der Vorschrift auf der Packung zubereiten den Fisch wieder trockentupfen, mit
Salz, Pfeffer	bestreuen, die Hälfte des Filets in eine mit
10 g Butter oder Margarine	gefettete Auflaufform geben, die Füllung darauf verteilen, mit dem übrigen Fischfilet bedecken
	für den Belag
1 Becher (150 g) Crème fraîche (30% Fett)	mit
10 g geriebenem Parmesankäse	verrühren, den Fisch damit bestreichen die Auflaufform auf dem Rost in den Backofen schieben
Strom:	200–225
Gas:	10 Minuten vorheizen 6–7., braten 6–7
Bratzeit:	35–40 Minuten. Pro Portion: E: 40 g, F: 19 g, Kh: 6 g kJ: 1565, kcal: 374.
Veränderung:	Anstelle von Seelachsfilet Rotbarsch- oder Kabeljaufilet verwenden.

Kabeljaufilet mit pikantem Belag

750 g Kabeljaufilet	unter fließendem, kaltem Wasser abspülen, trockentupfen, mit
2 Eßl. Zitronensaft	beträufeln, etwa 30 Minuten stehenlassen, wieder trokkentupfen, in eine mit
10 g Butter oder Margarine	gefettete Auflaufform legen
	für den Belag
50 g Butter oder Margarine	schaumig rühren
50 g Semmelmehl	mit
1 gestrichenen Teel. Speisestärke, z. B. Gustin	
2 Messerspitzen Backpulver Backin	mischen

1 mittelgroße Zwiebel	abziehen, fein würfeln
1 Eßl. gehackte Petersilie	
1 Eßl. feingeschnittener Schnittlauch	
1 gestrichener Teel. Paprika edelsüß	
125 ml (1/8 l) Weißwein	
	die Zutaten unterrühren den Belag mit
Salz, Pfeffer	
geriebener Muskatnuß	abschmecken, auf den Fisch streichen die Auflaufform auf dem Rost in den Backofen schieben
Strom:	200–225
Gas:	10 Minuten vorheizen 6–7, braten 6–7
Bratzeit:	30–35 Minuten. Pro Portion: E: 35 g, F: 13 g, Kh: 13 g kJ: 1456, kcal: 348.

Seelachs-Hackbraten

1 Brötchen (Semmel)	in kaltem Wasser einweichen
750 g Seelachsfilet	unter fließendem, kaltem Wasser abspülen, trockentupfen, mit
2 Eßl. Zitronensaft	beträufeln, etwa 30 Minuten stehenlassen, wieder trokkentupfen, den Fisch mit dem gut ausgedrückten Brötchen durch den Fleischwolf drehen
1 mittelgroße Zwiebel	abziehen, fein würfeln
1 Eßl. Speiseöl	erhitzen, die Zwiebel darin andünsten Fisch, Brötchen, Zwiebel mit
1 Ei	
1 Eßl. gehackter Petersilie	
1 Eßl. feingeschnittenen Dillspitzen	vermengen, mit
Salz, Pfeffer	
Cayennepfeffer	abschmecken die Masse zu einem länglichen Kloß formen, in
20 g Semmelmehl	wenden, mit
50 g durchwachsenen Speckstreifen	belegen, in eine mit Wasser ausgespülte Rostbratpfanne legen, in den Backofen schieben
1 Becher (150 g) saure Sahne (10% Fett)	verrühren, 10 Minuten vor Beendigung der Bratzeit über den Hackbraten gießen, den garen Braten auf einer vorgewärmten Platte anrichten
Strom:	200–225
Gas:	10 Minuten vorheizen 6–7, braten 6–7
Bratzeit:	Etwa 40 Minuten. Pro Portion: E: 40 g, F: 19 g, Kh: 13 g kJ: 1715, kcal: 410.
Beigabe:	Senf- (S. 71), Tomaten- (S. 67), Kräuter- (S. 70) oder Meerrettichsoße (S. 70).

Gebackener Fisch

Überbackener Rotbarsch

	Von
500 g garem Rotbarsch	die Haut abziehen, die Gräten auslösen, ihn in eine mit
20 g Butter oder Margarine	gefettete Auflaufform geben
	für die Béchamelsoße
1 kleine Zwiebel	abziehen
20 g roher Schinken	
	beide Zutaten in kleine Würfel schneiden
15 g Butter oder Margarine	zusammen mit dem Schinken zerlassen
15 g Weizenmehl	zusammen mit der Zwiebel unter Rühren so lange darin erhitzen, bis es hellgelb ist
125 ml (1/8 l) Milch	
125 ml (1/8 l) Fleischbrühe (zubereitet aus Brühwürfeln)	hinzugießen, mit einem Schneebesen durchschlagen, darauf achten, daß keine Klumpen entstehen, die Soße zum Kochen bringen, etwa 5 Minuten kochen lassen, mit
Salz, Pfeffer	abschmecken, über den Fisch geben, mit
30 g geriebenem Käse, z. B. Gouda	bestreuen
20 g Butter	in Flöckchen darauf setzen
	die Auflaufform auf dem Rost in den Backofen schieben
Strom:	225–250
Gas:	10 Minuten vorheizen 5–6, backen 5–6
Backzeit:	30–40 Minuten.
	Pro Portion: E: 27 g, F: 21 g, Kh: 5 g kJ: 1418, kcal: 339.
Veränderung:	Anstelle von Béchamelsoße Tomaten- (S. 67) oder Käsesoße (S. 70) verwenden.

Ausgebackener Schellfisch

750 g Schellfischfilet	unter fließendem, kaltem Wasser abspülen, trockentupfen, mit
2 Eßl. Zitronensaft	beträufeln, etwa 30 Minuten stehenlassen, wieder trokkentupfen, mit
Salz, Pfeffer	bestreuen, in Portionsstücke schneiden
	für den Teig
100 g Weizenmehl	in eine Schüssel sieben, in die Mitte eine Vertiefung eindrücken
1 Ei	mit
Salz	
125 ml (1/8 l) Milch	verschlagen, etwas davon in die Vertiefung geben von der Mitte aus Eimilch und Mehl verrühren, nach und nach die restliche Eimilch,
1 Eßl. Speiseöl	hinzugeben, darauf achten, daß keine Klumpen entstehen die Fischstücke mit einer Gabel in den Teig tauchen, schwimmend in siedendem
Pflanzenfett, z. B. Biskin	braun und knusprig backen, abtropfen lassen
Backzeit:	Etwa 10 Minuten. Pro Portion: E: 39 g, F: 17 g, Kh: 20 g kJ: 1715, kcal: 410.
Beigabe:	Kartoffelsalat mit Mayonnaise (S. 278).
Veränderung:	Anstelle von Schellfischfilet Kabeljau- oder Seelachsfilet oder Karpfenstücke verwenden.

Seelachsröllchen in pikanter Soße

(Abb. nebenstehend)

750 g Seelachsfilet	unter fließendem, kaltem Wasser abspülen, trockentupfen, mit
2 Eßl. Zitronensaft	beträufeln, etwa 30 Minuten stehenlassen, wieder trockentupfen, mit
Salz, Pfeffer	bestreuen
	das Filet in nicht zu kleine Stücke schneiden, aufrollen, mit
Holzstäbchen	durchstechen, in eine mit
10 g Butter oder Margarine	gefettete Auflaufform legen
	für die pikante Soße
1 kleine Zwiebel	abziehen
50 g durchwachsener Speck	
	beide Zutaten in kleine Würfel schneiden
	den Speck auslassen, die Zwiebel darin hellbraun dünsten lassen, kalt stellen
2 Essiggurken	in Würfel schneiden, mit dem erkalteten Speck,
2 schwach gehäuften Teel. Senf	
1 Becher (150 g) Crème fraîche (30% Fett)	verrühren
	die Soße mit
Salz, Zucker	abschmecken
1 gestrichenen Teel. Speisestärke, z. B. Gustin	mit
2 Eßl. Madeira	anrühren, unter die Soße rühren, über die Fischröllchen gießen, mit
30 g geriebenem Käse, z. B. Gouda	bestreuen
10 g Butter	in Flöckchen darauf setzen
	die Auflaufform auf dem Rost in den Backofen schieben
Strom:	200–225
Gas:	10 Minuten vorheizen 5–6, backen 5–6
Backzeit:	25–35 Minuten.
	Pro Portion: E: 39 g, F: 28 g, Kh: 5 g kJ: 1916, kcal: 458.

Marinierter Fisch

Heringe in saurer Sahne

6 eingelegte Heringe (Rezept s. unten)	in kleine appetitliche Streifen schneiden
1 kleine Zwiebel	abziehen, reiben
250 g saure Sahne (10% Fett)	
Salz, Pfeffer	die Zutaten verschlagen, pikant mit
Zitronensaft oder Essig	abschmecken, über die Heringsstückchen verteilen, einige Stunden darin ziehen lassen.
	Pro Hering: E: 34 g, F: 31 g, Kh: 1 g kJ: 1914, kcal: 458.
Veränderung:	Einige feingeschnittene oder geraspelte Äpfel dazugeben.

Rollmöpse

6 mittelgroße Salzheringe (je 250 g)	ausnehmen (Köpfe abschneiden), 12–14 Stunden wässern, entgräten, waschen, abtrocknen, die Hälften mit
1 schwach gehäuften Eßl. Senf	bestreichen
2 kleine Gewürzgurken	in kleine Stücke schneiden
2 mittelgroße Zwiebeln	abziehen, fein würfeln, mit
1 Eßl. Kapern	auf die Heringshälften geben, vorsichtig aufrollen, mit
Holzstäbchen	durchstechen, die Rollmöpse mit
8 Pfefferkörnern	
2 kleinen Lorbeerblättern	in einen Steintopf legen
125 ml (1/8 l) Wasser	mit
125 ml (1/8 l) Essig	verrühren, darüber gießen die Rollmöpse können nach 4–6 Tagen gegessen werden.
	Pro Rollmops: E: 22 g, F: 17 g, Kh: 1 g kJ: 1092, kcal: 261.

Eingelegte Heringe

6 mittelgroße Salzheringe (je 250 g)	ausnehmen, 12–24 Stunden wässern, danach mehrere Male unter fließendem, kaltem Wasser gründlich abspülen, damit sich die Schuppen lösen Kiemen und Kiemendeckel entfernen, die Köpfe abschneiden, die innere schwarze Haut abziehen, die Heringe noch einmal waschen, danach an der Rückseite der Länge nach aufschneiden, entgräten, enthäuten
3 mittelgroße Zwiebeln	abziehen, in Scheiben schneiden, mit

2 kleinen Lorbeerblättern	
8 Pfefferkörnern	und den Heringen in einen Steintopf legen
Heringsmilch	durch ein feines Sieb streichen, mit
250 ml (1/4 l) Essig	
125 ml (1/8 l) Wasser	zu einer Soße verrühren, über die Heringe verteilen die Heringe können nach 2–3 Tagen gegessen werden. Pro Hering: E: 22 g, F: 17 g, Kh: 2 g kJ: 1079, kcal: 258.
Veränderung:	Einige Eßl. saure Sahne mit der Soße verrühren.

Matjesfilets „Hausfrauen Art“

6 Matjesfilets (je 80 g)	1–2 Stunden wässern, gut abtropfen lassen, in etwa 2 cm große Stücke schneiden
	für die Sahnesoße
200 g Zwiebeln	abziehen
2 Gewürzgurken	
	beide Zutaten in Scheiben schneiden
375 ml (3/8 l) Sahne	mit
2–3 Eßl. Surig Essig-Essenz (25%)	
1 Eßl. Senfkörnern	
8 Pfefferkörnern	verrühren, Zwiebeln und Gurken hinzufügen die Matjesfilets in die Soße legen, etwa 24 Stunden darin liegen lassen. Pro Portion: E: 22 g, F: 57 g, Kh: 8 g kJ: 2782, kcal: 665.

Eingelegte Bratheringe

4 mittelgroße Grüne Heringe (je 250 g)	ausnehmen (Köpfe abschneiden), unter fließendem, kaltem Wasser abspülen, schuppen, trockentupfen
20 g Weizenmehl	mit
Salz	mischen, die Heringe darin wenden
6 Eßl. Speiseöl	erhitzen, die Heringe von beiden Seiten darin goldbraun braten
2 mittelgroße Zwiebeln	abziehen, in Scheiben schneiden, mit
1 Eßl. Senfkörnern	
8 Pfefferkörnern	und den Heringen in einen Steintopf legen
250 ml (1/4 l) Essig	mit
125 ml (1/8 l) Wasser	verrühren, darüber gießen die Heringe können nach 4–6 Tagen gegessen werden
Bratzeit:	6–8 Minuten. Pro Hering: E: 33 g, F: 47 g, Kh: 5 g kJ: 2548, kcal: 609.
Veränderung:	1 Teel. Zucker mit dem Essig verrühren.

Fisch in Gelee

Rollmöpse in Gelee

1 Päckchen Gelatine gemahlen, weiß	mit
250 ml (1/4 l) kaltem Wasser	anrühren, 10 Minuten zum Quellen stehenlassen
6 Eßl. Essig (mit Wasser auf 250 ml – 1/4 l – ergänzt)	mit
4 Pfefferkörnern *2 Pimentkörnern (Nelkenpfeffer)* *1 Gewürznelke* *1 kleinen Lorbeerblatt*	zum Kochen bringen, einmal aufkochen lassen, die Gelatine hinzufügen, rühren, bis sie gelöst ist die Brühe durch ein Sieb gießen, kalt stellen etwas von der Brühe in 4 mit kaltem Wasser ausgespülte Tassen geben, so daß der Boden bedeckt ist, im Kühlschrank erstarren lassen
6 Rollmöpse (S. 190)	in Scheiben schneiden (kleine Rollmöpse halbieren), auf die erstarrte Brühe legen, den Rest der schon etwas dicklichen Brühe darüber gießen, im Kühlschrank erstarren lassen vor dem Servieren die Tassen kurz in heißes Wasser halten, das Gelee mit einem Messer vorsichtig vom Rand der Tassen lösen, auf eine Platte stürzen. Pro Portion: E: 35 g, F: 25 g, Kh: 2 g kJ: 1674, kcal: 400.

Grüne Heringe in Gelee

500 ml ($^{1}/_{2}$ l) Wasser	mit
1 Teel. Salz 3 Pimentkörnern (Nelkenpfeffer) 1 Lorbeerblatt 1 Päckchen tiefgekühltem Suppengrün 1 mittelgroßen, abgezogenen Zwiebel	zum Kochen bringen, etwa 15 Minuten kochen lassen
500 g mittelgroße Grüne Heringe (je 250 g)	ausnehmen (Köpfe abschneiden), unter fließendem, kaltem Wasser abspülen, in die Brühe geben, zum Kochen bringen, in 10–15 Minuten gar ziehen lassen die Heringe aus der Brühe nehmen, enthäuten, entgräten, kalt stellen die Brühe durch ein Sieb gießen, 375 ml ($^{3}/_{8}$ l) davon abmessen (evtl. mit Wasser ergänzen), mit
125 ml ($^{1}/_{8}$ l) Essig	und evtl. mit Salz abschmecken sollte die Brühe stark trübe sein, sie klären (S. 135)
1 Päckchen Gelatine gemahlen, weiß	mit
5 Eßl. kaltem Wasser	anrühren, 10 Minuten zum Quellen stehenlassen, in die kochende Brühe geben, rühren, bis sie gelöst ist eine Form mit
1 Teel. Speiseöl	ausstreichen, etwas von der Brühe hineingeben, im Kühlschrank erstarren lassen
1 mittelgroße Tomate	waschen, den Stengelansatz herausschneiden
1 hartgekochtes Ei	pellen
1 Gewürzgurke	
	die Zutaten in Scheiben schneiden, die erstarrte Schicht damit garnieren, einige Eßl. Brühe darüber gießen, wieder im Kühlschrank erstarren lassen die erkalteten Heringe in Würfel schneiden, auf die erstarrte Brühe geben, den Rest der schon etwas dicklichen Brühe darüber gießen, im Kühlschrank erstarren lassen vor dem Servieren die Form kurz in heißes Wasser halten, das Gelee mit einem Messer vorsichtig vom Rand der Form lösen, auf eine Platte stürzen. Pro Portion: E: 18 g, F: 15 g, Kh: 2 g kJ: 983, kcal: 235.

Eintöpfe

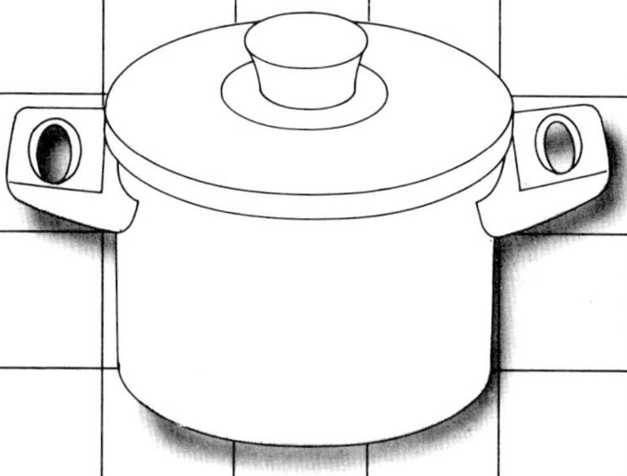

Gekochte Eintöpfe, Suppeneintopf

Linsensuppe mit Schweinerippchen

(Abb. nebenstehend)

350 g Linsen	waschen, in
$1^1/_2$ l Wasser	12–24 Stunden einweichen
500 g geräucherte Schweinerippchen	waschen
	Linsen und Schweinerippchen in dem Einweichwasser zum Kochen bringen, fast weich kochen lassen
500 g Kartoffeln	schälen, waschen, in Würfel schneiden
1 Bund Suppengrün	putzen, waschen, kleinschneiden
Salz, Pfeffer	
Thymian	
1 Brühwürfel (für 500 ml – $^1/_2$ l –)	
	die Zutaten zu den Linsen geben, gar kochen lassen, die Suppe mit Salz, Pfeffer abschmecken (damit die Suppe sämig wird, einen Teil der Kartoffeln zerdrücken oder zerstampfen)
	die Schweinerippchen für sich reichen oder kleingeschnitten in die Suppe geben
	die Suppe mit
2 Eßl. gehackter Petersilie	bestreuen
Kochzeit:	Etwa $1^1/_2$ Stunden.
	Pro Portion: E: 40 g, F: 27 g, Kh: 71 g kJ: 3050, kcal: 729.
Veränderung:	Die Suppe mit Essig und Zucker servieren.

Rindfleischsuppe mit Gemüse

375 g Rindfleisch	waschen, in
2 l kochendes Salzwasser	geben, zum Kochen bringen, gut 1½ Stunden kochen lassen
1 kg Gemüse (Erbsen, Möhren, Kohlrabi, Blumenkohl, Rosenkohl)	
	Erbsen auspalen, Möhren schrappen, Kohlrabi schälen, Blumenkohl in Röschen teilen, Rosenkohl von schlechten Stellen befreien
500 g Kartoffeln	schälen Gemüse und Kartoffeln waschen Möhren, Kohlrabi, Kartoffeln in Würfel schneiden die Zutaten zu dem Rindfleisch geben, zum Kochen bringen, gar kochen lassen das Fleisch in Würfel schneiden, wieder in die Suppe geben
1 Brühwürfel (für 500 ml – ½ l –)	unterrühren, die Suppe mit
2 Eßl. gehackter Petersilie	bestreuen
Kochzeit:	Etwa 2¼ Stunden. Pro Portion: E: 27 g, F: 5 g, Kh: 30 g kJ: 1226, kcal: 293.

Erbsensuppe mit Pökelfleisch

375 g Erbsen	waschen, in
2 l Wasser	12–24 Stunden einweichen
1 kg gepökeltes Schweinefleisch (Ohr, Schnauze, Schwanz)	waschen Erbsen und Pökelfleisch in dem Einweichwasser zum Kochen bringen, fast weich kochen lassen
500 g Kartoffeln	schälen, waschen, in Würfel schneiden
1 Bund Suppengrün	putzen, waschen, kleinschneiden
Salz, Pfeffer *1 Brühwürfel (für 500 ml – ½ l –)*	
	die Zutaten zu den Erbsen geben, gar kochen lassen die Suppe mit Salz,
Majoran (nach Belieben)	abschmecken das Fleisch für sich reichen oder kleingeschnitten in die Suppe geben
Kochzeit:	Etwa 2 Stunden. Pro Portion: E: 57 g, F: 82 g, Kh: 77 g kJ: 5607, kcal: 1340.
Veränderung:	Anstelle von Pökelfleisch 250 g durchwachsenen Speck verwenden.

Erbsensuppe mit Grießklößchen

750 g junge ausgepalte Erbsen ($2\frac{1}{4}$ kg mit Hülsen)	waschen, abtropfen lassen
100 g Butter oder Margarine	zerlassen, die Erbsen darin andünsten, mit
40 g Weizenmehl	bestreuen, kurz miterhitzen
$1\frac{1}{2}$ l Wasser	unter Rühren hinzufügen, zum Kochen bringen
500 g Kartoffeln	schälen, waschen, in Würfel schneiden
Salz	
	beide Zutaten zu den Erbsen geben die Suppe zum Kochen bringen, gar kochen lassen
2 Rezepte Grießklößchen (S. 61)	in der Suppe gar ziehen lassen die Suppe mit Salz abschmecken, mit
2 Eßl. gehackter Petersilie	bestreuen
Kochzeit für die Suppe:	45–60 Minuten
Garzeit für die Klößchen:	10 Minuten.
	Pro Portion: E: 24 g, F: 31 g, Kh: 72 g kJ: 2891, kcal: 691.

Hühnersuppe mit Reis

1 küchenfertiges Suppenhuhn (1 kg)	waschen, zusammen mit Herz, aufgeschnittenem Magen, Hals,
Geflügel-Gewürz	
Liebstöckel	
1 Teel. Glutamat	in
2 l kochendes Salzwasser	geben, zum Kochen bringen, gar kochen lassen das Huhn aus der Brühe nehmen
500 g Kartoffeln	schälen, waschen, in Würfel schneiden
1 Bund Suppengrün	putzen, waschen, kleinschneiden beide Zutaten mit
150 g Brühreis (Langkorn)	in die kochende Brühe geben, zum Kochen bringen, gar kochen lassen, kurz vor Beendigung der Kochzeit die Leber hinzufügen das Hühnerfleisch von den Knochen lösen, die Haut entfernen, das Fleisch kleinschneiden, kurz vor dem Anrichten in die Suppe geben, mit Salz,
Pfeffer	
geriebener Muskatnuß	abschmecken, mit
1 Eßl. gehackter Petersilie	bestreuen
Kochzeit:	Etwa 2 Stunden.
	Pro Portion: E: 39 g, F: 38 g, Kh: 52 g kJ: 3113, kcal: 744.

Bohnensuppe mit Mettwurst

375 g Weiße Bohnen	waschen, in
2 l Wasser	12–24 Stunden einweichen
250 g geräucherte Mettwurst	
250 g geräucherte Schweinerippchen	
	das Fleisch waschen
	Bohnen, Mettwurst und Schweinerippchen in dem Einweichwasser zum Kochen bringen, die Bohnen fast weich kochen lassen, gare Mettwurst und Schweinerippchen herausnehmen
500 g Kartoffeln	schälen, waschen, in Würfel schneiden
1 Bund Suppengrün	putzen, waschen, kleinschneiden
Bohnenkraut	
Salz, Pfeffer	
	die Zutaten zu den Bohnen geben, zum Kochen bringen, gar kochen lassen
	die Suppe mit Salz, Pfeffer abschmecken
	Mettwurst und Schweinerippchen kleinschneiden, wieder in die Suppe geben, mit
2 Eßl. gehackter Petersilie	bestreuen
Kochzeit:	Etwa 2 Stunden.
	Pro Portion: E: 38 g, F: 46 g, Kh: 76 g kJ: 3879, kcal: 927.

Gekochte Eintöpfe, Gemüseeintopf

Grundrezept

375 g Rindfleisch	waschen, in
750 ml (3/4 l) kochendes Salzwasser	geben, zum Kochen bringen, fast weich kochen lassen
200 g Rosenkohl	putzen
200 g Blumenkohl	putzen, in Röschen teilen
150 g Möhren	schrappen
150 g Kohlrabi	schälen
500 g Kartoffeln	schälen
	Gemüse, Kartoffeln waschen, Möhren, Kohlrabi, Kartoffeln in Würfel schneiden
	das Gemüse, je nach Kochdauer, zusammen mit den Kartoffeln,
300 g tiefgekühlten Erbsen	zu dem Fleisch geben, zum Kochen bringen, gar kochen lassen
	das Fleisch in Würfel schneiden
2 mittelgroße Zwiebeln	abziehen, würfeln
20 g Margarine, z. B. Sanella	zerlassen, Zwiebeln,
15 g Weizenmehl	darin erhitzen, zu dem Eintopf geben, 10 Minuten mitkochen lassen, mit Salz,
Suppenwürze	abschmecken
	das Fleisch wieder in den Eintopf geben, mit
1 Eßl. gehackter Petersilie	bestreuen
Kochzeit:	Etwa 2 Stunden.
	Pro Portion: E: 28 g, F: 7 g, Kh: 41 g kJ: 1485, kcal: 355.

Folgende Zusammenstellungen sind sehr beliebt:

1. Rindfleisch, Möhren, Kartoffeln, Petersilie
2. Rindfleisch, Kohlrabi, Kartoffeln, Petersilie
3. Rindfleisch, Grüne Bohnen, Kartoffeln, Bohnenkraut
4. Rindfleisch, Wirsing, Kartoffeln, Pfeffer
5. Schweinebauch, Möhren, Kartoffeln, Petersilie
6. Schweinebauch, Steckrüben, Kartoffeln
7. Schweinebauch, Sauerkraut, Kartoffeln, Kümmel
8. Pökelfleisch, Sauerkraut, Kartoffeln, ohne Salz
9. Speck, Große Bohnen, Kartoffeln, Bohnenkraut
10. Mettwurst, Grünkohl, Kartoffeln, 40 g Haferflocken
11. Mettwurst, Faßbohnen, Kartoffeln, ohne Salz
12. Hammelfleisch, Große Bohnen, Kartoffeln, Bohnenkraut
13. Hammelfleisch, Weißkohl, Kartoffeln, Kümmel
14. Hammelfleisch, Steckrüben, Kartoffeln.

Gemüseeintopf

375 g Schweinenacken	waschen, in
2 l kochendes Salzwasser	geben, zum Kochen bringen, fast weich kochen lassen
500 g Kartoffeln	schälen, waschen, in Würfel schneiden
2 Päckchen tiefgekühltes Suppengemüse (900 g)	
Salz, Pfeffer	
1 Brühwürfel (für 500 ml - 1/2 l -)	
	die Zutaten zu dem Fleisch geben, zum Kochen bringen, gar kochen lassen
	den Eintopf mit Salz, Pfeffer abschmecken, mit
1 Eßl. gehackter Petersilie	bestreuen
Kochzeit:	Etwa 1 1/2 Stunden.
	Pro Portion: E: 21 g, F: 27 g, Kh: 36 g kJ: 2071, kcal: 495.

Äpfel und Kartoffeln

(Himmel und Erde)

1 1/2 kg Kartoffeln	schälen, waschen, in Würfel schneiden
500 g Äpfel	schälen, vierteln, entkernen, in kleine Stücke schneiden
500 ml (1/2 l) Wasser	mit
Salz	
Zucker	zum Kochen bringen, die Kartoffeln hineingeben, zum Kochen bringen, etwa 15 Minuten kochen lassen
	die Äpfel hinzufügen, wieder zum Kochen bringen, gar kochen lassen
	das Gericht mit Salz, Zucker,
Essig	abschmecken
2 große Zwiebeln	abziehen, in Scheiben schneiden
100 g fetten Speck	in Würfel schneiden, auslassen, die Zwiebeln darin bräunen lassen
	das Gericht in eine vorgewärmte Schüssel geben, die Speck-Zwiebeln darüber verteilen
Kochzeit:	Etwa 45 Minuten.
	Pro Portion: E: 7 g, F: 23 g, Kh: 73 g kJ: 2276, kcal: 544.

Westfälisches Blindhuhn

1 l Wasser	zum Kochen bringen
375 g durchwachsenen Speck	hinzufügen, zum Kochen bringen, kochen lassen
*500 g Grüne Bohnen**	abfädeln, waschen, in kleine Stücke brechen oder schnippeln
250 g Möhren	schrappen
750 g Kartoffeln	schälen
	beide Zutaten waschen, in kleine Würfel schneiden
2 mittelgroße Äpfel	
2 mittelgroße Birnen	
	beide Zutaten schälen, vierteln, entkernen, in Scheiben schneiden
	nach 30 Minuten Kochzeit des Specks Gemüse, Kartoffeln, Obst,
Salz	hinzufügen, zum Kochen bringen, gar kochen lassen
	den Eintopf mit Salz abschmecken, den Speck nach Belieben schneiden
Kochzeit:	1-1½ Stunden.
	Pro Portion: E: 15 g, F: 62 g, Kh: 54 g kJ: 3682, kcal: 880.
Veränderung:	200 g gewaschene Bohnen (getrocknet) in dem Wasser 12-24 Stunden einweichen, danach mit dem Einweichwasser zum Kochen bringen, 30 Minuten kochen lassen, den Speck hinzugeben, in diesem Fall nur 250 g Grüne Bohnen nehmen, sie nach Belieben aber auch ganz weglassen (längere Kochzeit beachten).

**Besonders empfehlenswert sind tiefgekühlte Brechbohnen*

Geschmorte und gedünstete Eintöpfe

Gemüse-Fisch-Eintopf

(Abb. nebenstehend)

500 g Kabeljaufilet	unter fließendem, kaltem Wasser abspülen, trockentupfen, mit
Zitronensaft	beträufeln, etwas stehenlassen, wieder trockentupfen, mit
Salz	bestreuen, in nicht zu kleine Stücke schneiden
250 g Champignons	putzen, waschen, in Scheiben schneiden
250 g Grüne Bohnen	abfädeln, waschen, in Stücke brechen oder schneiden
375 g Kartoffeln	schälen, waschen, in Würfel schneiden
2 große Zwiebeln	abziehen, in Scheiben schneiden
50 g Margarine, z. B. Sanella	zerlassen, die Zwiebeln darin andünsten Champignons, Bohnen, Kartoffeln hinzufügen, kurze Zeit mitdünsten lassen, mit
Salz, Pfeffer	würzen
250 ml (1/4 l) Wasser	hinzugießen, dünsten lassen nach etwa 25 Minuten Dünstzeit den Fisch,
125 ml (1/8 l) Weißwein	hinzufügen, gar dünsten lassen den Eintopf mit Salz, Pfeffer,
Glutamat	
Fisch-Gewürz	abschmecken, mit
2 Eßl. gehackter Petersilie	bestreuen
Dünstzeit:	Etwa 40 Minuten.
	Pro Portion: E: 27 g, F: 11 g, Kh: 23 g kJ: 1402, kcal: 335.

Wirsing-Eintopf

375 g Schweinebauch (ohne Knochen)	waschen, abtrocknen, in Würfel schneiden
1 kg Wirsing (vorbereitet gewogen)	putzen, waschen, kleinschneiden
500 g Kartoffeln	schälen, waschen, in Würfel schneiden
40 g Margarine, z. B. Sanella	erhitzen, das Fleisch unter Wenden schwach darin bräunen lassen
2 mittelgroße Zwiebeln	abziehen, würfeln kurz bevor das Fleisch genügend gebräunt ist, die Zwiebeln hinzufügen, kurz miterhitzen das Fleisch mit
Salz, Pfeffer	würzen, Wirsing, Kartoffeln,
500 ml (1/2 l) Wasser	hinzufügen, gar schmoren lassen den Eintopf mit Salz abschmecken
Schmorzeit:	1–1 1/2 Stunden.
	Pro Portion: E: 21 g, F: 49 g, Kh: 31 g kJ: 2824, kcal: 675.

Grüne Bohnen-Eintopf

375 g Rindfleisch	waschen, abtrocknen, in Würfel schneiden
1 kg Grüne Bohnen	abfädeln, waschen, in kleine Stücke brechen oder schneiden
750 g Kartoffeln	schälen, waschen, in Würfel schneiden
40 g Margarine, z. B. Sanella	erhitzen, das Fleisch unter Wenden schwach darin bräunen lassen
1 mittelgroße Zwiebel	abziehen, würfeln
	kurz bevor das Fleisch genügend gebräunt ist, die Zwiebel hinzufügen, kurz miterhitzen
	das Fleisch mit
Salz, Pfeffer	würzen, Bohnenkraut, Bohnen, Kartoffeln,
500 ml ($^1/_2$ l) Wasser	hinzufügen, gar schmoren lassen
	den Eintopf mit Salz abschmecken
Schmorzeit:	Etwa 80 Minuten.
	Pro Portion: E: 26 g, F: 11 g, Kh: 41 g kJ: 1607, kcal: 384.
eränderung:	250 g vorbereitete, kleingeschnittene Tomaten mit dem Fleisch und der Zwiebel in dem Fett erhitzen, dann aber nur 250 ml ($^1/_4$ l) Wasser an den Eintopf geben.

Faßbohnen-Eintopf

375 g Schweinenacken (ohne Knochen)	waschen, abtrocknen, in Würfel schneiden
750 g Kartoffeln	schälen, waschen, in Würfel schneiden
1 kg Faßbohnen	waschen, abtropfen lassen
40 g Margarine, z. B. Sanella	erhitzen, das Fleisch unter Wenden schwach darin bräunen lassen
1 mittelgroße Zwiebel	abziehen, würfeln
	kurz bevor das Fleisch genügend gebräunt ist, die Zwiebel hinzufügen, kurz miterhitzen
	das Fleisch mit
Salz	würzen, Kartoffeln, Bohnen,
750 ml ($^3/_4$ l) Wasser	hinzufügen, gar schmoren lassen
	den Eintopf evtl. mit Salz abschmecken
Schmorzeit:	Etwa 2 Stunden.
	Pro Portion: E: 23 g, F: 39 g, Kh: 41 g kJ: 2682, kcal: 641.

Große Bohnen-Eintopf

375 g Hammelfleisch	waschen, abtrocknen, in Würfel schneiden
750 g Kartoffeln	schälen, waschen, in Würfel schneiden
750 g ausgepalte Große Bohnen ($2^1/_2$–3 kg mit Hülsen) Bohnenkraut	
	beide Zutaten waschen
40 g Margarine, z. B. Sanella	erhitzen, das Fleisch unter Wenden schwach darin bräunen lassen, mit
Salz, Pfeffer	würzen, Kartoffeln, Bohnen, Bohnenkraut,
375 ml ($^3/_8$ l) Wasser	hinzufügen, gar schmoren lassen
	den Eintopf mit Salz abschmecken
Schmorzeit:	Etwa $1^1/_2$ Stunden.
	Pro Portion: E: 24 g, F: 25 g, Kh: 37 g kJ: 2117, kcal: 506.

Möhren-Eintopf

100 g Weiße Bohnen	waschen, in
750 ml ($^3/_4$ l) Wasser	12–24 Stunden einweichen, in dem Einweichwasser zum Kochen bringen, in etwa 1 Stunde gar kochen lassen
375 g Schweinebauch (ohne Knochen)	waschen, abtrocknen, in Würfel schneiden
1 kg Möhren	schrappen
500 g Kartoffeln	schälen
	beide Zutaten waschen, in kleine Würfel schneiden
250 g Äpfel	schälen, vierteln, entkernen, in Scheiben schneiden
40 g Margarine, z. B. Sanella	erhitzen, das Fleisch unter Wenden schwach darin bräunen lassen
2 mittelgroße Zwiebeln	abziehen, würfeln
	kurz bevor das Fleisch genügend gebräunt ist, die Zwiebeln hinzufügen, kurz miterhitzen
	das Fleisch mit
Salz	würzen, Möhren, Kartoffeln, Äpfel,
375 ml ($^3/_8$ l) Wasser	hinzufügen, in etwa 1 Stunde gar schmoren lassen
	die Bohnen (ohne Flüssigkeit) unter den Möhren-Eintopf geben, mit
2 Eßl. gehackter Petersilie	bestreuen
Garzeit:	Etwa 2 Stunden.
	Pro Portion: E: 21 g, F: 49 g, Kh: 60 g kJ: 3330, kcal: 796.
Veränderung:	Anstelle von Schweinebauch Rindfleisch verwenden.

Römische Bohnen

750 g Grüne Bohnen	abfädeln, waschen, kleine ganz lassen, goße einmal durchschneiden oder brechen
375 g Rindfleisch	waschen, abtrocknen, in Würfel schneiden
250 g Tomaten	kurze Zeit in kochendes Wasser legen (nicht kochen lassen), in kaltem Wasser abschrecken, enthäuten, die Stengelansätze herausschneiden, die Tomaten in Würfel schneiden
250 g Zwiebeln	abziehen, würfeln
50 g Butter oder Margarine	zerlassen, Fleisch, Zwiebeln kurze Zeit darin erhitzen, Bohnen,
Salz	hinzufügen, gar dünsten lassen 15 Minuten vor Beendigung der Dünstzeit die Tomatenstücke hinzugeben das Gericht mit Salz,
Paprika edelsüß	
Pfeffer	abschmecken
Dünstzeit:	Etwa 1 Stunde. Pro Portion: E: 23 g, F: 13 g, Kh: 16 g kJ: 1197, kcal: 286.

Hammelfleisch mit Bohnen und Tomaten

375 g Hammelfleisch	waschen, abtrocknen, in Würfel schneiden
250 g Tomaten	kurze Zeit in kochendes Wasser legen (nicht kochen lassen), in kaltem Wasser abschrecken, enthäuten, die Stengelansätze herausschneiden, die Tomaten in Stücke schneiden
750 g Grüne Bohnen	abfädeln, waschen, in kleine Stücke brechen oder schneiden
500 g Kartoffeln	schälen, waschen, in Würfel schneiden
40 g Margarine, z. B. Sanella	erhitzen, das Fleisch unter Wenden schwach darin bräunen lassen
2 mittelgroße Zwiebeln	abziehen, würfeln kurz bevor das Fleisch genügend gebräunt ist, Zwiebeln, Tomaten hinzufügen, kurz miterhitzen das Fleisch mit
Salz, Pfeffer	würzen, Bohnen, Kartoffeln,
250 ml (1/4 l) Wasser	hinzufügen, gar schmoren lassen das Gericht mit Salz abschmecken
Schmorzeit:	Etwa 1 1/4 Stunden. Pro Portion: E: 24 g, F: 26 g, Kh: 31 g kJ: 1996, kcal: 477.

Weißkohl-Eintopf

375 g Rindfleisch	waschen, abtrocknen, in Würfel schneiden
1 kg Weißkohl (vorbereitet gewogen)	putzen, waschen, kleinschneiden
500 g Kartoffeln	schälen, waschen, in Würfel schneiden
40 g Margarine, z. B. Sanella	erhitzen, das Fleisch unter Wenden schwach darin bräunen lassen
2 mittelgroße Zwiebeln	abziehen, würfeln kurz bevor das Fleisch genügend gebräunt ist, die Zwiebeln hinzufügen, kurz miterhitzen das Fleisch mit
Salz, Pfeffer	
1 Teel. Kümmel	würzen, Weißkohl, Kartoffeln,
500 ml (1/2 l) Wasser	hinzufügen, gar schmoren lassen den Eintopf mit Salz abschmecken
Schmorzeit:	1–1 1/2 Stunden.
	Pro Portion: E: 23 g, F: 11 g, Kh: 31 g kJ: 1368, kcal: 327.

Pichelsteiner

200 g Hammelfleisch	
200 g Schweinefleisch	
	das Fleisch waschen, abtrocknen, in Würfel schneiden
250 g Möhren	schrappen
200 g Sellerie	schälen
500 g Kartoffeln	schälen die drei Zutaten waschen, in Würfel schneiden
250 g Porree	putzen, in Scheiben schneiden, waschen
250 g Weißkohl (vorbereitet gewogen)	putzen, waschen, kleinschneiden
40 g Margarine, z. B. Sanella	erhitzen, das Fleisch unter Wenden schwach darin bräunen lassen
2 mittelgroße Zwiebeln	abziehen, würfeln kurz bevor das Fleisch genügend gebräunt ist, die Zwiebeln hinzufügen, kurz miterhitzen das Fleisch mit
Salz, Pfeffer	würzen, Gemüse, Kartoffeln,
500 ml (1/2 l) Fleischbrühe (zubereitet aus Brühwürfeln)	hinzufügen, gar schmoren lassen den Eintopf mit Salz, Pfeffer abschmecken
Schmorzeit:	Etwa 1 Stunde.
	Pro Portion: E: 23 g, F: 22 g, Kh: 32 g kJ: 1837, kcal: 439.

Streifrüben-Eintopf
(Stielmus)

375 g Schweinefleisch	waschen, abtrocknen, in Würfel schneiden
750 g vorbereitete Streifrüben	waschen, kleinschneiden
750 g Kartoffeln	schälen, waschen, in Würfel schneiden
40 g Margarine, z. B. Sanella	erhitzen, das Fleisch unter Wenden schwach darin bräunen lassen, mit
Salz	würzen, Streifrüben, Kartoffeln,
250 ml (1/4 l) Wasser	hinzufügen, gar schmoren lassen den Eintopf mit Salz abschmecken
Schmorzeit:	Etwa 1 3/4 Stunden. Pro Portion: E: 24 g, F: 15 g, Kh: 33 g kJ: 1607, kcal: 384.

Vegetarischer Eintopf

250 g Möhren	schrappen
500 g Kartoffeln	schälen beide Zutaten waschen, in Würfel schneiden
250 g Grüne Bohnen	abfädeln, waschen, in Stücke brechen oder schneiden
250 g Tomaten	kurze Zeit in kochendes Wasser legen (nicht kochen lassen), in kaltem Wasser abschrecken, enthäuten, die Stengelansätze herausschneiden, die Tomaten in Viertel schneiden
250 g Blumenkohl	putzen, waschen, in Röschen teilen von
250 g Rosenkohl	die beschädigten, fleckigen äußeren Blättchen entfernen, etwas vom Strunk abschneiden, die Rosenkohlröschen kreuzförmig einschneiden, waschen
2 mittelgroße Zwiebeln	abziehen, würfeln
50 g Margarine, z. B. Sanella	zerlassen, Zwiebeln, Möhren, Kartoffeln, Rosenkohl etwa 5 Minuten unter Wenden darin andünsten, mit
Salz, Pfeffer	würzen
375 ml (3/8 l) Fleischbrühe (zubereitet aus Brühwürfeln)	hinzufügen, dünsten lassen nach etwa 20 Minuten Dünstzeit Bohnen, Tomaten, Blumenkohl hinzufügen, gar dünsten lassen den Eintopf mit Salz, Pfeffer abschmecken, mit
2 Eßl. gehackter Petersilie	bestreuen
Dünstzeit:	Etwa 50 Minuten. Pro Portion: E: 8 g, F: 11 g, Kh: 35 g kJ: 1197, kcal: 286.

Grünkohl-Eintopf

1 kg Grünkohl (vorbereitet gewogen)	von welken und fleckigen Blättern und Rippen befreien den Grünkohl waschen, in kochendes Wasser geben, zum Kochen bringen, einmal aufkochen lassen, abgießen, grob hacken oder schneiden
500 g Kartoffeln	schälen, waschen, in Würfel schneiden
500 g geräucherte Mettwurst	
250 g geräucherte Schweinerippchen	
	das Fleisch waschen
2 mittelgroße Zwiebeln	abziehen, würfeln
40 g Schweineschmalz	zerlassen, die Zwiebeln darin andünsten
	Grünkohl, Kartoffeln, Mettwurst, Schweinerippchen,
500 ml (1/2 l) Wasser	hinzufügen, gar dünsten lassen
	den Eintopf mit Salz abschmecken
Dünstzeit:	Etwa 2 Stunden.
	Pro Portion: E: 36 g, F: 88 g, Kh: 33 g kJ: 4690, kcal: 1121.

Serbisches Reisfleisch

500 g Schweinefleisch	waschen, abtrocknen, in Würfel schneiden
500 g Tomaten	kurze Zeit in kochendes Wasser legen (nicht kochen lassen), in kaltem Wasser abschrecken, enthäuten, die Stengelansätze herausschneiden, die Tomaten vierteln
250 g Zwiebeln	abziehen, in Scheiben schneiden
60 g durchwachsenen Speck	in kleine Würfel schneiden, auslassen
20 g Margarine, z. B. Sanella	hinzufügen, zerlassen, das Fleisch unter Wenden darin bräunen lassen, mit
Salz, Pfeffer	
Cayennepfeffer	
1 Brühwürfel (für 250 ml – 1/4 l –)	würzen, die Zwiebeln hinzufügen, leicht bräunen lassen
	Tomaten,
750 ml (3/4 l) Wasser	hinzufügen, zum Kochen bringen, kochen lassen
250 g Brühreis (Langkorn)	nach 25 Minuten Kochzeit zu dem Fleisch geben, gar kochen lassen
	das Gericht mit Salz, Pfeffer,
Paprika extrascharf	abschmecken
Garzeit:	Etwa 45 Minuten.
	Pro Portion: E: 30 g, F: 24 g, Kh: 59 g kJ: 2510, kcal: 600.

Hammelpilaw
(Abb. nebenstehend)

375 g Hammelfleisch	waschen, abtrocknen, in Würfel schneiden
2 mittelgroße Zwiebeln	abziehen, würfeln
250 g Sellerie	putzen, waschen, kleinschneiden
250 g Tomaten	kurze Zeit in kochendes Wasser legen (nicht kochen lassen), in kaltem Wasser abschrecken, enthäuten, die Stengelansätze herausschneiden, die Tomaten in Stücke schneiden
30 g Margarine, z. B. Sanella	erhitzen, das Fleisch unter Wenden schwach darin bräunen lassen
	kurz bevor das Fleisch genügend gebräunt ist, Zwiebeln, Sellerie, Tomaten hinzufügen, kurz miterhitzen, mit
Salz, Pfeffer	
Paprika edelsüß	würzen
750 ml (3/4 l) Wasser	hinzugießen, zum Kochen bringen
150 g Brühreis (Langkorn)	nach 20 Minuten Kochzeit zu dem Fleisch geben, gar kochen lassen
	das Gericht mit Salz abschmecken, mit
1 Eßl. gehackter Petersilie	bestreuen
Garzeit:	Etwa 1 Stunde.
	Pro Portion: E: 21 g, F: 24 g, Kh: 37 g kJ: 1950 g, kcal: 466.

Rindergulasch mit Kartoffeln

500 g Rindfleisch	waschen, abtrocknen, in Würfel schneiden
2 mittelgroße Zwiebeln	abziehen, würfeln
250 g Tomaten	kurze Zeit in kochendes Wasser legen (nicht kochen lassen), in kaltem Wasser abschrecken, enthäuten, die Stengelansätze herausschneiden, die Tomaten vierteln
1 kg Kartoffeln	schälen, waschen, in Würfel schneiden
50 g Margarine, z. B. Sanella	erhitzen, das Fleisch unter Wenden schwach darin bräunen lassen
	kurz bevor das Fleisch genügend gebräunt ist, Zwiebeln, Tomaten hinzufügen, kurz miterhitzen, mit
Salz, Pfeffer	
Gulasch-Gewürz	
Cayennepfeffer	
1 Teel. Kümmel	würzen, Kartoffeln,
250 ml (1/4 l) Wasser	hinzufügen, gar schmoren lassen
	das Gericht mit Salz abschmecken, mit
2 Eßl. gehackter Petersilie	bestreuen
Schmorzeit:	Etwa 1 1/2 Stunden.
	Pro Portion: E: 27 g, F: 13 g, Kh: 41 g kJ: 1736, kcal: 415.

Kalbfleisch mit Spargel

375 g Kalbfleisch	waschen, abtrocknen, in Würfel schneiden
125 g Champignons	putzen, waschen, kleinschneiden
500 g Spargel	schälen, waschen, in kleine Stücke schneiden
40 g Margarine, z. B. Sanella	erhitzen, das Fleisch unter Wenden schwach darin bräunen lassen kurz bevor das Fleisch genügend gebräunt ist, die Pilze hinzufügen, kurz miterhitzen, mit
Salz	würzen, Spargel,
1 l Wasser	hinzufügen, zum Kochen bringen, kochen lassen
200 g Brühreis (Langkorn)	nach 10 Minuten Kochzeit zu dem Fleisch geben, gar kochen lassen das Gericht mit Salz abschmecken
Garzeit:	35–40 Minuten. Pro Portion: E: 23 g, F: 11 g, Kh: 43 g kJ: 1586, kcal: 379.

Labskaus

600 g gepökeltes schieres Rindfleisch	in
500 ml (1/2 l) kochendes Wasser	geben, zum Kochen bringen, gar kochen lassen, von der Brühe 375 ml (3/8 l) abmessen
5 große Zwiebeln	abziehen beide Zutaten grob zerkleinern, durch den Fleischwolf drehen
75 g Margarine, z. B. Sanella	zerlassen, die Fleisch-Zwiebelmasse unter Rühren 5 Minuten darin erhitzen
1 kg gekochte Kartoffeln	noch heiß durch die Kartoffelpresse geben, mit
6 Eßl. Flüssigkeit von eingelegten Essiggurken *375 ml (3/8 l) Rindfleischbrühe*	unter die Fleischmasse rühren, unter Rühren durchkochen lassen das Gericht mit
Salz *geriebener Muskatnuß*	abschmecken
Kochzeit:	Etwa 2 Stunden. Pro Portion: E: 30 g, F: 41 g, Kh: 48 g kJ: 2950, kcal: 705.
Beigabe:	Spiegeleier (S. 314), Essiggurken oder Rote Bete.
Veränderung:	Anstelle von Rindfleisch Corned Beef verwenden.

Kalbsgulasch mit Gemüse

375 g Kalbfleisch	waschen, abtrocknen, in Würfel schneiden
1 mittelgroße Zwiebel	abziehen, würfeln
250 g Tomaten	kurze Zeit in kochendes Wasser legen (nicht kochen lassen), in kaltem Wasser abschrecken, enthäuten, die Stengelansätze herausschneiden, die Tomaten in Stücke schneiden
750 g Grüne Bohnen	waschen, abfädeln, in Stücke brechen oder schneiden
500 g Kartoffeln	schälen, waschen, in Würfel schneiden
50 g Margarine, z. B. Sanella	erhitzen, das Fleisch unter Wenden schwach darin bräunen lassen, Zwiebel, Tomaten hinzufügen, kurz miterhitzen, Bohnen, Kartoffeln,
Salz, Pfeffer	
250 ml (1/4 l) Wasser	hinzufügen, gar schmoren lassen
	das Gericht mit Salz abschmecken
Schmorzeit:	Etwa 1 Stunde.
	Pro Portion: E: 24 g, F: 13 g, Kh: 30 g kJ: 1469, kcal: 351.

Szegediner Gulasch

250 g Zwiebeln	abziehen, in Scheiben schneiden
250 g Schweinefleisch	
250 g Rindfleisch	
	das Fleisch waschen, abtrocknen, in 2 cm große Würfel schneiden
50 g Schweineschmalz	zerlassen, die Zwiebeln etwa 5 Minuten darin andünsten
1 Eßl. Paprika extrascharf	
1 gehäuften Eßl. Tomatenmark	unterrühren, das Fleisch hinzufügen, mit
Salz, Pfeffer	bestreuen
500 g Sauerkraut	auf das Fleisch geben
500 ml (1/2 l) Fleischbrühe (zubereitet aus Brühwürfeln)	hinzugießen, umrühren, garen lassen
	unter das gare Gulasch
150 g (1 Becher) saure Sahne (10% Fett)	rühren
2 gestrichene Teel. Speisestärke, z. B. Gustin	mit
2 Eßl. kaltem Wasser	anrühren, das Gulasch damit binden, mit Salz, Pfeffer abschmecken
Garzeit:	Etwa 1 1/2 Stunden.
	Pro Portion: E: 27 g, F: 22 g, Kh: 13 g kJ: 1565, kcal: 374.

Steckrüben-Eintopf

375 g Schweinebauch (ohne Knochen)	waschen, abtrocknen, in Würfel schneiden
1 kg Steckrüben	schälen, waschen, in Stifte schneiden
750 g Kartoffeln	schälen, waschen, in Würfel schneiden
40 g Margarine, z. B. Sanella	erhitzen, das Fleisch unter Wenden schwach darin bräunen lassen
2 mittelgroße Zwiebeln	abziehen, würfeln
	kurz bevor das Fleisch genügend gebräunt ist, die Zwiebeln hinzufügen, kurz miterhitzen
	das Fleisch mit
Salz, Pfeffer	würzen, Steckrüben, Kartoffeln,
500 ml (1/2 l) Wasser	hinzufügen, gar schmoren lassen
	den Eintopf mit Salz, Pfeffer abschmecken, mit
1 Eßl. gehackter Petersilie	bestreuen
Schmorzeit:	Etwa 1 Stunde.
	Pro Portion: E: 17 g, F: 48 g, Kh: 45 g kJ: 2971, kcal: 710.

Spanisch Frikko

250 g Schweinefleisch	
250 g Rindfleisch	
125 g Kalbfleisch	
	das Fleisch waschen, abtrocknen, in Würfel schneiden
3 große Zwiebeln	abziehen, würfeln
1 1/2 kg Kartoffeln	schälen, waschen, in Würfel schneiden
40 g Margarine, z. B. Sanella	erhitzen, das Fleisch unter Wenden schwach darin bräunen lassen
	kurz bevor das Fleisch genügend gebräunt ist, die Zwiebeln hinzufügen, kurz miterhitzen
	Kartoffeln,
Salz, Pfeffer	
Paprika edelsüß	
375 ml (3/8 l) Wasser	hinzufügen, gar schmoren lassen (ab und zu umrühren)
	10 Minuten vor Beendigung der Schmorzeit
2 schwach gehäufte Eßl. Crème fraîche (30% Fett)	unterrühren, das Gericht mit
2 Eßl. gehackter Petersilie	bestreuen
Schmorzeit:	Etwa 1 1/2 Stunden.
	Pro Portion: E: 35 g, F: 19 g, Kh: 60 g kJ: 2469, kcal: 590.
Veränderung:	1/2 Teel. Kümmel mit den Gewürzen in den Eintopf geben.

Gemüse

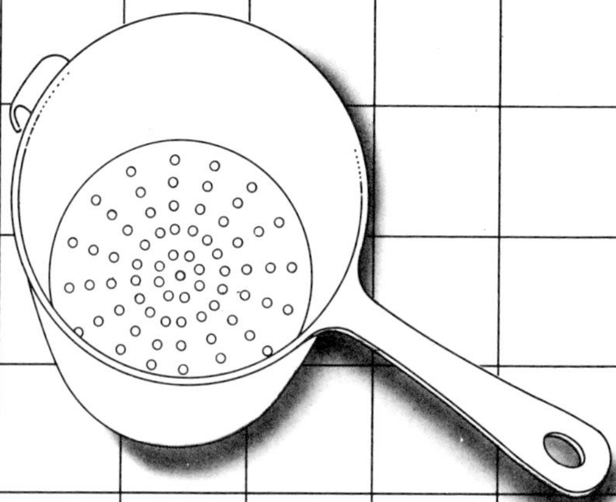

Das Vorbereiten von Gemüse

Auberginen Den Stielansatz der Aubergine abschneiden, die Frucht in Hälften oder Scheiben schneiden, mit Salz bestreuen, etwa 30 Minuten stehenlassen, damit die im Fruchtfleisch enthaltenen Bitterstoffe herausziehen.
Bei Auberginenfleisch, das gekocht oder gedünstet wird, ist eine solche Vorbehandlung nicht erforderlich.

Blumenkohl Blätter und schlechte Stellen entfernen, den Strunk abschneiden, den Blumenkohl unter fließendem, kaltem Wasser waschen.
Wenn er ganz verwendet werden soll, ihn einige Zeit mit dem Strunk nach oben in Salzwasser legen (Raupen und Insekten kommen nach oben), ihn andernfalls in Röschen teilen, darauf achten, daß das Ungeziefer entfernt wird.

Bohnen Sie oben und unten an den Spitzen etwas abschneiden, dabei die Fäden (falls vorhanden) abziehen, die Bohnen waschen, je nach Rezept in Stücke brechen oder in einer Maschine schnippeln.
Große Bohnen auspalen, waschen.

Broccoli Die Blätter entfernen, den Stengel am Strunk schälen, bis kurz vor den Röschen kreuzweise einschneiden, waschen, gut abtropfen lassen.

Chicorée Die welken Blätter entfernen, den Chicorée halbieren, den Strunk keilförmig herausschneiden, den Chicorée waschen, gut abtropfen lassen, je nach Rezeptangabe weiter verarbeiten.

Chinakohl Die welken Blätter entfernen, die Stauden längs halbieren, in schmale Streifen schneiden, waschen, gut abtropfen lassen.

Eisbergsalat Die äußeren Blätter entfernen, den Salatkopf halbieren oder vierteln, zerpflücken, waschen, gut abtropfen lassen.

Endiviensalat Wurzeln und äußere Blätter abschneiden, die übrigen Blätter übereinanderlegen, in schmale Streifen schneiden, sorgfältig waschen, gut abtropfen lassen.

Erbsen	Auspalen, das Ungeziefer entfernen, die Erbsen waschen.
Feldsalat	Die Wurzelenden abschneiden, fehlerhafte Blätter entfernen, größere Blätter evtl. einmal durchschneiden, gründlich waschen, gut abtropfen lassen.
Fenchel	Die Stiele dicht oberhalb der Fenchelknolle abschneiden, braune Stellen und Blätter entfernen (zartes Blattgrün evtl. feingehackt mitverwenden), die Wurzelenden gerade schneiden, den Fenchel waschen, je nach Rezeptangabe weiter verarbeiten.
Grünkohl	Welke und fleckige Blätter und Rippen entfernen, den Kohl gründlich waschen, abkochen.
Gurken	Waschen, nach Belieben mit Schale verwenden oder schälen.
Kohlrabi	Schälen, waschen, in Streifen oder Scheiben schneiden oder raspeln.
Kopfsalat	Harte und welke Blätter entfernen, die anderen vom Strunk lösen, die großen Blätter teilen, die Herzblätter ganz lassen, den Salat in reichlich Wasser waschen, gut abtropfen lassen.
Möhren (Wurzeln) Karotten	Ältere Möhren mit einer Bürste unter fließendem, kaltem Wasser sorgfältig reinigen, die Möhren schrappen (schaben), waschen, in Würfel, Scheiben oder Streifen schneiden oder raspeln.
Paprika	Die Schoten halbieren, entstielen, entkernen, die weißen Scheidewände entfernen, die Schoten waschen.
Pilze	Bei größeren Pilzen Lamellen und Haut entfernen, kleinere nur abschaben, die Pilze waschen, beim Zerkleinern darauf achten, daß wurmstichige Stellen entfernt werden.
Porree (Lauch)	Die Wurzeln abschneiden, welke und harte Blätter entfernen, den Porree gründlich waschen, je nach Rezeptangabe weiter verarbeiten, evtl. nochmals waschen.
Radicchio	Die welken Blätter entfernen, die Wurzeln abschneiden, den Radicchio auseinanderpflücken, waschen, gut abtropfen lassen.
Rosenkohl	Die beschädigten und fleckigen äußeren Blättchen entfernen, etwas vom Strunk abschneiden, diesen kreuzförmig einschneiden, den Rosenkohl waschen.

Rote Bete (Rote Rüben)	Unter fließendem, kaltem Wasser mit einer Bürste reinigen, roh verwenden oder mit der Schale gar kochen. Sie sofort mit kaltem Wasser übergießen, damit sich die Schale besser abziehen läßt, und die Rote Bete, sobald sie erkaltet sind, zerkleinern. Rote Bete nach Belieben aber auch schälen, in Scheiben schneiden, in etwas Wasser gar kochen.
Rotkohl	Die äußeren Blätter und die schlechten Stellen entfernen, den Kopf halbieren, den Strunk herausschneiden, jede Hälfte kurz waschen, möglichst fein schneiden oder hobeln.
Schwarzwurzeln	Unter fließendem, kaltem Wasser mit einer Bürste reinigen, die dunkle Haut abschaben, die Schwarzwurzeln nochmals kurz waschen, sofort bis zum Kochen in mit etwas Mehl verrührtes Essigwasser legen (verfärben sich sonst).
Sellerie	Unter fließendem, kaltem Wasser mit einer Bürste reinigen, roh verwenden oder mit der Schale gar kochen. Sie sofort mit kaltem Wasser übergießen, damit sich die Schalen besser abziehen lassen. Die erkalteten Knollen, je nach Rezeptangabe, weiter verarbeiten. Sellerie nach Belieben aber auch schälen, in Scheiben schneiden, in etwas Wasser gar kochen.
Spargel	Die einzelnen Stangen unten, so weit sie holzig sind, abschneiden, sie dann schälen, und zwar unterhalb des Kopfes beginnen, die Stangen anschließend kurz waschen.
Spinat/Melde	Sorgfältig verlesen, dabei sämtliche Wurzeln und die besonders großen Stengel entfernen, den Spinat mindestens 5–6 mal sorgfältig waschen, ohne Wasser kochen.
Staudensellerie	Die einzelnen Stengel am Wurzelansatz abschneiden, bei den äußeren kräftigen Stengeln evtl. die gröbsten Fasern abziehen, braune Stengel entfernen.
Steckrüben (Kohlrüben, Wruken)	Schälen, waschen, in Stücke schneiden.
Tomaten	Blüten und Stengelansätze entfernen, die Tomaten waschen. Sollen die Tomaten enthäutet werden, sie kurze Zeit in kochendes Wasser legen (nicht kochen lassen), in kaltem Wasser abschrecken, enthäuten.

Weißkohl/Wirsing Die äußeren Blätter und die schlechten Stellen entfernen, den Kopf halbieren, den Strunk herausschneiden, jede Hälfte kurz waschen, möglichst fein schneiden oder hobeln.

Zucchini Bei einer Länge bis zu 8 cm können die Zucchini mit der Schale zubereitet werden, größere und ältere Früchte sollten immer geschält werden.

Zwiebeln Die äußere Haut abziehen.

Gedünstetes Gemüse

Regeln 1. Das vorbereitete Gemüse in Fett anschwitzen, mit möglichst wenig Wasser im geschlossenen Topf garen; manche Gemüse ohne Wasser garen (z. B. Spinat).

2. Gemüse so kurz wie möglich dünsten, durch lange Garzeit wird es entwertet.

Möhren
(Wurzeln)

1 kg Möhren schrappen, waschen, in Scheiben oder Stifte schneiden (wenn sie noch jung und zart sind, ganz lassen)
50 g Butter oder Margarine zerlassen, die Möhren kurze Zeit darin andünsten
125 ml (1/8 l) Wasser
Salz
1 gestrichenen Teel. Zucker hinzufügen, gar dünsten lassen
die Möhren mit Salz, Zucker abschmecken, mit
1 Eßl. gehackter Petersilie bestreuen

Dünstzeit
für junge Möhren: Etwa 25 Minuten
für ältere Möhren: 30–40 Minuten.

Pro Portion: E: 2 g, F: 11 g, Kh: 19 g
kJ: 757, kcal: 181.

Grüne Bohnen
(Schnitt- oder Brechbohnen)

	Für Schnittbohnen eine flache, breite Sorte, am besten Stangenbohnen, nehmen für Brechbohnen die runden, fleischigen, sogenannten Speckbohnen, nehmen
1 kg Grüne Bohnen	abfädeln, waschen, schneiden oder brechen
1 mittelgroße Zwiebel	abziehen, würfeln
40 g Butter oder Margarine	zerlassen, die Zwiebel darin hellgelb rösten die Bohnen dazugeben, andünsten
125 ml (1/8 l) Wasser *Salz, Pfeffer*	hinzufügen, gar dünsten lassen die Bohnen mit Salz, Pfeffer abschmecken, mit
1 Eßl. gehackter Petersilie	bestreuen
Dünstzeit:	25–45 Minuten. Pro Portion: E: 6 g, F: 9 g, Kh: 13 g kJ: 669, kcal: 160.
Veränderung:	250 g in Stücke geschnittene Tomaten 10 Minuten mitdünsten.

Leipziger Allerlei

125 g Möhren (Karotten)	schrappen, große Möhren evtl. kleinschneiden
125 g Spargel	schälen, in Stücke schneiden
1 mittelgroße Kohlrabi (150 g)	schälen, in Scheiben schneiden
1 kleinen Kopf Blumenkohl (500 g)	putzen, in Röschen teilen
125 g ausgepalte Erbsen (375 g mit Hülsen)	
	das Gemüse waschen, abtropfen lassen
40 g Butter oder Margarine	zerlassen, das Gemüse darin andünsten
125 ml (1/8 l) Wasser *Salz, Zucker*	hinzufügen, gar dünsten lassen das Gemüse mit Salz, Zucker abschmecken, mit
1 Eßl. gehackter Petersilie	bestreuen
Dünstzeit:	Etwa 30 Minuten. Pro Portion: E: 6 g, F: 9 g, Kh: 12 g kJ: 632, kcal: 151.
Veränderung:	Ansehnlicher bleibt das Gemüse, wenn es einzeln gedämpft und dann zusammen in zerlassener Butter geschwenkt wird.

Kohlrabi

1 kg Kohlrabi	schälen, waschen, in Streifen schneiden
40 g Butter oder Margarine	zerlassen, die Kohlrabi darin andünsten
125 ml (1/8 l) Wasser	
Salz	
geriebene Muskatnuß	hinzufügen, gar dünsten lassen
	die Kohlrabi mit Salz, Muskatnuß abschmecken, mit
1 Eßl. gehackter Petersilie	bestreuen
Dünstzeit:	25–40 Minuten.
	Pro Portion: E: 3 g, F: 8 g, Kh: 7 g kJ: 506, kcal: 121.
Veränderung:	Die Kohlrabistreifen in 500 ml (1/2 l) Wasser weich kochen, in einer hellen Grundsoße (S. 67) anrichten.

Tomaten

750 g mittelgroße, feste Tomaten	kurze Zeit in kochendes Wasser legen (nicht kochen lassen), in kaltem Wasser abschrecken, enthäuten, die Stengelansätze herausschneiden
50 g Butter oder Margarine	zerlassen, die Tomaten nebeneinander hineinstellen, mit
Salz, Pfeffer	bestreuen, gar dünsten lassen, mit
1 Eßl. gehackter Petersilie	bestreuen
Dünstzeit:	Etwa 15 Minuten.
	Pro Portion: E: 2 g, F: 10 g, Kh: 6 g kJ: 544, kcal: 130.

Junge Erbsen

1 kg ausgepalte Erbsen (2 1/2 kg mit Hülsen)	waschen
40 g Butter oder Margarine	zerlassen, die Erbsen darin andünsten
125 ml (1/8 l) Wasser	
Salz, Zucker	hinzufügen, gar dünsten lassen
	die Erbsen mit Salz, Zucker abschmecken, mit
1 Eßl. gehackter Petersilie	bestreuen
Dünstzeit:	15–25 Minuten.
	Pro Portion: E: 17 g, F: 9 g, Kh: 32 g kJ: 1226, kcal: 293.

Rotkohl

	Von
1 kg Rotkohl	die groben äußeren Blätter ablösen, den Kopf vierteln, den Strunk herausschneiden, den Kohl waschen, sehr fein schneiden oder hobeln
1 große Zwiebel	abziehen, würfeln
3 mittelgroße saure Äpfel	schälen, vierteln, entkernen, kleinschneiden
60 g Schweineschmalz	zerlassen, die Zwiebel darin hellgelb rösten, den Kohl dazugeben, andünsten, Äpfel,
1 Lorbeerblatt	
einige Gewürznelken	
Salz, Zucker	
2 Eßl. Essig	
125 ml (1/8 l) Wasser	hinzufügen, gar dünsten lassen
1 gestrichenen Teel.	
Speisestärke, z. B. Gustin	mit
1 Eßl. kaltem Wasser	anrühren, den Rotkohl damit binden, mit Salz, Zucker,
Essig	abschmecken
Dünstzeit:	Etwa 2 Stunden.
	Pro Portion: E: 4 g, F: 14 g, Kh: 22 g kJ: 958, kcal: 229.
Veränderung:	Anstelle von Wasser, Weiß- oder Rotwein nehmen: evtl. auch 1 Eßl. Johannisbeergelee mitkochen oder 2 Eßl. Preiselbeerkompott unterrühren.

Wirsing

	Von
1 kg Wirsing	die groben äußeren Blätter ablösen, den Kopf achteln, den Strunk herausschneiden, den Kohl waschen, in Streifen schneiden
1 mittelgroße Zwiebel	abziehen, würfeln
75 g Margarine, z. B. Sanella	zerlassen, die Zwiebel darin hellgelb rösten, den Kohl dazugeben, andünsten
125 ml (1/8 l) Wasser	
Salz, Pfeffer	hinzufügen, gar dünsten lassen
1 gestrichenen Teel.	
Speisestärke, z. B. Gustin	mit
1 Eßl. kaltem Wasser	anrühren, den Wirsing damit binden, mit Salz, Pfeffer abschmecken, mit
1 Eßl. gehackter Petersilie	bestreuen
Dünstzeit	
für jungen Wirsing:	Etwa 45 Minuten
für älteren Wirsing:	50–90 Minuten.
	Pro Portion: E: 6 g, F: 16 g, Kh: 9 g kJ: 866, kcal: 207.

Weißkohl

	Von
1 kg Weißkohl	die groben äußeren Blätter ablösen, den Kopf achteln, den Strunk herausschneiden, den Kohl waschen, sehr fein schneiden oder hobeln
1 mittelgroße Zwiebel	abziehen, würfeln
75 g Margarine, z. B. Sanella	zerlassen, die Zwiebel darin hellgelb rösten, Kohl,
1 Teel. Kümmel	dazugeben, andünsten
125 ml (1/8 l) Wasser	
Salz	hinzufügen, gar dünsten lassen
1 gestrichenen Teel.	
Speisestärke, z. B. Gustin	mit
1 Eßl. kaltem Wasser	anrühren, den Weißkohl damit binden, mit Salz abschmecken
Dünstzeit	
für jungen Weißkohl:	50–60 Minuten
für älteren Weißkohl:	60–90 Minuten.
	Pro Portion: E: 3 g, F: 16 g, Kh: 10 g kJ: 812, kcal: 194.

Grünkohl

	Grünkohl schmeckt am besten, wenn er Frost bekommen hat
1 kg vorbereiteten Grünkohl	
(Stiele entfernt)	gründlich waschen, in kochendes Wasser geben, zum Kochen bringen, gut aufkochen lassen, sofort abgießen, grob oder fein schneiden
2 kleine Zwiebeln	abziehen, würfeln
75 g Schweineschmalz	zerlassen, die Zwiebeln darin hellgelb rösten, den Kohl dazugeben, andünsten
500 ml (1/2 l) Wasser	
Salz	
20 g Haferflocken	hinzufügen, gar dünsten lassen den Kohl mit Salz abschmecken
Dünstzeit:	1–1 1/2 Stunden.
	Pro Portion: E: 12 g, F: 19 g, Kh: 17 g kJ: 1226, kcal: 293.

Porree

(Lauch)
(Abb. nebenstehend)

1 kg Porree	putzen, waschen, in fingerlange Stücke schneiden
50 g Butter oder Margarine	zerlassen, den Porree darin andünsten
125 ml (1/8 l) Wasser	
Salz	
geriebene Muskatnuß	hinzufügen, gar dünsten lassen
	den Porree mit Salz, Muskatnuß abschmecken, mit
1 Eßl. gehackter Petersilie	bestreuen
Dünstzeit:	Etwa 30 Minuten.
	Pro Portion: E: 3 g, F: 11 g, Kh: 9 g kJ: 623, kcal: 149.

Pilze

	Von
1 kg Pilzen (z. B. Champignons, Maronen)	die Stiele abschaben, dunkle und madige Stellen entfernen, die Pilze waschen
2 mittelgroße Zwiebeln	abziehen
40 g durchwachsener Speck	
	beide Zutaten in Würfel schneiden
	den Speck auslassen
30 g Margarine, z. B. Sanella	hinzufügen, zerlassen, die Zwiebeln darin hellgelb rösten, die Pilze dazugeben, mit
Salz, Pfeffer	würzen, gar dünsten lassen
	die Pilze mit Salz, Pfeffer abschmecken, mit
1 Eßl. gehackter Petersilie	bestreuen
Dünstzeit:	20–30 Minuten.
	Pro Portion: E: 8 g, F: 13 g, Kh: 9 g kJ: 799, kcal: 191.
Veränderung:	Sollten die Pilze zu viel Flüssigkeit gezogen haben, sie mit Speisestärke, z. B. Gustin, angerührt mit kaltem Wasser, binden.

Rosenkohl

	Von
1 kg Rosenkohl	die beschädigten und fleckigen äußeren Blättchen entfernen, etwas vom Strunk abschneiden, die Rosenkohlröschen kreuzförmig einschneiden, waschen
40 g Butter oder Margarine	zerlassen, den Rosenkohl darin andünsten
125 ml (1/8 l) Wasser *Salz* *geriebene Muskatnuß*	hinzufügen, gar dünsten lassen den Rosenkohl mit Salz, Muskatnuß abschmecken
Dünstzeit:	20–30 Minuten. Pro Portion: E: 9 g, F: 9 g, Kh: 14 g kJ: 753, kcal: 180.
Veränderung:	Den Rosenkohl dämpfen oder in Salzwasser gar kochen, vor dem Anrichten vorsichtig in zerlassener Butter schwenken.

Spinat

*1 kg Spinat**	verlesen, 5–6 mal gründlich waschen, ihn ohne Wasser zum Kochen bringen, dann grob oder fein schneiden oder durch den Fleischwolf drehen
1 kleine Zwiebel	abziehen, fein würfeln
40 g Butter oder Margarine	zerlassen, die Zwiebel darin hellgelb rösten, den Spinat dazugeben, mit
Salz, Pfeffer	würzen, gar dünsten lassen
1 gestrichenen Teel. Speisestärke, z. B. Gustin	mit
1 Eßl. kaltem Wasser	anrühren, den Spinat damit binden, mit Salz abschmekken
2 Eßl. Sahne	unterrühren
Dünstzeit:	Etwa 10 Minuten. Pro Portion: E: 6 g, F: 11 g, Kh: 9 g kJ: 665, kcal: 159.
Veränderung:	Falls der Spinat etwas bitter ist, den entstandenen Saft weggießen, so viel Milch dazugeben, wie der Spinat aufnimmt.

** Empfehlenswert ist tiefgekühlter Spinat*

Melde

1 kg Melde	verlesen, gründlich waschen, ohne Wasser zum Kochen bringen, dann grob oder fein schneiden oder durch den Fleischwolf drehen
1 kleine Zwiebel	abziehen, fein würfeln
40 g Butter oder Margarine	zerlassen, die Zwiebel darin hellgelb rösten, die Melde dazugeben, mit
Salz	würzen, gar dünsten lassen
1 gestrichenen Teel. Speisestärke, z. B. Gustin	mit
1 Eßl. kaltem Wasser	anrühren, die Melde damit binden, mit Salz abschmekken
2 Eßl. Sahne	hinzufügen
Dünstzeit:	Etwa 10 Minuten.
	Pro Portion: E: 6 g, F: 11 g, Kh: 9 g kJ: 665, kcal: 159.

Mangold

1 kg Mangold	verlesen, die Stengel abziehen, die Blätter gründlich waschen, ohne Wasser zum Kochen bringen, dann grob oder fein schneiden oder durch den Fleischwolf drehen
1 kleine Zwiebel	abziehen, fein würfeln
40 g Butter oder Margarine	zerlassen, die Zwiebel darin hellgelb rösten, den Mangold dazugeben, mit
Salz	würzen, gar dünsten lassen
1 gestrichenen Teel. Speisestärke, z. B. Gustin	mit
1 Eßl. kaltem Wasser	anrühren, den Mangold damit binden, mit Salz abschmecken
2 Eßl. Sahne	hinzufügen
Dünstzeit:	Etwa 10 Minuten.
	Pro Portion: E: 5 g, F: 16 g, Kh: 7 g kJ: 632, kcal: 151.
Veränderung:	Die Mangoldstengel in Holländischer Soße (S. 68), mit 1 Eßl. geriebenem Käse abgeschmeckt, anrichten.

Große Bohnen

750 g ausgepalte Große Bohnen (2½–3 kg mit Hülsen)	
1 Stengel Bohnenkraut	beide Zutaten waschen
40 g Butter oder Margarine	zerlassen, die Bohnen darin andünsten, Bohnenkraut,
125 ml (1/8 l) Wasser	
Salz	hinzufügen, gar dünsten lassen
	die Bohnen mit Salz abschmecken, mit
1 Eßl. gehackter Petersilie	bestreuen
Dünstzeit:	Etwa 40 Minuten.
	Pro Portion: E: 4 g, F: 8 g, Kh: 10 g kJ: 590, kcal: 141.

Steckrüben

(Kohlrüben, Wruken)

1 Steckrübe (1 kg)	schälen, waschen, in kleinfingerdicke Stücke von 3–4 cm Länge schneiden
60 g Margarine, z. B. Sanella	zerlassen
1 gestrichenen Teel. Zucker	darin bräunen lassen, die Steckrüben darin andünsten
125 ml (1/8 l) Wasser	
Salz, Pfeffer	hinzufügen, gar dünsten lassen
1 gestrichenen Teel. Speisestärke, z. B. Gustin	mit
1 Eßl. kaltem Wasser	anrühren, die Steckrüben damit binden, mit Salz abschmecken, mit
1 Eßl. gehackter Petersilie	bestreuen
Dünstzeit:	30–60 Minuten.
	Pro Portion: E: 3 g, F: 12 g, Kh: 17 g kJ: 799, kcal: 191.

Zwiebeln

(Abb. S. 133)

750 g Gemüsezwiebeln (vorbereitet gewogen)	abziehen, halbieren, in Scheiben schneiden
50 g Butter oder Margarine	zerlassen, die Zwiebeln darin hellgelb andünsten
125 ml (1/8 l) Fleischbrühe (zubereitet aus Brühwürfeln)	
125 ml (1/8 l) Weißwein	hinzugießen, gar dünsten lassen, die Zwiebeln mit
Salz, Zucker	abschmecken
2 schwach gehäufte Eßl. Crème fraîche (30% Fett)	unterrühren, mit
1 Eßl. gehackter Petersilie	bestreuen
Dünstzeit:	30–40 Minuten.
	Pro Portion: E: 3 g, F: 15 g, Kh: 18 g kJ: 1042, kcal: 249.

Zucchini-Zwiebel-Tomatengemüse

250 g Gemüsezwiebeln	abziehen, halbieren
250 g Zucchini	waschen, halbieren
	beide Zutaten in Scheiben schneiden
250 g Tomaten	waschen, die Stengelansätze herausschneiden, die Tomaten in Achtel schneiden
3 Eßl. Speiseöl	erhitzen, die Zwiebeln darin andünsten, die Zucchini hinzufügen, etwa 5 Minuten mitdünsten lassen
	Tomaten,
Salz, Pfeffer, Zucker	hinzufügen, gar dünsten lassen
	das Gemüse mit Salz, Pfeffer, Zucker,
Oregano	
Basilikum	abschmecken
Dünstzeit:	Etwa 15 Minuten.
	Pro Portion: E: 2 g, F: 11 g, Kh: 11 g kJ: 640, kcal: 153.

Gurken

1 kg Salatgurken	schälen, halbieren, die Gurken in 2 cm breite Stücke schneiden
2 mittelgroße Tomaten	kurze Zeit in kochendes Wasser legen (nicht kochen lassen), in kaltem Wasser abschrecken, enthäuten, die Stengelansätze herausschneiden, die Tomaten in kleine Stücke schneiden
2 mittelgroße Zwiebeln	abziehen, würfeln
50 g Margarine, z. B. Sanella	zerlassen, die Zwiebeln darin andünsten, Gurken,
125 ml (1/8 l) Wasser	
Salz, Pfeffer	hinzufügen, dünsten lassen
	10 Minuten vor Beendigung der Dünstzeit die Tomaten hinzufügen, gar dünsten lassen
1 schwach gehäuften Eßl. Crème fraîche (30% Fett)	unterrühren
	das Gemüse mit Salz, Pfeffer abschmecken, mit
1 Eßl. gehacktem Dill	bestreuen
Dünstzeit:	Etwa 30 Minuten.
	Pro Portion: E: 2 g, F: 13 g, Kh: 6 g kJ: 628, kcal: 150.

Chicorée

500 g Chicorée von schlechten Blättern befreien, halbieren, die festen, kleinen Keile herausschneiden, weil sie bitter schmekken
den Chicorée waschen, gut abtropfen lassen
50 g Butter oder Margarine zerlassen, den Chicorée darin andünsten
125 ml (1/8 l) Fleischbrühe (zubereitet aus Brühwürfeln)
Salz, Pfeffer hinzufügen, gar dünsten lassen
2 gestrichene Teel. Speisestärke, z. B. Gustin mit
2 Eßl. Sahne anrühren, die Flüssigkeit damit binden, mit Salz, Pfeffer abschmecken, mit
2 Eßl. gehackter Petersilie bestreuen
Dünstzeit: Etwa 15 Minuten.
Pro Portion: E: 2 g, F: 13 g, Kh: 4 g
kJ: 594, kcal: 142.

Gekochtes Gemüse

Regeln 1. Gemüse möglichst nicht in Wasser kochen, da Nähr- und Geschmacksstoffe ausgelaugt werden. Gemüse dämpfen oder dünsten. Sollte Gemüse doch gekocht werden, es in kochendes Wasser geben.

2. Bei Verwendung von Wasser, dieses salzen, da Salz die auslaugende Wirkung des Wassers einschränkt.

3. Die im Rezept angegebene Wassermenge mit etwas Salz in einen Kochtopf geben, zum Kochen bringen. Das vorbereitete Gemüse hineinlegen, den Topf mit einem Deckel verschließen, bei schwacher Hitze garen.

Fenchel

	Von
1 kg Fenchelknollen	die Stiele dicht oberhalb der Knollen abschneiden, braune Stellen und Blätter entfernen, die Wurzelenden gerade schneiden, die Knollen waschen, in
250 ml (1/4 l) kochendes Salzwasser	geben, zum Kochen bringen, gar kochen lassen die Knollen in Viertel schneiden, auf eine vorgewärmte Platte legen, warm stellen
75 g Butter	zerlassen, bräunen lassen, mit Salz abschmecken, über die Fenchelviertel gießen
Kochzeit:	Etwa 40 Minuten. Pro Portion: E: 6 g, F: 16 g, Kh: 21 g kJ: 1092, kcal: 261.

Blumenkohl mit Holländischer Soße

1 mittelgroßen Kopf Blumenkohl (750 g)	von Blättern, schlechten Stellen und dem Strunk befreien, unter fließendem, kaltem Wasser waschen, einige Zeit in
kaltes Salzwasser	legen, um Raupen und Insekten zu entfernen den Blumenkohl mit dem Strunk nach unten in
500 ml (1/2 l) kochendes Salzwasser	geben, zum Kochen bringen, gar kochen lassen den Blumenkohl in eine vorgewärmte Schüssel geben, warm stellen von dem Kochwasser 250 ml (1/4 l) abmessen (evtl. mit Wasser ergänzen)
	für die Holländische Soße
20 g Butter oder Margarine	zerlassen
20 g Weizenmehl	unter Rühren so lange darin erhitzen, bis es hellgelb ist
250 ml (1/4 l) Kochwasser von dem Blumenkohl	hinzugießen, mit einem Schneebesen durchschlagen, darauf achten, daß keine Klumpen entstehen, die Soße zum Kochen bringen, etwa 5 Minuten kochen lassen
1 Eigelb	mit
2 Eßl. kaltem Wasser	verschlagen, die Soße damit abziehen (nicht mehr kochen lassen), mit
Salz	
1/2–1 Eßl. Zitronensaft	abschmecken die Soße über den Blumenkohl geben
Kochzeit für den Blumenkohl:	25–30 Minuten
für die Holländische Soße:	Etwa 5 Minuten. Pro Portion: E: 4 g, F: 6 g, Kh: 8 g kJ: 448, kcal: 107.
Veränderung:	Anstelle der Holländischen Soße 60 g Butter zerlassen, nach Belieben bräunen, zu dem Blumenkohl reichen.

Broccoli

(Abb. S. 119)

	Von
750 g Broccoli	die Blätter entfernen, die Stengel am Strunk schälen, bis kurz vor den Röschen kreuzweise einschneiden, waschen
500 ml (1/2 l) Wasser	
Salz	
geriebene Muskatnuß	zum Kochen bringen, den Broccoli hineingeben, zum Kochen bringen, gar kochen lassen den garen Broccoli mit einem Schaumlöffel vorsichtig herausnehmen, in eine vorgewärmte Schüssel geben, warm stellen
75 g Butter	zerlassen
2 hartgekochte Eier	pellen, kleinhacken die Zutaten über den Broccoli verteilen
Kochzeit:	15–20 Minuten. Pro Portion: E: 7 g, F: 19 g, Kh: 5 g kJ: 950, kcal: 227.

Schwarzwurzeln

1 kg Schwarzwurzeln	unter fließendem, kaltem Wasser bürsten, schrappen, waschen damit die Stangen weiß bleiben,
1 l kaltes Wasser	
2 gestrichene Eßl. Weizenmehl	
2 Eßl. Essig	verrühren, die Schwarzwurzeln einige Zeit hineinlegen, abtropfen lassen, in Stücke schneiden
375 ml (3/8 l) Wasser	
1 Teel. Salz	
2 Eßl. Essig	zum Kochen bringen, die Schwarzwurzeln hineingeben, zum Kochen bringen, gar kochen lassen die Schwarzwurzeln in eine vorgewärmte Schüssel geben, warm stellen von dem Kochwasser 375 ml (3/8 l) abmessen (evtl. mit Wasser ergänzen)
	für die Soße
30 g Butter oder Margarine	zerlassen
35 g Weizenmehl	unter Rühren so lange darin erhitzen, bis es hellgelb ist

375 ml ($^3/_8$ l) Kochwasser von den Schwarzwurzeln	
125 ml ($^1/_8$ l) Milch	hinzugießen, mit einem Schneebesen durchschlagen, darauf achten, daß keine Klumpen entstehen, die Soße zum Kochen bringen, etwa 5 Minuten kochen lassen
1 Eigelb	mit
2 Eßl. kaltem Wasser	verschlagen, die Soße damit abziehen (nicht mehr kochen lassen), mit Salz abschmecken die Schwarzwurzeln in der Soße anrichten
Kochzeit	
für die Schwarzwurzeln:	50–65 Minuten
für die Soße:	Etwa 5 Minuten.
	Pro Portion: E: 5 g, F: 9 g, Kh: 31 g kJ: 962, kcal: 230.

Staudensellerie

	Von
1 kg Staudensellerie	die Wurzelansätze abschneiden, bei den äußeren kräftigen Stengeln evtl. die gröbsten Fasern abziehen, braune Stellen entfernen, die Stengel in etwa 5 cm lange Stücke schneiden, in
500 ml ($^1/_2$ l) kochendes Salzwasser	geben, zum Kochen bringen, gar kochen lassen den Staudensellerie in eine vorgewärmte Schüssel geben, warm stellen das Kochwasser mit Wasser auf 500 ml ($^1/_2$ l) auffüllen
	für die Soße
30 g Butter oder Margarine	zerlassen
35 g Weizenmehl	unter Rühren so lange darin erhitzen, bis es hellgelb ist
500 ml ($^1/_2$ l) Kochwasser von dem Staudensellerie	hinzugießen, mit einem Schneebesen durchschlagen, darauf achten, daß keine Klumpen entstehen, die Soße zum Kochen bringen, etwa 5 Minuten kochen lassen
1 Eigelb	mit
3 Eßl. Weißwein	verschlagen, die Soße damit abziehen (nicht mehr kochen lassen), mit
Salz	
geriebener Muskatnuß	abschmecken den Staudensellerie in der Soße anrichten
Kochzeit	
für den Staudensellerie:	Etwa 25 Minuten
für die Soße:	Etwa 5 Minuten.
	Pro Portion: 4 g, F: 8 g, Kh: 11 g kJ: 619, kcal: 148.

Spargel

	Spargel muß zartweiß aussehen, sich leicht brechen lassen und an den Bruchstellen saftig sein
1 kg Spargel	von oben nach unten schälen, darauf achten, daß die Schalen vollständig entfernt, die Köpfe aber nicht verletzt werden die unteren Enden gerade und alle Stangen möglichst gleichlang schneiden (holzige Stellen vollkommen wegschneiden) den Spargel waschen, zu je 8 Stück bündeln
375 ml (3/8 l) Wasser *(bei Strom 250 ml – 1/4 l –)* *1 Teel. Salz* *Zucker*	zum Kochen bringen, den Spargel hineingeben, zum Kochen bringen, gar kochen lassen den garen Spargel mit einem Schaumlöffel vorsichtig herausnehmen, auf eine vorgewärmte Platte legen, die Fäden entfernen
60 g Butter	zerlassen, nach Belieben bräunen
50 g Semmelmehl	darin rösten, zu dem Spargel reichen
Kochzeit:	20–30 Minuten. Pro Portion: E: 5 g, F: 13 g, Kh: 14 g kJ: 820, kcal: 196.
Beigabe:	Roher Schinken, Kalbsschnitzel oder Kotelett.
Veränderung:	Holländische Soße (S. 68) zu dem Spargel reichen, ihn dann nur mit gehackter Petersilie bestreuen.

Sauerkraut mit Eisbein

1 kg Eisbein	waschen, in
500 ml (1/2 l) Salzwasser	geben, zum Kochen bringen, etwa $1\frac{1}{2}$ Stunden kochen lassen
750 g Sauerkraut	lockerzupfen
1 mittelgroße Zwiebel	abziehen beide Zutaten mit
1 Lorbeerblatt *3 Gewürznelken*	in die Kochbrühe unter das Eisbein geben, zum Kochen bringen, noch etwa 1 Stunde kochen lassen
1 mittelgroße Kartoffel	schälen, waschen, reiben, zu dem Sauerkraut geben, kurz aufkochen lassen, damit es sämig wird das Sauerkraut mit
Salz, Pfeffer, Zucker	abschmecken
Kochzeit:	Etwa $2\frac{1}{2}$ Stunden. Pro Portion: E: 32 g, F: 36 g, Kh: 12 g kJ: 2251, kcal: 538.
Beigabe:	Kartoffelbrei (S. 255), Erbsenbrei (S. 246)

Gebackenes Gemüse

Blumenkohl, überbacken

1 Kopf Blumenkohl (750 g vorbereitet gewogen)	von Blättern, schlechten Stellen und dem Strunk befreien, den Kohl unter fließendem, kaltem Wasser waschen, einige Zeit in
kaltes Salzwasser	legen, um Raupen und Insekten zu entfernen
	den Blumenkohl mit dem Strunk nach unten in
500 ml (1/2 l) kochendes Salzwasser	geben, zum Kochen bringen, gar kochen lassen
	den garen Blumenkohl in Röschen teilen, in eine gefettete Auflaufform geben
	für die Soße
50 g Margarine, z. B. Sanella	zerlassen
40 g Weizenmehl	unter Rühren so lange darin erhitzen, bis es hellgelb ist
250 ml (1/4 l) Milch *500 ml (1/2 l) Fleischbrühe (zubereitet aus Brühwürfeln)*	hinzugießen, mit einem Schneebesen durchschlagen, darauf achten, daß keine Klumpen entstehen
	die Soße zum Kochen bringen, etwa 5 Minuten kochen lassen, mit
Salz, Pfeffer *geriebener Muskatnuß*	abschmecken
150 g Käse, z. B. Gouda	reiben
150 g gekochten Schinken	in Streifen schneiden
	beide Zutaten unterrühren
	die Soße über den Blumenkohl geben, mit
20 g Semmelmehl	bestreuen
30 g Butter	in Flöckchen darauf setzen
	die Auflaufform auf dem Rost in den Backofen schieben
Kochzeit für den Blumenkohl:	25–30 Minuten
für die Soße:	Etwa 5 Minuten
Einstellung für den Backofen	
Strom:	200–225
Gas:	3–4
Backzeit:	Etwa 20 Minuten.
	Pro Portion: E: 24 g, F: 35 g, Kh: 21 g kJ: 2142, kcal: 512.

Auberginen, gebraten

	Von
2–3 Auberginen (375 g)	die Stielansätze abschneiden, die Auberginen waschen, in etwa 2 mm dicke Scheiben schneiden, mit
Salz	bestreuen, etwa 30 Minuten stehenlassen, damit die im Fruchtfleisch enthaltenen Bitterstoffe herausziehen die Auberginenscheiben abtropfen lassen, mit
Zitronensaft	beträufeln, trockentupfen, zunächst in
75 g Weizenmehl	dann in
2 verschlagenen Eiern	
100 g Semmelmehl	wenden
100 g Butter oder Margarine	zerlassen, die Auberginenscheiben von beiden Seiten darin goldbraun braten
Bratzeit:	4–5 Minuten.
	Pro Portion: E: 9 g, F: 24 g, Kh: 39 g kJ: 1778, kcal: 425.

Gefülltes Gemüse

Regeln

1. Ausgehöhlte Knollen (Kohlrabi, Sellerie), ausgehöhlte Früchte (Tomaten, Gurken) oder Kohlblätter (Wirsing, Weißkohl) füllen.

2. Das Gemüse vor dem Füllen evtl. dünsten.

3. Gleichgroße Knollen und Früchte wählen, um ein gleichzeitiges Garwerden zu erreichen.

4. Gefülltes Gemüse schmoren oder dünsten.

5. Gefülltes Gemüse evtl. zur Garnierung großer Fleisch- und Gemüseplatten verwenden.

Gefüllte Kohlrabi

8 mittelgroße Kohlrabi ($1^{1}/_{4}$ kg)	schälen, waschen, von den Kohlrabi einen Deckel abschneiden, das Innere vorsichtig aushöhlen (2 Eßl. zur Füllung und den Rest nach Belieben für eine Suppe verwenden)
	für die Füllung
$^{1}/_{2}$ Brötchen (Semmel)	in kaltem Wasser einweichen, gut ausdrücken
1 mittelgroße Zwiebel	abziehen, würfeln
1 mittelgroße Tomate	kurze Zeit in kochendes Wasser legen (nicht kochen lassen), in kaltem Wasser abschrecken, enthäuten, den Stengelansatz herausschneiden, die Tomate in Würfel schneiden
125 g Pfifferlinge (aus der Dose)	abtropfen lassen, kleinschneiden
1 hartgekochtes Ei	pellen, in Würfel schneiden
100 g Fleischwurst (im Stück)	enthäuten, in feine Streifen schneiden die Zutaten und das Kohlrabifleisch mit
125 g Hackfleisch (halb Rind-, halb Schweinefleisch)	vermengen, mit
Salz, Pfeffer	
geriebener Muskatnuß	abschmecken die Füllung in die Kohlrabi geben, die Deckel wieder darauf legen
50 g Margarine, z. B. Sanella	zerlassen, die Kohlrabi nebeneinander hineinstellen, leicht anbräunen
250 ml ($^{1}/_{4}$ l) heiße Fleischbrühe (zubereitet aus Brühwürfeln)	hinzugießen, gar schmoren lassen die Kohlrabi in einer vorgewärmten Schüssel anrichten, warm stellen
2 schwach gehäufte Teel. Speisestärke, z. B. Gustin	mit
1 Becher (150 g) saurer Sahne (10% Fett)	anrühren, die Flüssigkeit damit binden, die Soße mit Salz abschmecken, über die Kohlrabi verteilen
1 Eßl. feingeschnittenen Schnittlauch	darüber streuen
Schmorzeit:	45–60 Minuten.
	Pro Portion: E: 17 g, F: 31 g, Kh: 18 g kJ: 1837, kcal: 439.

Kohlrouladen

	Von
$1\,^1/_2$ kg Weißkohl	den Keil herausschneiden, den Kopf kurze Zeit in
kochendes Salzwasser	legen, bis sich die äußeren Blätter lösen, diesen Vorgang wiederholen, bis die Blätter alle gelöst sind, abtropfen lassen die dicken Rippen flach schneiden
	für die Füllung
1 Brötchen (Semmel)	in kaltem Wasser einweichen, gut ausdrücken
1 mittelgroße Zwiebel	abziehen, würfeln
1 Ei	
	die Zutaten mit
250 g Hackfleisch (halb Rind-, halb Schweinefleisch)	vermengen, mit
Salz, Pfeffer	abschmecken 2–3 große Kohlblätter übereinanderlegen, einen Teil der Füllung darauf geben, die Blätter aufrollen die Rouladen mit einem Faden umwickeln oder mit Rouladennadeln zusammenhalten
75 g Margarine, z. B. Sanella	erhitzen, die Rouladen von allen Seiten gut darin bräunen, etwas von
500 ml ($^1/_2$ l) heißem Wasser	hinzugießen, die Rouladen schmoren lassen, von Zeit zu Zeit wenden, verdampfte Flüssigkeit nach und nach ersetzen wenn die Rouladen gar sind, die Fäden (Rouladennadeln) entfernen die Rouladen auf einer vorgewärmten Platte anrichten
1 gestrichenen Eßl. Speisestärke, z. B. Gustin	mit
2 Eßl. kaltem Wasser	anrühren, die Flüssigkeit damit binden, die Soße mit Salz abschmecken
Schmorzeit:	Etwa 2 Stunden. Pro Portion: E: 19 g, F: 33 g, Kh: 22 g kJ: 2000, kcal: 478.

Gefüllte Paprikaschoten

4 große Paprikaschoten (1 kg)	entstielen, von den Schoten einen Deckel abschneiden, Kerne und weiße Scheidewände entfernen, die Schoten waschen, abtrocknen, mit einer Nadel einige Male in den Boden jeder Paprikaschote stechen
	für die Füllung
50 g Brühreis (Langkorn)	waschen, in
250 ml (1/4 l) kochendes Salzwasser	geben, zum Kochen bringen, ausquellen lassen (er muß noch körnig sein), den garen Reis zum Abtropfen auf ein Sieb geben, mit kaltem Wasser übergießen
1 kleine Zwiebel	abziehen, würfeln
1 Ei	
	die Zutaten mit
375 g Hackfleisch (halb Rind-, halb Schweinefleisch)	vermengen, mit
Salz, Pfeffer	abschmecken
	die Füllung in die Schoten geben, die Deckel wieder darauf legen
1 kleine Zwiebel	abziehen, würfeln
4 Eßl. Olivenöl	erhitzen, die Zwiebel darin andünsten
	die Paprikaschoten nebeneinander hineinstellen
200 g Tomaten	waschen, die Stengelansätze herausschneiden, die Tomaten in Stücke schneiden, dazugeben
375 ml (3/8 l) heißes Wasser	hinzugießen, das Gemüse gar dünsten lassen
	die Paprikaschoten auf einer vorgewärmten Platte anrichten, warm stellen
	die Tomatensoße durch ein Sieb streichen, 500 ml (1/2 l) davon abmessen (evtl. mit Wasser ergänzen), zum Kochen bringen
2 gestrichene Eßl. Speisestärke, z. B. Gustin	mit
2 Eßl. kaltem Wasser	anrühren, die Flüssigkeit damit binden, die Soße mit Salz,
Zucker	
Zitronensaft	abschmecken
	die Paprikaschoten mit der Soße servieren
Kochzeit für den Reis:	12–15 Minuten
Dünstzeit für das Gemüse:	Etwa 55 Minuten.
	Pro Portion: E: 23 g, F: 39 g, Kh: 26 g kJ: 2435, kcal: 582.

Gefüllte Tomaten
(Abb. nebenstehend)

8 mittelgroße, feste Tomaten (500 g)	waschen, abtrocknen, mit einem scharfen Messer Dekkel abschneiden, das Innere aushöhlen, durch ein Sieb streichen, mit Wasser auf 500 ml (1/2 l) ergänzen die Tomaten innen mit
Salz	bestreuen
	für die Füllung
250 g Champignons	putzen, waschen, halbieren, in Scheiben schneiden
1 kleine Zwiebel	abziehen, würfeln
20 g Butter oder Margarine	zerlassen, Pilze und Zwiebeln darin andünsten
1 Ei	
40 g Semmelmehl	unterrühren, die Masse mit
Salz, Pfeffer	abschmecken
1 Eßl. gehackte Petersilie	unterrühren die Füllung in die Tomaten geben, die Deckel wieder darauf legen
60 g Margarine, z. B. Sanella	zerlassen, die Tomaten nebeneinander hineinstellen, gar dünsten lassen die Tomaten auf einer vorgewärmten Platte anrichten, warm stellen
35 g Weizenmehl	in dem Fett unter Rühren so lange erhitzen, bis es hellgelb ist, die Tomatenmarkflüssigkeit hinzugießen, mit einem Schneebesen durchschlagen, darauf achten, daß keine Klumpen entstehen, die Soße zum Kochen bringen, etwa 3 Minuten kochen lassen, mit Salz, Pfeffer,
Zucker	abschmecken
1 schwach gehäuften Eßl. Tomatenmark	hinzufügen die Tomaten mit der Soße servieren
Dünstzeit:	Etwa 20 Minuten.
	Pro Portion: E: 7 g, F: 18 g, Kh: 23 g kJ: 1222, kcal: 292.

Gefüllte Gurken

4 kleine Gemüsegurken (1 kg)	waschen, abtrocknen, das obere Drittel längs als Deckel abschneiden das Kerngehäuse mit einem Löffel herauskratzen
	für die Füllung
3 hartgekochte Eier	pellen, halbieren, fein hacken
200 g gekochten Schinken	in kleine Würfel schneiden
1 mittelgroße Zwiebel	abziehen, fein würfeln
2 Eßl. Speiseöl	erhitzen, die Zwiebel darin glasig dünsten lassen, den Schinken hinzufügen, leicht bräunen lassen die abgekühlte Masse mit den Eiern,
2 Eßl. Sahne *1 Ei* *Salz* *geriebener Muskatnuß* *1 Eßl. gehacktem Dill*	verrühren die Füllung in die Gurken geben, die Deckel wieder darauf legen
25 g Margarine, z. B. Sanella	zerlassen, die Gurken nebeneinander hineinstellen, andünsten
125 ml (1/8 l) heiße Fleischbrühe (zubereitet aus Brühwürfeln)	hinzugießen, die Gurken gar dünsten lassen die Gurken auf einer vorgewärmten Platte anrichten
Dünstzeit:	Etwa 40 Minuten. Pro Portion: E: 18 g, F: 26 g, Kh: 4 g kJ: 1439, kcal: 344.

Gefüllte Zwiebeln

8 große Zwiebeln (1 3/8 kg)	abziehen, von den Zwiebeln einen Deckel abschneiden, das Innere aushöhlen die Zwiebelreste für die Füllung und evtl. für eine Zwiebelsuppe verwenden
	für die Füllung
1/2 Brötchen (Semmel)	in kaltem Wasser einweichen
75 g Zwiebelreste	würfeln
1/2 rote Paprikaschote (50 g)	entstielen, entkernen, die weißen Scheidewände entfernen, das Stück Schote waschen, in kleine Würfel schneiden
3 Eßl. Speiseöl	erhitzen, Zwiebelreste, Paprikaschote darin andünsten, erkalten lassen
250 g Hackfleisch (halb Rind-, halb Schweinefleisch)	mit dem gut ausgedrückten Brötchen, der Zwiebel-Paprikamasse,

1 Ei	
1 schwach gehäuften	
Teel. Senf	vermengen, mit
Salz, Pfeffer, Majoran	abschmecken
	die Füllung in die Zwiebeln geben
50 g Margarine, z. B. Sanella	zerlassen, die Zwiebeln nebeneinander hineinstellen, andünsten
125 ml (1/8 l) Weißwein	
125 ml (1/8 l) Fleischbrühe	
(zubereitet aus Brühwürfeln)	hinzugießen, die Zwiebeln gar dünsten lassen, auf einer vorgewärmten Platte anrichten
1 gestrichenen Eßl.	
Speisestärke, z. B. Gustin	mit
2 Eßl. kaltem Wasser	anrühren, die Flüssigkeit damit binden, die Soße mit Salz, Pfeffer abschmecken
	die Zwiebeln mit der Soße servieren
Dünstzeit:	Etwa 45 Minuten.
	Pro Portion: E: 19 g, F: 38 g, Kh: 34 g kJ: 2544, kcal: 608.

Trockengemüse (Hülsenfrüchte)

Regeln

1. Hülsenfrüchte vor dem Gebrauch waschen, 12-24 Stunden einweichen.

2. Zum Einweichen kaltes Wasser nehmen.

3. Die Hülsenfrüchte in dem Einweichwasser aufsetzen.

4. Da die Schalen schwer verdaulich sind, die garen Hülsenfrüchte evtl. durch ein Sieb streichen.

Erbsenbrei

375 g Erbsen	waschen, 12–24 Stunden in
750 ml (3/4 l) Wasser	einweichen, in dem Einweichwasser zum Kochen bringen, gar kochen lassen
1 Bund Suppengrün	putzen, waschen, kleinschneiden, nach 1 1/2 Stunden Kochzeit zu den Erbsen geben, gar kochen lassen die Erbsen durch ein Sieb streichen, erhitzen, schaumig rühren, mit
Salz, Pfeffer	abschmecken
1 mittelgroße Zwiebel	abziehen, in Scheiben schneiden, in
40 g Butter oder Margarine	braun rösten, den Erbsenbrei damit anrichten
Kochzeit:	2–2 1/2 Stunden.
	Pro Portion: E: 22 g, F: 10 g, Kh: 60 g kJ: 1828, kcal: 437.
Beigabe:	Sauerkraut, Schweinerippchen oder Pökelfleisch.

Saures Linsengemüse

375 g Linsen	waschen, 12–24 Stunden in
750 ml (3/4 l) Wasser	einweichen
1 Bund Suppengrün	putzen, waschen, kleinschneiden, mit den Linsen,
Salz	in dem Einweichwasser zum Kochen bringen, gar kochen lassen
1 mittelgroße Zwiebel	abziehen
50 g fetter Speck	
	beide Zutaten in kleine Würfel schneiden, den Speck auslassen, die Zwiebel unter Rühren so lange darin erhitzen, bis sie leicht gebräunt ist, zu den Linsen geben, durchkochen lassen, das Gericht mit Salz,
2–3 Eßl. Essig	
Zucker	abschmecken
Kochzeit:	Etwa 25 Minuten.
	Pro Portion: E: 23 g, F: 13 g, Kh: 57 g kJ: 1904, kcal: 455.
Beigabe:	Gebackene Blutwurst oder Brühwürstchen.

Kartoffeln

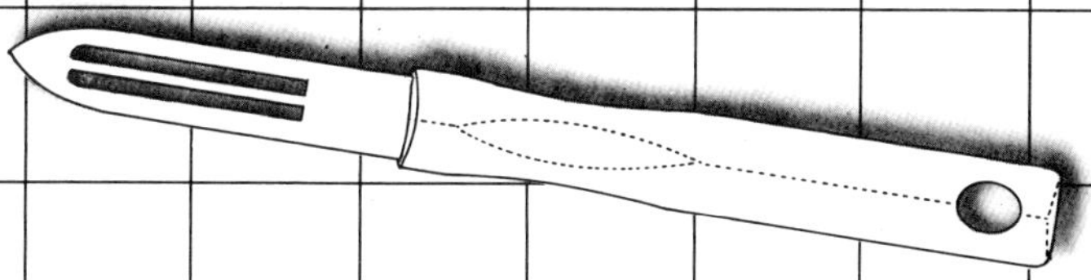

Gekochte und gedämpfte Kartoffeln

Regeln 1. Für ein Gericht möglichst gleichgroße Kartoffeln nehmen, um ein gleichzeitiges Garwerden zu erzielen.

2. Die Kartoffeln besonders gründlich waschen oder bürsten bei Zubereitung von Pellkartoffeln.

3. Nach dem Schälen Kartoffeln sofort in kaltes Wasser legen, damit sie nicht braun werden.

4. Kleingeschnittene Kartoffeln nie längere Zeit im Wasser liegenlassen.

5. Kartoffeln mit kaltem Wasser aufsetzen.

6. Nach einer Kochzeit von 20 Minuten Kartoffeln mit einer Gabel prüfen, ob sie gar sind.

7. Nach dem Abgießen des Wassers die Kartoffeln im offenen Topf einige Zeit stehenlassen, damit der Dampf entweichen kann (abdämpfen lassen).

Salzkartoffeln

1 kg Kartoffeln waschen, dünn schälen, Augen entfernen, nochmals waschen, größere Kartoffeln ein- oder zweimal durchschneiden, in

Salzwasser zum Kochen bringen, gar kochen lassen, abgießen die Kartoffeln im offenen Topf unter öfterem Schütteln abdämpfen lassen

Kochzeit: 20–25 Minuten.

Pro Portion: E: 4 g, F: 0 g, Kh: 37 g
kJ: 732, kcal: 175.

Schal- oder Pellkartoffeln

1 kg gleichgroße Kartoffeln	waschen, in
Salzwasser	zum Kochen bringen, gar kochen lassen, abgießen die Kartoffeln im offenen Topf unter öfterem Schütteln abdämpfen lassen, pellen
Kochzeit:	25–30 Minuten.
	Pro Portion: E: 4 g, F: 0 g, Kh: 37 g kJ: 732, kcal: 175.

Petersilienkartoffeln

1 kg möglichst kleine, gleichgroße Kartoffeln	waschen, in Wasser zum Kochen bringen, gar kochen lassen, abgießen, sofort pellen
40 g Butter oder Margarine	zerlassen, Kartoffeln,
Salz	
2 Eßl. gehackte Petersilie	hinzufügen, gut durchschwenken (neue Kartoffeln eignen sich besonders gut)
Kochzeit:	20–30 Minuten.
	Pro Portion: E: 4 g, F: 8 g, Kh: 37 g kJ: 1050, kcal: 251.

Brühkartoffeln

1 kg Kartoffeln	schälen, waschen (große Kartoffeln in Würfel schneiden, kleine ganz lassen), in
1/2 l Fleischbrühe (zubereitet aus Brühwürfeln)	zum Kochen bringen, gar kochen lassen die Kartoffeln mit
Salz	abschmecken
20 g Butter	
2 Eßl. gehackte Petersilie	hinzufügen
Kochzeit:	20–25 Minuten.
	Pro Portion: E: 4 g, F: 5 g, Kh: 37 g kJ: 929, kcal: 222. Brühkartoffeln zu Fisch, rohem Schinken oder gekochtem Fleisch reichen.
Veränderung:	In Streifen geschnittene Möhren mitkochen.

Gebratene und gebackene Kartoffeln

Bauernfrühstück

(Abb. nebenstehend)

750 g Salatkartoffeln	waschen, in Wasser zum Kochen bringen, gar kochen lassen, abgießen, sofort pellen, erkalten lassen, in Scheiben schneiden
4 kleine Zwiebeln	abziehen, würfeln
75 g durchwachsenen Speck	in Würfel schneiden, auslassen
30 g Margarine, z. B. Sanella	hinzufügen, zerlassen, die Zwiebeln darin glasig dünsten, die Kartoffeln hinzufügen, braun braten
4 Eier	mit
4 Eßl. Milch	
Salz	
Paprika edelsüß	
geriebener Muskatnuß	
Pfeffer	verschlagen
125 g Schinkenspeck	in Würfel schneiden
2 Eßl. feingeschnittener Schnittlauch	
	die Zutaten zu der Eiermilch geben, über die Kartoffeln gießen, stocken lassen, die Kartoffeln einige Male wenden
Kochzeit:	20–25 Minuten
Bratzeit:	Etwa 10 Minuten.
	Pro Portion: E: 15 g, F: 45 g, Kh: 31 g kJ: 2628, kcal: 628.
Beigabe:	Gurkensalat (S. 272).

Bauernfrühstück, Rezept siehe oben
Gurkensalat, Rezept S. 272

Bratkartoffeln I

1 kg Kartoffeln	waschen, in Wasser zum Kochen bringen, gar kochen lassen, abgießen, sofort pellen, erkalten lassen, in Scheiben schneiden
1 große Zwiebel	abziehen, würfeln
75 g Margarine, z. B. Sanella	zerlassen, Kartoffeln, Zwiebeln hineingeben, mit
Salz	bestreuen, braun braten
Kochzeit:	25–30 Minuten
Bratzeit:	Etwa 10 Minuten.
	Pro Portion: E: 4 g, F: 15 g, Kh: 39 g kJ: 1356, kcal: 324.
Veränderung:	Übriggebliebene Salzkartoffeln ebenso braten; 30 g in Würfel geschnittenen durchwachsenen Speck in der Margarine auslassen.

Bratkartoffeln II

(Dampfkartoffeln)

1 kg Kartoffeln	schälen, waschen, in Scheiben schneiden
75 g fetten Speck	in Würfel schneiden, auslassen, die Kartoffeln hineingeben, mit
Salz	bestreuen, zunächst zugedeckt, dann in der offenen Pfanne hellbraun braten
Bratzeit:	20–30 Minuten.
	Pro Portion: E: 4 g, F: 17 g, Kh: 37 g kJ: 1368, kcal: 327.
Veränderung:	1 abgezogene, in Würfel geschnittene Zwiebel mitbraten.

Röstkartoffeln

1 kg möglichst kleine pflaumengroße Kartoffeln	waschen, im Wasser zum Kochen bringen, gar kochen lassen, abgießen, sofort pellen
50 g Margarine, z. B. Sanella	erhitzen, die Kartoffeln hineingeben, mit
Salz	bestreuen, goldgelb braten
Kochzeit:	Etwa 20 Minuten
Bratzeit:	Etwa 10 Minuten.
	Pro Portion: E: 4 g, F: 10 g, Kh: 37 g kJ: 1125, kcal: 269

Kümmelkartoffeln mit Quark

	Für die *Kümmelkartoffeln*
1 kg kleine Kartoffeln	gründlich waschen, ungeschält halbieren, mit den Schnittflächen in
Kümmel	
Salz	tauchen, auf ein gefettetes Backblech setzen die Kartoffeln mit
2 Eßl. Speiseöl	bestreichen, in den Backofen schieben
Strom:	175–200
Gas:	2–3
Backzeit:	30–40 Minuten
	für den Quark
250 g Speisequark (10% Fett)	mit
3 Eßl. Milch	verrühren, mit
Salz	abschmecken, schaumig rühren.
	Pro Portion: E: 12 g, F: 9 g, Kh: 41 g kJ: 1293, kcal: 309.

Kartoffelomelette

500 g Kartoffeln	waschen, in Wasser zum Kochen bringen, gar kochen lassen, abgießen, sofort pellen, erkalten lassen, in Scheiben schneiden
2 kleine Zwiebeln	abziehen, würfeln
75 g fetten Speck	in Würfel schneiden, auslassen, Kartoffeln, Zwiebeln hineingeben, mit
Salz	bestreuen, braun braten
125 ml (1/8 l) Milch	mit
3 Eiern	und Salz verschlagen
1 Eßl. gehackte Petersilie oder feingeschnittenen Schnittlauch	hinzufügen die Eiermilch über die Kartoffeln gießen, stocken lassen, ohne die Kartoffeln zu wenden wenn die obere Seite des Omelettes fest geworden und die untere gebräunt ist, das Omelette auf eine vorgewärmte Platte gleiten lassen
Kochzeit:	20–25 Minuten
Bratzeit:	10–15 Minuten.
	Pro Portion: E: 9 g, F: 22 g, Kh: 22 g kJ: 1393, kcal: 333.
Beigabe:	Kopfsalat (S. 267), Kürbis, Senfgurken oder Rote Bete.

Pommes frites

1 kg Kartoffeln	schälen, waschen, in gleich lange, bleistiftdicke Streifen schneiden, in einem Küchentuch gut abtrocknen, schwimmend in siedendem
Pflanzenfett, z. B. Biskin	halbgar backen nicht zu viel Kartoffeln auf einmal nehmen, da sie sich in dem Fettbad nicht berühren dürfen, außerdem kühlt das Fett zu stark ab sobald sich die Spitzen der Kartoffelstreifen gelb färben, diese mit einem Schaumlöffel herausnehmen, auf einem Durchschlag abtropfen lassen wenn die Streifen abgekühlt sind, sie noch einmal in das heiße Fett geben, braun und knusprig werden lassen die Pommes frites mit
feinem Salz	bestreuen, sofort servieren
Backzeit:	Zuerst etwa 2 Minuten, dann 4–5 Minuten. Pro Portion: E: 4 g, F: 10 g, Kh: 37 g kJ: 1121, kcal: 268.

Pommes chips

500 g Kartoffeln	schälen, waschen, große Kartoffeln halbieren, in möglichst dünne Scheiben schneiden, in nicht zu großer Menge auf einem Küchentuch ausbreiten, gut abtrocknen die Kartoffelscheiben in nicht zu großen Portionen in siedendem
Pflanzenfett, z. B. Biskin	halbgar backen sobald sich die Kartoffelscheiben hellbraun färben, diese mit einem Schaumlöffel herausnehmen, auf einem Durchschlag abtropfen lassen wenn die Scheiben abgekühlt sind, sie noch einmal in das heiße Fett geben, braun und knusprig werden lassen die erkalteten Chips mit
feinem Salz	bestreuen
Backzeit:	Zuerst 1–2 Minuten, dann etwa 3 Minuten. Pro Portion: E: 2 g, F: 10 g, Kh: 19 g kJ: 757, kcal: 181.

Kartoffelbrei

Kartoffelbrei

1 kg Kartoffeln	schälen, waschen, in Stücke schneiden, in
Salzwasser	zum Kochen bringen, gar kochen lassen, abgießen, sofort durch die Kartoffelpresse geben oder mit einem elektrischen Handrührgerät zerkleinern
75 g Butter	
250 ml (1/4 l) heiße Milch	hinzufügen
	den Topf auf die Kochstelle setzen, den Brei so lange schlagen, bis er weiß und schaumig ist, mit Salz,
geriebener Muskatnuß	abschmecken
Kochzeit:	Etwa 20 Minuten.
	Pro Portion: E: 6 g, F: 18 g, Kh: 40 g kJ: 1515, kcal: 362.
Veränderung:	Den Kartoffelbrei mit in Fett gebräunten Zwiebelringen oder geröstetem Semmelmehl anrichten.

Herzogin-Kartoffeln

(Pommes Duchesse)

(Abb. S. 119)

750 g Kartoffeln	schälen, waschen, in Hälften schneiden, in
Salzwasser	zum Kochen bringen, in 20–30 Minuten gar kochen lassen, abgießen, sofort durch die Kartoffelpresse geben oder mit einem elektrischen Handrührgerät zerkleinern, erkalten lassen
	die Kartoffeln mit
1 Eiweiß	
1 gestrichenen Eßl. Speisestärke, z. B. Gustin	verrühren, mit Salz,
geriebener Muskatnuß	abschmecken
	die Masse in einen Spritzbeutel mit großer Sterntülle füllen, in Form von Tuffs auf ein mit
10 g Butter oder Margarine	gefettetes Backblech spritzen
1 Eigelb	mit
1 Teel. Milch	verschlagen, den Kartoffelbrei damit bestreichen, in den Backofen schieben
Strom:	200–225
Gas:	4–5
Backzeit:	10–12 Minuten.
	Pro Portion: E: 5 g, F: 4 g, Kh: 30 g kJ: 749, kcal: 179.

Kartoffel-kroketten

750 g Kartoffeln	schälen, waschen, in
Salzwasser	zum Kochen bringen, gar kochen lassen, abgießen, sofort durch die Kartoffelpresse geben oder mit einem elektrischen Handrührgerät zerkleinern, erkalten lassen die Kartoffeln mit
2 Eigelb *1 gut gehäuften Teel. Speisestärke, z. B. Gustin*	verrühren, mit
Salz *geriebener Muskatnuß*	abschmecken aus dem Teig knapp 2 cm dicke und 5 cm lange Röllchen formen die Röllchen zunächst in
1 verschlagenen Ei	dann in
50 g Semmelmehl	wenden, schwimmend in siedendem
Pflanzenfett, z. B. Biskin	goldbraun backen
Kochzeit:	20–25 Minuten
Backzeit:	2–3 Minuten. Pro Portion: E: 8 g, F: 15 g, Kh: 40 g kJ: 1427, kcal: 341.
Veränderung:	Anstelle der Röllchen Kugeln formen, für Mandel-Kroketten anstelle von Semmelmehl abgezogene, gehobelte Mandeln (etwa 100 g) verwenden.

Kartoffelteig

Kartoffel-pfannkuchen

(Puffer oder Reibeplätzchen)

2 kg Kartoffeln	schälen
2 mittelgroße Zwiebeln	abziehen beide Zutaten waschen, reiben, mit
2–3 gestrichenen Teel. Salz *4 Eiern* *60 g Weizenmehl*	verrühren etwas von
250 ml (1/4 l) Speiseöl	erhitzen, den Teig eßlöffelweise hineingeben, flach drükken, von beiden Seiten braun und knusprig backen. 70 Stück/pro Stück: E: 1 g, F: 4 g, Kh: 5 g kJ: 249, kcal: 60.
Beigabe:	Kompott, Apfelmus, Kümmelquark (S. 325).

Kartoffelpüfferchen

500 g Weizenmehl	in eine Schüssel sieben, mit
1 Päckchen Dr. Oetker Hefe	sorgfältig vermischen
1 kg Kartoffeln	schälen, waschen, auf einer feinen Reibe reiben, mit
2 Eiern	
2 gestrichenen Teel. Salz	
125 ml (1/8 l)	
lauwarmer Milch	zu dem Mehl geben, alles mit einem elektrischen Handrührgerät mit Rührbesen zuerst auf der niedrigsten, dann auf der höchsten Stufe zu einem Teig verarbeiten den Teig an einem warmen Ort so lange stehenlassen, bis er etwa doppelt so hoch ist, ihn dann auf der höchsten Stufe gut durchschlagen
250 g Rosinen	verlesen, zuletzt unter den Teig heben
	etwas von
200 ml (1/5 l)	Speiseöl erhitzen, den Teig eßlöffelweise hineingeben, etwas flach drücken, von beiden Seiten goldbraun backen.
	33 Stück/pro Stück: E: 3 g, F: 6 g, Kh: 21 g kJ: 663, kcal: 158.
Beigabe:	Butter, Sirup, Bohnenkaffee.

Kartoffelklöße
(mit Semmelmehl)

1 kg Kartoffeln	waschen, in Wasser zum Kochen bringen, gar kochen lassen, abgießen, pellen, sofort durch die Kartoffelpresse geben oder mit einem elektrischen Handrührgerät zerkleinern
75 g Semmelmehl	
20 g Weizenmehl	
2 Eier	unterkneten, den Teig mit
Salz	
geriebener Muskatnuß	abschmecken
	aus dem Teig mit nassen Händen Klöße formen, in
kochendes Salzwasser	geben, zum Kochen bringen, gar ziehen lassen (Wasser muß sich leicht bewegen)
	die garen Klöße gut abtropfen lassen
Kochzeit für die Kartoffeln:	25–30 Minuten
Garzeit für die Klöße:	20–25 Minuten.
	Pro Portion: E: 10 g, F: 3 g, Kh: 57 g kJ: 1322, kcal: 316.

Klöße von gekochten und rohen Kartoffeln

750 g Kartoffeln	waschen, in Wasser zum Kochen bringen, gar kochen lassen, abgießen, pellen, sofort durch die Kartoffelpresse geben oder mit einem elektrischen Handrührgerät zerkleinern, bis zum nächsten Tag kalt stellen
500 g geschälte rohe Kartoffeln	in eine Schüssel mit Wasser reiben, in einem Tuch fest auspressen, zu den gekochten Kartoffeln geben
1 Ei *65 g Weizenmehl* *1 Teel. Salz*	unterkneten aus dem Teig mit bemehlten Händen etwa faustgroße Klöße formen, in
kochendes Salzwasser	geben, zum Kochen bringen, gar ziehen lassen (Wasser muß sich leicht bewegen) die garen Klöße gut abtropfen lassen
Kochzeit für die Kartoffeln:	25–30 Minuten
Garzeit für die Klöße:	15–20 Minuten. Pro Portion: E: 8 g, F: 2 g, Kh: 58 g kJ: 1259, kcal: 301.

Lappenpickert

1 1/2 kg Kartoffeln	schälen, waschen, auf einer feinen Reibe reiben, mit
Salz *4 Eiern* *250 g Weizenmehl* *125 ml (1/8 l) Milch*	verrühren (Teig muß dickflüssig sein) Lappenpickert auf einer besonderen Eisenplatte oder in einer Stielpfanne, die mit
Speckschwarte	gefettet ist, backen den Teig so auf der Platte verteilen (oder in der Pfanne), daß entweder ein großes, dünnes, zusammenhängendes Gebäck entsteht oder mehrere kleine Plätzchen sobald der Pickert auf der unteren Seite gebräunt ist, ihn mit einem möglichst breiten Messer wenden, auf der anderen Seite bräunen den Pickert frisch oder aufgewärmt servieren. 26 Stück/pro Stück: E: 3 g, F: 2 g, Kh: 16 g kJ: 400, kcal: 96.
Beigabe:	Butter, Sirup, Bohnenkaffee.

Kartoffeln in Soße

Senfkartoffeln

1 kg Kartoffeln waschen, in Wasser zum Kochen bringen, in 20–30 Minuten gar kochen lassen, abgießen, sofort pellen, erkalten lassen, in Scheiben schneiden

für die Senfsoße

30 g Butter oder Margarine zerlassen

30 g Weizenmehl unter Rühren so lange darin erhitzen, bis es hellgelb ist

500 ml (1/2 l) Wasser hinzugießen, mit einem Schneebesen durchschlagen, darauf achten, daß keine Klumpen entstehen, die Soße zum Kochen bringen, etwa 5 Minuten kochen lassen

2 schwach gehäufte EßI. Senf hinzufügen, die Soße mit

Salz abschmecken, die Kartoffeln hinzufügen, etwa 10 Minuten darin ziehen lassen, mit

Essig

Zucker abschmecken

Garzeit: Etwa 30 Minuten.

Pro Portion: E: 7 g, F: 7 g, Kh: 43 g
kJ: 1134, kcal: 271.

Schnittlauchkartoffeln

1 kg Kartoffeln waschen, in Wasser zum Kochen bringen, in 20–30 Minuten gar kochen lassen, abgießen, sofort pellen, erkalten lassen, in Scheiben schneiden

für die Schnittlauchsoße

30 g Butter oder Margarine zerlassen

30 g Weizenmehl unter Rühren so lange darin erhitzen, bis es hellgelb ist

250 ml (1/4 l) Milch
250 ml (1/4 l) Wasser
1 Brühwürfel (für 250 ml – 1/4 l –) hinzufügen, mit einem Schneebesen durchschlagen, darauf achten, daß keine Klumpen entstehen, die Soße zum Kochen bringen, etwa 5 Minuten kochen lassen, mit

Salz abschmecken, die Kartoffeln,

2 EßI. feingeschnittenen Schnittlauch hinzufügen, etwa 10 Minuten darin ziehen lassen, mit Salz abschmecken

Garzeit: Etwa 30 Minuten.

Pro Portion: E: 7 g, F: 9 g, Kh: 46 g
kJ: 1276, kcal: 305.

Béchamelkartoffeln

1 kg Kartoffeln	waschen, in Wasser zum Kochen bringen, in 20–30 Minuten gar kochen lassen, abgießen, sofort pellen, erkalten lassen, in Scheiben schneiden
	für die Béchamelsoße
2 kleine Zwiebeln	abziehen
40 g roher Schinken	
	beide Zutaten in kleine Würfel schneiden
30 g Butter oder Margarine	mit dem Schinken zerlassen
30 g Weizenmehl	mit den Zwiebeln unter Rühren so lange darin erhitzen, bis es hellgelb ist
250 ml (1/4 l) Milch *250 ml (1/4 l) Wasser* *1 Brühwürfel* *(für 250 ml – 1/4 l –)*	hinzufügen, mit einem Schneebesen durchschlagen, darauf achten, daß keine Klumpen entstehen, die Soße zum Kochen bringen, etwa 5 Minuten kochen lassen, nach Belieben durch ein Sieb streichen, die Kartoffeln hinzufügen, zum Kochen bringen, mit
Salz, Pfeffer *geriebener Muskatnuß*	abschmecken, mit
2 Eßl. gehackter Petersilie	bestreuen
Garzeit:	Etwa 30 Minuten. Pro Portion: E: 9 g, F: 12 g, Kh: 47 g kJ: 1469, kcal: 351.

Kartoffelaufläufe

Kartoffelauflauf mit Schinken

1 kg Kartoffeln	waschen, in Wasser zum Kochen bringen, in 20–30 Minuten gar kochen lassen, abgießen, sofort pellen, erkalten lassen, in Scheiben schneiden
75 g roher Schinken *75 g gekochter Schinken*	
	den Schinken in kleine Würfel schneiden Kartoffeln und Schinken abwechselnd lagenweise in eine mit
10 g Butter oder Margarine	gefettete Auflaufform füllen, die oberste Schicht soll aus Kartoffeln bestehen
	für die Soße
30 g Butter oder Margarine	zerlassen
35 g Weizenmehl	unter Rühren so lange darin erhitzen, bis es hellgelb ist

250 ml (1/4 l) Milch	
250 ml (1/4 l) Wasser	
1 Brühwürfel	
(für 250 ml - 1/4 l -)	hinzufügen, mit einem Schneebesen durchschlagen, darauf achten, daß keine Klumpen entstehen, die Soße zum Kochen bringen, etwa 5 Minuten kochen lassen, mit
Salz	abschmecken, über die Kartoffeln gießen, den Auflauf mit
30 g Semmelmehl	bestreuen
30 g Butter	in Flöckchen darauf setzen
	die Auflaufform auf dem Rost in den Backofen schieben
Strom:	225–250
Gas:	5–6
Backzeit:	30–40 Minuten.
	Pro Portion: E: 15 g, F: 26 g, Kh: 53 g kJ: 2226, kcal: 532.
Veränderung:	Anstelle der hellen Soße 250 ml (1/4 l) saure Sahne, 250 ml (1/4 l) Brühe, 1 gestrichenen Eßl. Speisestärke, z. B. Gustin, mit 2 Eiern verschlagen, über den Auflauf geben.

Kartoffelauflauf

1 kg Kartoffeln	waschen, in Wasser zum Kochen bringen, in 20–30 Minuten gar kochen lassen, sofort pellen, erkalten lassen
4 hartgekochte Eier	pellen
2 Rauchenden	waschen, die Zutaten in Scheiben schneiden, abwechselnd lagenweise in eine mit
10 g Butter oder Margarine	gefettete Auflaufform füllen, dabei Kartoffel- und Eischeiben jeweils mit
Salz	bestreuen
	die oberste Schicht soll aus Kartoffeln bestehen
2 Becher (300 g) saure Sahne (10% Fett)	verrühren, über die Kartoffeln gießen, den Auflauf mit
30 g Semmelmehl	bestreuen
50 g Butter	in Flöckchen darauf setzen
	die Auflaufform auf dem Rost in den Backofen schieben
Strom:	225–250
Gas:	5–6
Backzeit:	30–40 Minuten.
	Pro Portion: E: 23 g, F: 65 g, Kh: 47 g kJ: 3816, kcal: 912.

Kartoffelauflauf mit Eiern

1 kg Kartoffeln	waschen, in Wasser zum Kochen bringen, in 20–30 Minuten gar kochen lassen, abgießen, sofort pellen, erkalten lassen
4 hartgekochte Eier	pellen
	beide Zutaten in Scheiben schneiden, abwechselnd lagenweise in eine mit
10 g Butter oder Margarine	gefettete Auflaufform füllen, die oberste Schicht soll aus Kartoffeln bestehen
	für die Soße
30 g Butter oder Margarine	zerlassen
35 g Weizenmehl	unter Rühren so lange darin erhitzen, bis es hellgelb ist
250 ml (1/4 l) Milch	
250 ml (1/4 l) Wasser	
1 Brühwürfel (für 250 ml – 1/4 l –)	hinzufügen, mit einem Schneebesen durchschlagen, darauf achten, daß keine Klumpen entstehen, die Soße zum Kochen bringen, etwa 5 Minuten kochen lassen, mit
Salz	abschmecken, über die Kartoffeln gießen, den Auflauf mit
1 Eßl. feingeschnittenem Schnittlauch	
50 g geriebenem Käse, z. B. Gouda	bestreuen
	die Auflaufform auf dem Rost in den Backofen schieben
Strom:	225–250
Gas:	5–6
Backzeit:	30–40 Minuten.
	Pro Portion: E: 17 g, F: 21 g, Kh: 48 g kJ: 1950, kcal: 466.

Salate

Basilikum

Bohnenkraut

Borretsch

Dill

Estragon

Kresse

Liebstöckel

Lorbeer

Majoran

Petersilie

Pimpinelle

Rosmarin

Salbei

Sauerampfer

Schnittlauch

Schnittsellerie

Thymian

Zitronenmelisse

Salate

Regeln 1. Alle rohen Salate gründlich waschen, gut abtropfen lassen, erst dann anrichten.
Wässeriger Salat schmeckt fade und nimmt das Öl nicht an.

2. Geschnittenen Salat nicht im Wasser liegenlassen; Mineralstoffe sind zum Teil wasserlöslich.

3. Blattsalate nicht ausdrücken, am besten nach dem Waschen in einem Tuch oder Drahtkorb ausschwenken. Blattsalate erst kurz vor dem Verzehr anrichten, da das Aussehen durch längeres Stehen leidet.

4. Junge Möhren nicht schrappen. Sellerie nach dem Schälen sofort in Zitronen- oder Essigwasser geben, damit er weiß bleibt.

5. Je nach ihrer Beschaffenheit und Verdaulichkeit Gemüse grober oder feiner zerkleinern. Dazu Messer, Gemüsehobel, Rohkostraffel oder Küchenmaschine benutzen.

6. Zerkleinertes Gemüse mit einer einfachen Salatsoße, aber auch mit Sahnesoße oder Salatmayonnaise vermengen.

7. Den Geschmack durch Beigabe von Kräutern, Zwiebeln und Gewürzen abwandeln.

8. Rohe Salate besonders sorgfältig und appetitlich anrichten. Beim Zusammenstellen einer Rohkostplatte sowohl Geschmack als auch Farbe der Gemüsearten berücksichtigen.

9. Gemüse- und Fleischsalate einige Stunden in der Soße oder Mayonnaise durchziehen lassen.

Blattsalate

Kopfsalat

Von

2 mittelgroßen Köpfen Salat (300 g) die welken Blätter entfernen, die anderen vom Strunk lösen, die großen Blätter teilen, die Herzblätter ganz lassen
den Salat in reichlich Wasser gründlich waschen, aber nicht drücken, auf einem Durchschlag abtropfen lassen oder in einem Tuch oder Drahtkorb ausschwenken

für die Sahnesoße

1 Becher (150 g) saure Sahne (10% Fett) mit
1 Eßl. Speiseöl
1 Eßl. Milch verrühren, mit
Salz, Pfeffer, Zucker abschmecken
1 mittelgroße Zwiebel abziehen, fein würfeln
2 Eßl. gehackte Kräuter, z. B. Petersilie, Dill

die Zutaten unterrühren
den Salat kurz vor dem Anrichten mit der Soße vermengen.
Pro Portion: E: 2 g, F: 8 g, Kh: 4 g
kJ: 402, kcal: 96.

Chicoréesalat

750 g Chicorée (vorbereitet gewogen) von schlechten Blättern befreien, halbieren, den festen kleinen Keil herausschneiden, weil er bitter schmeckt
die Chicorée in etwa $1/2$ cm breite Streifen schneiden, waschen, gut abtropfen lassen
150 g gekochten Schinken in feine Streifen schneiden

für die Salatsoße

1 Becher (150 g) Crème fraîche (30% Fett) mit
2 schwach gehäuften Eßl. Tomaten-Ketchup verrühren, mit
Salz, Pfeffer, Zucker abschmecken
Chicorée und Schinken mit der Soße vermengen.
Pro Portion: E: 11 g, F: 16 g, Kh: 7 g
kJ: 954, kcal: 228.

Eisbergsalat
(Abb. nebenstehend)

	Von
1 mittelgroßen Kopf Eisbergsalat (375 g)	die äußeren Blätter entfernen, den Salatkopf halbieren oder vierteln, zerpflücken, waschen, auf einem Durchschlag abtropfen lassen oder in einem Tuch oder Drahtkorb ausschwenken
1 Apfelsine	schälen, filieren
	für die Joghurtsoße
1 Becher (150 g) Joghurt (3,5% Fett)	mit
1 Teel. Speiseöl	
1 Eßl. Essig	verrühren, mit
Salz, Zucker	abschmecken
	Eisbergsalat und Apfelsine mit der Soße vermengen.
	Pro Portion: E: 3 g, F: 3 g, Kh: 6 g kJ: 268, kcal: 64.

Endiviensalat

	Von
1 mittelgroßen Kopf Endiviensalat (375 g)	Wurzel und äußere Blätter abschneiden, die übrigen Blätter übereinanderlegen, in schmale Streifen schneiden, sorgfältig waschen, sollte der Salat bitter sein, ihn 1/2 Stunde in lauwarmes Wasser legen, gut abtropfen lassen
	für die Salatsoße
3 Eßl. Speiseöl	mit
2 Eßl. Essig	
Salz, Pfeffer, Zucker	verschlagen
1 Eßl. gehackte Kräuter, z. B. Petersilie, Schnittlauch	unterrühren
	den Salat mit der Soße vermengen.
	Pro Portion: E: 1 g, F: 11 g, Kh: 2 g kJ: 460, kcal: 110.
Veränderung:	Endiviensalat mit Crème fraîche-Soße (S. 77) anrichten.

Radicchiosalat

	Von
250 g Radicchio	die welken Blätter entfernen, die Wurzeln abschneiden, den Radicchio auseinanderpflücken (große Blätter teilen), waschen, gut abtropfen lassen
	für die Salatsoße
3 Eßl. Speiseöl	mit
2 Eßl. Essig	
Salz, Pfeffer, Zucker	verschlagen
2 mittelgroße Zwiebeln	abziehen, fein würfeln
3 Eßl. gehackte Kräuter, z. B. Petersilie, Schnittlauch, Dill	
	die Zutaten unterrühren den Salat kurz vor dem Anrichten mit der Soße vermengen. Pro Portion: E: 1 g, F: 11 g, Kh: 3 g kJ: 485, kcal: 116.

Chinakohlsalat

	Von
1 kg Chinakohl	die welken Blätter entfernen, den Kopf halbieren, in schmale Streifen schneiden, waschen, gut abtropfen lassen
	für die Salatsoße
4 Eßl. Sahne	mit
Essig	
Salz, Pfeffer, Zucker	abschmecken
2 Eßl. gehackte Kräuter, z. B. Petersilie, Schnittlauch	unterrühren den Salat mit der Soße vermengen, etwas durchziehen lassen. Pro Portion: E: 3 g, F: 5 g, Kh: 5 g kJ: 339, kcal: 81.

Feldsalat
(Rapunzeln)

	Von
200 g Feldsalat	die Wurzelenden abschneiden, fehlerhafte Blätter entfernen, größere Blätter evtl. einmal durchschneiden den Salat gründlich waschen, gut abtropfen lassen
	für die Salatsoße
3 Eßl. Speiseöl	mit
1 Eßl. Essig	
Salz, Pfeffer, Zucker	verschlagen
1 Eßl. gehackte Kräuter, z. B. Petersilie, Schnittlauch	unterrühren den Salat kurz vor dem Anrichten mit der Soße vermengen.
	Pro Portion: E: 1 g, F: 11 g, Kh: 2 g kJ: 456, kcal: 109.

Gemüsesalate, aus rohem Gemüse

Zucchini-Tomaten-Salat

3 Zucchini (500 g)	schälen, längs halbieren, in sehr dünne Scheiben schneiden
4 mittelgroße Tomaten	kurze Zeit in kochendes Wasser legen, in kaltem Wasser abschrecken, enthäuten, die Stengelansätze herausschneiden, die Tomaten in dünne Scheiben schneiden
1 Kästchen Kresse (15 g)	putzen, waschen, abtropfen lassen
	für die Salatsoße
3 schwach gehäufte Eßl. Joghurt (3,5% Fett)	mit
4 Eßl. Sahne	
1 Teel. Surig Essig-Essenz (25%)	
1 mittelgroßen, abgezogenen geriebenen Zwiebel	verrühren, mit
Salz	
geschrotetem schwarzem Pfeffer (aus der Mühle)	
Ingwerpulver	abschmecken, mit den Salatzutaten vermengen, auf
gewaschenen Salatblättern	anrichten, sofort servieren.
	Pro Portion: E: 4 g, F: 6 g, Kh: 12 g kJ: 498, kcal: 119.

Gurkensalat

(Abb. S. 251)

1 mittelgroße Salatgurke	waschen, abtrocknen, evtl. schälen, in feine Scheiben schneiden oder hobeln
	für die Salatsoße
3 Eßl. Speiseöl	mit
2 Eßl. Essig	
Salz, Pfeffer, Zucker	verschlagen
1 mittelgroße Zwiebel	abziehen, fein würfeln
2 Eßl. gehackte Kräuter, z. B. Dill, Petersilie	
	die Zutaten unterrühren die Gurkenscheiben kurz vor dem Anrichten mit der Soße vermengen. Pro Portion: E: 1 g, F: 11 g, Kh: 3 g kJ: 485, kcal: 116.
Anmerkung:	Gurkenscheiben nicht mehr einsalzen, weil dadurch der Salat schwer verdaulich wird und durch das Weggießen des Gurkenwassers wertvolle Nährstoffe verloren gehen.

Selleriesalat

1 Sellerieknolle (750 g)	gründlich unter fließendem Wasser bürsten, schälen, raspeln
	für die Salatsoße
3 Eßl. Speiseöl	mit
2 Eßl. Zitronensaft oder Essig	
Salz, Zucker	verschlagen
1 mittelgroße Zwiebel	abziehen, fein würfeln
2 Eßl. Sahne	
1 Eßl. gehackte Kräuter, z. B. Petersilie, Schnittlauch	
	die Zutaten unterrühren den Sellerie mit der Soße vermengen. Pro Portion: E: 2 g, F: 13 g, Kh: 11 g kJ: 741, kcal: 177.
Veränderung:	Sellerie mit Möhren, Äpfeln oder Tomaten mischen; sollte der Salat zu trocken sein, etwas Milch hinzufügen.

Bunter Salat

	Von
1/2 Kopf Salat (125 g)	die welken Blätter entfernen, die anderen vom Strunk lösen, die großen Blätter teilen, die Herzblätter ganz lassen den Salat in reichlich Wasser gründlich waschen, aber nicht drücken, gut abtropfen lassen
2 mittelgroße Tomaten (130 g)	waschen, abtrocknen, die Stengelansätze herausschneiden, die Tomaten in Achtel schneiden
1 kleine grüne Paprikaschote (125 g)	halbieren, entstielen, entkernen, die weißen Scheidewände entfernen, die Schote vierteln, waschen, in Streifen schneiden
1/2 Gemüsezwiebel (125 g)	abziehen, in dünne Scheiben schneiden von
1/2 Bund Radieschen (125 g mit Grün)	Wurzeln und Blätter abschneiden, die Radieschen waschen, in Scheiben schneiden
1 Stück Salatgurke (125 g)	waschen, abtrocknen, in dicke Scheiben schneiden, halbieren
	für die Salatsoße
1 Becher (150 g) Crème fraîche (30% Fett)	mit
1 Becher (150 g) saurer Sahne (10% Fett) *5 Eßl. Milch* *2 gestrichenen Eßl. Tomaten-Ketchup*	verrühren, mit
Salz *Paprika edelsüß* *Zucker*	abschmecken
3 Eßl. gehackte Kräuter, z. B. Petersilie, Dill, Schnittlauch	unterrühren die Salatzutaten vermengen, in eine Salatschüssel geben, die Soße darüber verteilen oder extra dazureichen. Pro Portion: E: 5 g, F: 16 g, Kh: 12 g kJ: 929, kcal: 222.

Kohlrabisalat

1 kg Kohlrabi	schälen, waschen, grob raspeln
	für die Salatsoße
2 schwach gehäufte Eßl. Crème fraîche (30% Fett)	mit
3 Eßl. Zitronensaft	
1 schwach gehäuften Teel. Zucker	verrühren, mit
Salz	abschmecken
2 Eßl. gehackte Kräuter, z. B. Petersilie,. Schnittlauch	unterrühren die Kohlrabi mit der Soße vermengen. Pro Portion: E: 4 g, F: 5 g, Kh: 9 g kJ: 410, kcal: 98.

Rotkohlsalat, herzhaft

500 g Rotkohl (vorbereitet gewogen)	putzen, waschen, gut abtropfen lassen, in sehr feine Streifen schneiden
1 mittelgroße Zwiebel	abziehen, in dünne Ringe schneiden
	für die Salatsoße
1 Eßl. Sirup	mit
1 Eßl. Surig Essig-Essenz (25%)	
4 Eßl. Wasser	
1 gestrichenen Teel. Senf	verrühren, mit
Salz, Pfeffer	abschmecken, mit den Salatzutaten vermengen, sofort servieren. Pro Portion: E: 2 g, F: 0 g, Kh: 9 g kJ: 188, kcal: 45.

Rote Bete-Salat
(Rote Rüben)

400 g Rote Bete	gründlich unter fließendem Wasser bürsten, schälen
1 mittelgroßen säuerlichen Apfel	schälen, waschen beide Zutaten raspeln
	für die Salatsoße
3 Eßl. Speiseöl	mit
2 Eßl. Zitronensaft oder Essig	

Salz, Zucker	verschlagen
1 mittelgroße Zwiebel	abziehen, fein würfeln
2 Eßl. Sahne	
1 Eßl. gehackte Kräuter, z. B. Petersilie, Schnittlauch	
	die Zutaten unterrühren Rote Bete und Apfel mit der Soße vermengen. Pro Portion: E: 2 g, F: 13 g, Kh: 11 g kJ: 715, kcal: 171.

Tomatensalat

500 g feste Tomaten	waschen, abtrocknen, die Stengelansätze herausschneiden, die Tomaten mit einem Tomatenmesser in Scheiben schneiden, in eine Salatschüssel geben, dabei jede Schicht mit
Salz, Pfeffer, Zucker	
2 mittelgroßen, abgezogenen, gewürfelten Zwiebeln	bestreuen
3 Eßl. Speiseöl	mit
2 Eßl. Essig	verschlagen, über die Tomaten geben den Salat mit
1 Eßl. gehackten Kräutern, z. B. Petersilie, Schnittlauch, Dill	bestreuen. Pro Portion: E: 1 g, F: 11 g, Kh: 6 g kJ: 544, kcal: 130.

Rettichsalat

3 mittelgroße Rettiche (750 g)	schälen, waschen, grob raspeln
	für die Salatsoße
3 Eßl. Speiseöl	mit
2 Eßl. Essig oder Zitronensaft	
Salz, Zucker	verschlagen
1 mittelgroße Zwiebel	abziehen, fein würfeln
2 schwach gehäufte Eßl. saure Sahne (10% Fett)	
1 Eßl. gehackte Kräuter, z. B. Petersilie, Schnittlauch	
	die Zutaten unterrühren den Rettich mit der Soße vermengen den Salat etwa 1 Stunde durchziehen lassen. Pro Portion: E: 3 g, F: 13 g, Kh: 6 g kJ: 615, kcal: 147.

Champignon-Radieschen-Feldsalat

(Abb. nebenstehend)

250 g Champignons	putzen, waschen, in Scheiben schneiden
	für die Marinade
3 Eßl. Essig	mit
1 Eßl. Speiseöl	
Salz, Pfeffer, Zucker	verschlagen die Champignons mit der Marinade vermengen
	von
1 Bund Radieschen (250 g mit Grün)	Wurzeln und Blätter abschneiden, die Radieschen waschen, in Scheiben schneiden von
100 g Feldsalat (Rapunzeln)	die Wurzelenden abschneiden, fehlerhafte Blätter entfernen, größere Blätter evtl. einmal durchschneiden den Salat gründlich waschen, gut abtropfen lassen
	für die Salatsoße
1½ Becher (225 g) Crème fraîche (30% Fett)	mit
1 schwach gehäuften Eßl. Tomaten-Ketchup	
1 Eßl. Milch	verrühren, mit
Salz, Pfeffer, Zucker	abschmecken
2 Eßl. gehackte Kräuter, z. B. Schnittlauch, Petersilie	unterrühren Radieschen, Feldsalat und Champignons in eine Salatschüssel schichten, die Soße darüber verteilen. Pro Portion: E: 5 g, F: 21 g, Kh: 8 g kJ: 1029, kcal: 246.

Möhren-Apfel-Salat

500 g Möhren	schrappen, waschen
250 g Äpfel	schälen, vierteln, entkernen beide Zutaten raspeln
	für die Salatsoße
2–3 Eßl. Zitronensaft	mit
1 Teel. Speiseöl	
Salz, Zucker	verrühren Möhren und Äpfel mit der Soße vermengen den Salat mit Salz, Zucker abschmecken. Pro Portion: E: 1 g, F: 2 g, Kh: 16 g kJ: 351, kcal: 84.

Gemüsesalate, aus gekochtem (gedünstetem) Gemüse

Sauerkraut-Ananassalat

375 g Sauerkraut (aus der Dose)	lockerzupfen
250 g Ananasscheiben (aus der Dose)	abtropfen lassen, in kleine Stücke schneiden
	für die Salatsoße
3 Eßl. Speiseöl	mit
2 Eßl. Zitronensaft	
3 Eßl. Ananassaft	
Salz, Pfeffer, Zucker	verschlagen
1 mittelgroße Zwiebel	abziehen, fein würfeln, unterrühren
	die Salatzutaten mit der Soße vermengen
	den Salat gut durchziehen lassen, evtl. mit Zucker,
Zitronensaft	abschmecken.
	Pro Portion: E: 2 g, F: 11 g, Kh: 19 g kJ: 774, kcal: 185.

Kartoffelsalat

750 g Salatkartoffeln	waschen, mit Wasser zum Kochen bringen, gar kochen lassen, abgießen, heiß pellen, lauwarm in feine Scheiben schneiden, mit
250 ml (1/4 l) kochendheißem Salzwasser	übergießen, nach kurzer Zeit mit einem Schaumlöffel herausnehmen
1 kleine Zwiebel	abziehen, fein würfeln
Pfeffer	
	beide Zutaten zu den Kartoffeln geben
	für die Salatsoße
3 Eßl. Speiseöl	mit
etwa 4 Eßl. Essig	
Salz	verschlagen
1 Eßl. gehackte Kräuter, z. B. Petersilie, Schnittlauch	unterrühren
	die Kartoffelscheiben mit der Soße vermengen
	den Salat 1–2 Stunden durchziehen lassen, evtl. mit Salz, Pfeffer abschmecken
Kochzeit:	25–30 Minuten.
	Pro Portion: E: 3 g, F: 11 g, Kh: 29 g kJ: 971, kcal: 232.
Veränderung:	Den Kartoffelsalat mit Mayonnaise (S. 76) binden.

Bohnensalat

500 g Grüne Bohnen	abfädeln, waschen, in etwa 4 cm lange Stücke brechen oder schneiden, in
125 ml (1/8 l) kochendes Salzwasser	geben, gar dünsten, abtropfen lassen
	für die Salatsoße
3 Eßl. Speiseöl	mit
1 Eßl. Essig	
Salz, Pfeffer, Zucker	verschlagen
1 mittelgroße Zwiebel	abziehen, fein würfeln
1 Eßl. gehackte Kräuter, z. B. Petersilie, Dill, Bohnenkraut	
	die Zutaten unterrühren die noch warmen Bohnen mit der Soße vermengen den Salat gut durchziehen lassen, evtl. mit Salz, Pfeffer, Zucker abschmecken
Dünstzeit:	Etwa 30 Minuten. Pro Portion: E: 3 g, F: 11 g, Kh: 7 g kJ: 594, kcal: 142.

Spargelsalat

750 g Spargel	von oben nach unten schälen, darauf achten, daß die Schalen und holzigen Stücke völlig entfernt, die Köpfe aber nicht verletzt werden den Spargel waschen, in 4–5 cm lange Stücke schneiden, in
375 ml (3/8 l) kochendes Salzwasser	geben, zum Kochen bringen, gar kochen, abtropfen lassen
	für die Salatsoße
3 Eßl. Speiseöl	mit
1–2 Eßl. Essig	
Salz, Zucker	verschlagen
1 Eßl. gehackte Kräuter, z. B. Petersilie, Schnittlauch	unterrühren den noch warmen Spargel mit der Soße vermengen den Salat gut durchziehen lassen, evtl. mit Salz, Zucker abschmecken
	zum Garnieren
1 hartgekochtes Ei	pellen
2 mittelgroße Tomaten	waschen, abtrocknen, die Stengelansätze herausschneiden, beide Zutaten in Scheiben schneiden, den Salat damit garnieren
Kochzeit:	Etwa 30 Minuten. Pro Portion: E: 5 g, F: 12 g, Kh: 5 g kJ: 644, kcal: 154.

Rote Bete-Salat
(Rote Rüben)

	Von
500 g Rote Bete	Wurzeln und Blätter etwa 3 cm hoch über den Knollen abschneiden
	damit die Knollen nicht zu stark ausgelaugt werden, sie unter fließendem Wasser sorgfältig bürsten, in
500 ml ($^{1}/_{2}$ l) kochendes Salzwasser	geben, zum Kochen bringen, gar kochen lassen, aus dem Wasser nehmen, mit kaltem Wasser übergießen, damit sich die Schalen besser abziehen lassen
	die abgezogenen Knollen in Scheiben schneiden
1 kleine Zwiebel	abziehen, fein würfeln
1 Teel. feinwürfelig geschnittener Meerrettich	
125 ml ($^{1}/_{8}$ l) Essig (mit Wasser verdünnt)	
	die Rote Bete mit den Zutaten vermengen, mit Salz,
Zucker	abschmecken
$^{1}/_{2}$ Teel. Kümmel	hinzufügen
	den Salat gut durchziehen lassen
Kochzeit:	1–1$^{1}/_{2}$ Stunden.
	Pro Portion: E: 2 g, F: 0 g, Kh: 8 g kJ: 172, kcal: 41.

Rotkohlsalat mit Preiselbeerkompott

	Von
500 g Rotkohl (vorbereitet gewogen)	die groben äußeren Blätter entfernen, den Kohl in Hälften oder Viertel schneiden, den Strunk herausschneiden, den Kohl waschen, sehr fein schneiden oder hobeln
1 Eßl. Speiseöl	erhitzen, den Kohl kurze Zeit darin andünsten
etwas Salzwasser	hinzugießen, halbweich dünsten, gut abtropfen lassen
	für die Salatsoße
3 Eßl. Speiseöl	mit
2 Eßl. Essig	
Salz, Zucker	verschlagen
1 mittelgroße Zwiebel	abziehen, fein würfeln, unterrühren
	den noch warmen Rotkohl mit der Soße vermengen
	unter den abgekühlten Salat
3 schwach gehäufte Eßl. Preiselbeerkompott	rühren, gut durchziehen lassen
Dünstzeit:	15–20 Minuten.
	Pro Portion: E: 2 g, F: 14 g, Kh: 19 g kJ: 908, kcal: 217.

Weißkohlsalat

	Von
500 g Weißkohl	die groben äußeren Blätter entfernen, den Kohl in Hälften oder Viertel schneiden, den Strunk herausschneiden, den Kohl waschen, sehr fein schneiden oder hobeln
1 Eßl. Speiseöl	erhitzen, den Kohl kurze Zeit darin andünsten
etwas Salzwasser	hinzugießen, halbweich dünsten, gut abtropfen lassen
	für die Salatsoße
4 Eßl. Speiseöl	mit
2 Eßl. Essig	
Salz, Pfeffer, Zucker	verschlagen
1 kleine Zwiebel	abziehen, fein würfeln
1 Eßl. gehackte Kräuter, z. B. Petersilie, Schnittlauch	
	die Zutaten unterrühren
	den noch warmen Weißkohl mit der Soße vermengen
	den Salat gut durchziehen lassen
Dünstzeit:	15–20 Minuten.
	Pro Portion: E: 2 g, F: 18 g, Kh: 5 g kJ: 795, kcal: 190.

Selleriesalat

250–500 ml (1/4–1/2 l) Wasser	mit
1 Teel. Salz	
2–3 Eßl. Essig	zum Kochen bringen
2 Sellerieknollen (1 kg)	gründlich unter fließendem Wasser bürsten, in das kochende Essigwasser geben, zum Kochen bringen, gar kochen lassen, aus dem Wasser nehmen, mit kaltem Wasser übergießen, damit sich die Schalen besser ablösen lassen
	die lauwarmen Knollen schälen, in Scheiben schneiden
	für die Salatsoße
3 Eßl. Speiseöl	mit
1–2 Eßl. Essig	
Salz, Pfeffer, Zucker	verschlagen
1 Eßl. gehackte Kräuter, z. B. Petersilie, Schnittlauch	unterrühren
	die Selleriescheiben mit der Soße vermengen
Kochzeit:	1–2 Stunden.
	Pro Portion: E: 3 g, F: 11 g, Kh: 14 g kJ: 690, kcal: 165.

Halbrohkostsalate

Bohnen-Gurken-Tomatensalat
(6 Portionen)

400 g Grüne Bohnen (aus der Dose)	abtropfen lassen
1 kleine Salatgurke	waschen, abtrocknen, evtl. schälen, in feine Scheiben schneiden oder hobeln
4 mittelgroße Tomaten	waschen, abtrocknen, die Stengelansätze herausschneiden, die Tomaten in Scheiben schneiden
	für die Salatsoße
6 Eßl. Speiseöl	mit
3 Eßl. Essig	
Salz, Pfeffer, Zucker	verschlagen
2 mittelgroße Zwiebeln	abziehen, fein würfeln
2 Eßl. gehackte Kräuter, z. B. Petersilie, Schnittlauch, Dill	
	die Zutaten unterrühren zunächst die Bohnen mit der Soße vermengen, dann Gurken und Tomaten vorsichtig unterheben den Salat gut durchziehen lassen. Pro Portion: E: 2 g, F: 14 g, Kh: 6 g kJ: 686, kcal: 164.

Möhren-Selleriesalat

375 g Selleriescheiben (aus der Dose)	abtropfen lassen, in Streifen schneiden
500 g Möhren	schrappen, waschen, raspeln
	für die Salatsoße
4 Eßl. Speiseöl	mit
1–2 Eßl. Zitronensaft	
Salz, Pfeffer, Zucker	verschlagen
2 Eßl. gehackte Petersilie	unterrühren Sellerie und Möhren mit der Soße vermengen den Salat gut durchziehen lassen. Pro Portion: E: 3 g, F: 15 g, Kh: 16 g kJ: 870, kcal: 208.

Gemischte Salate

Gemüsesalat

280 g Mexikanisches Gemüse (aus der Dose)
120 g Grüne Bohnen (aus der Dose)
175 g Spargelstücke (aus der Dose)
125 g kleine Möhren (aus der Dose)
175 g Champignons (aus der Dose)
das Gemüse gut abtropfen lassen

für die Mayonnaise

3 schwach gehäufte Eßl. Salatmayonnaise mit
3 Eßl. Milch
2 schwach gehäuften Eßl. Joghurt (3,5% Fett) verrühren
1 Eßl. gehackte Kräuter, z. B. Petersilie, Schnittlauch unterrühren, mit
Salz, Pfeffer, Zucker abschmecken
das Gemüse mit der Mayonnaise vermengen
den Salat gut durchziehen lassen, evtl. mit Salz, Pfeffer, Zucker abschmecken.
Pro Portion: E: 6 g, F: 15 g, Kh: 13 g
kJ: 866, kcal: 207.

Italienischer Salat
(Abb. nebenstehend)

125 g Nudeln,	
z. B. Gabelspaghetti	in
1 l kochendes Salzwasser	geben, zum Kochen bringen, kurz umrühren, gar kochen lassen
	die garen Nudeln auf ein Sieb geben, mit kaltem Wasser übergießen
2 mittelgroße Äpfel	schälen, vierteln, entkernen
3 Essiggurken (aus dem Glas)	
200 g garer Schweinebraten (als Aufschnitt)	
	die drei Zutaten in Streifen schneiden, mit den Nudeln vermengen
	für die Salatsoße
1 Becher (150 g) Crème fraîche (30% Fett)	mit
1 schwach gehäuften Eßl. Tomaten-Ketchup	
1 Eßl. Milch	
2 Eßl. Gurkenwasser	verrühren
2 Eßl. gehackte Kräuter, z. B. Petersilie, Schnittlauch	unterrühren
	die Salatzutaten mit der Soße vermengen
	den Salat gut durchziehen lassen, evtl. mit Salz abschmecken
Kochzeit:	Etwa 20 Minuten.
	Pro Portion: E: 19 g, F: 17 g, Kh: 34 g kJ: 1615, kcal: 386.

Party-Salat

200 g Fleischwurst (im Stück)	enthäuten
2 mittelgroße Äpfel	schälen, vierteln, entkernen
2 Essiggurken (aus dem Glas)	
	die Zutaten in Streifen schneiden
	für die Mayonnaise
1 Eigelb	mit
1 Eßl. Essig	
1 schwach gehäuften Teel. Senf	
Salz, Pfeffer, Zucker	in einer Rührschüssel mit einem Schneebesen oder mit einem elektrischen Handrührgerät mit Rührbesen zu einer dicklichen Masse schlagen, darunter
125 ml (1/8 l) Speiseöl	schlagen (bei dieser Zubereitung ist es nicht notwendig, das Öl tropfenweise zuzusetzen, es wird in Mengen von 1–2 Eßl. untergeschlagen, die an das Eigelb gegebenen Gewürze verhindern eine Gerinnung) die Salatzutaten mit der Mayonnaise vermengen den Salat gut durchziehen lassen, evtl. mit Salz abschmecken. Pro Portion: E: 8 g, F: 45 g, Kh: 8 g kJ: 2025, kcal: 484.

Käsesalat

250 g Ananasscheiben (aus der Dose)	abtropfen lassen
250 g Käse, z. B. Gouda	
200 g gekochter Schinken	
	die Zutaten in Streifen schneiden
	für die Mayonnaise
1 Eigelb	mit
1 Eßl. Essig	
1 schwach gehäuften Teel. Senf	
Salz, Pfeffer, Zucker	in einer Rührschüssel mit einem Schneebesen oder mit einem elektrischen Handrührgerät mit Rührbesen zu einer dicklichen Masse schlagen, darunter
125 ml (1/8 l) Speiseöl	schlagen (bei dieser Zubereitung ist es nicht notwendig, das Öl tropfenweise zuzusetzen, es wird in Mengen von 1–2 Eßl. untergeschlagen, die an das Eigelb gegebenen Gewürze verhindern eine Gerinnung) die Salatzutaten,
50 g gehackte Walnußkerne	mit der Mayonnaise vermengen den Salat gut durchziehen lassen, evtl. mit Salz, Pfeffer abschmecken
2 Eßl. Ananassaft	hinzufügen. Pro Portion: E: 29 g, F: 62 g, Kh: 19 g kJ: 3284, kcal: 785.

Nudelsalat

125 g Nudeln, z. B. Hörnchen, Makkaroni	(Makkaroni in Stücke brechen) in
1 l kochendes Salzwasser	geben, zum Kochen bringen, kurz umrühren, gar kochen lassen
	die garen Nudeln auf ein Sieb geben, mit kaltem Wasser übergießen (Makkaroni evtl. noch kleinschneiden)
100 g Fleischwurst (im Stück)	enthäuten
2 hartgekochte Eier	pellen
2 Gewürzgurken (aus dem Glas)	
	die drei Zutaten in Streifen schneiden, mit den Nudeln vermengen
	für die Mayonnaise
3 schwach gehäufte Eßl. Salatmayonnaise	mit
1 schwach gehäuften Eßl. Joghurt (3,5% Fett)	
2 Eßl. Gurkenwasser	verrühren, mit
Salz, Zucker	abschmecken
	die Salatzutaten mit der Mayonnaise vermengen
	den Salat gut durchziehen lassen, evtl. mit Salz abschmecken
Kochzeit:	Etwa 20 Minuten.
	Pro Portion: E: 12 g, F: 22 g, Kh: 25 g kJ: 1506, kcal: 360.

Radieschen-Eiersalat

	Von
2 Bund Radieschen (500 g mit Grün)	Wurzeln und Blätter abschneiden, die Radieschen waschen
4 hartgekochte Eier	pellen
	beide Zutaten in Scheiben schneiden
	für die Salatsoße
1 Becher (150 g) Crème fraîche (30% Fett)	mit
1 Eßl. Zitronensaft	verrühren, mit
Salz, Pfeffer, Zucker	abschmecken
1 Eßl. gehackte Petersilie	unterrühren
	Radieschen und Eier mit der Soße vermengen.
	Pro Portion: E: 9 g, F: 17 g, Kh: 5 g kJ: 920, kcal: 220.

Fischsalat

1 Packung tiefgekühltes Kabeljaufilet (400 g)	nach der Vorschrift auf der Packung garen, in Würfel schneiden
1 großen Apfel	schälen, vierteln, entkernen, in Würfel schneiden
1/2 Salatgurke	waschen, in Scheiben schneiden
300 g Staudensellerie (aus der Dose)	abtropfen lassen, in Würfel schneiden
	für die Salatsoße
1 Eßl. Speiseöl	mit
2 Teel. Surig Essig-Essenz (25%)	
5 Teel. erkaltetem Fischsud	
5 Teel. klarem Schnaps	verrühren, mit
Salz, Pfeffer, Zucker	abschmecken
	die Soße vorsichtig mit den Salatzutaten vermengen, den Salat nochmals mit Salz, Pfeffer, Zucker abschmekken.
	Pro Portion: E: 19 g, F: 4 g, Kh: 12 g kJ: 745, kcal: 178.

Heringssalat

3 mittelgroße Heringe (750 g)	wässern, abtrocknen, enthäuten, entgräten
2 mittelgroße Äpfel	schälen, vierteln, entkernen
1 gekochte Rote Bete (250 g)	abziehen
2 mittelgroße Pellkartoffeln	pellen
250 g gebratenes Rindfleisch	
2 Essiggurken (aus dem Glas)	
	die Zutaten in kleine Würfel schneiden
50 g Walnußkerne	hacken
1 schwach gehäufter Eßl. Preiselbeerkompott	
2 Eßl. Gurkensaft	
	für die Mayonnaise
1 Eigelb	mit
1 Eßl. Essig	

1 schwach gehäuften Teel. Senf	
Salz, Pfeffer, Zucker	in einer Rührschüssel mit einem Schneebesen oder mit einem elektrischen Handrührgerät mit Rührbesen zu einer dicklichen Masse schlagen, darunter
125 ml (1/8 l) Speiseöl	schlagen (bei dieser Zubereitung ist es nicht notwendig, das Öl tropfenweise zuzusetzen, es wird in Mengen von 1–2 Eßl. untergeschlagen, die an das Eigelb gegebenen Gewürze verhindern eine Gerinnung)
2 Eßl. gehackte Kräuter, z. B. Schnittlauch, Petersilie	unterrühren
	die Salatzutaten mit der Mayonnaise vermengen
	den Salat gut durchziehen lassen, mit Salz, Pfeffer abschmecken.
	Pro Portion: E: 42 g, F: 67 g, Kh: 26 g kJ: 3828, kcal: 915.

Pußta-Fleischsalat

200 g gekochtes Rindfleisch	in Würfel schneiden
1 grüne Paprikaschote	halbieren, entstielen, entkernen, die weißen Scheidewände entfernen, die Schote waschen, in dünne Streifen schneiden
2 hartgekochte Eier	pellen, in Würfel schneiden
1 Kopf Salat	von den welken Blättern befreien, die anderen vom Strunk lösen, die großen Blätter teilen, die Herzblätter ganz lassen, den Salat in reichlich Wasser waschen, abtropfen lassen, aber nicht drücken
10 gefüllte grüne Oliven	in Scheiben schneiden
150 g Perlzwiebeln (aus dem Glas)	
1 mittelgroße Zwiebel	abziehen, in Ringe schneiden
	für die Salatsoße
2 Eßl. Speiseöl	mit
1 Teel. Surig Essig-Essenz (25%)	
2 Eßl. Wasser	
2 Teel. Slibowitz	verrühren , mit
Salz, Pfeffer, Zucker	abschmecken
	die Soße mit den Salatzutaten vermengen, sofort servieren.
	Pro Portion: E: 15 g, F: 18 g, Kh: 7 g kJ: 1125, kcal: 269.

Ananas-Spargelsalat

5 hartgekochte Eier	pellen, in Scheiben schneiden
125 g gekochten Schinken	in Streifen schneiden
150 g Ananasscheiben (aus der Dose)	abtropfen lassen
175 g Spargelstücke (aus der Dose)	abtropfen lassen beide Zutaten in Stücke schneiden
	für die Mayonnaise
1 Eigelb	mit
1 Eßl. Essig	
1 schwach gehäuften Teel. Senf	
Salz, Pfeffer, Zucker	in einer Rührschüssel mit einem Schneebesen oder mit einem elektrischen Handrührgerät mit Rührbesen zu einer dicklichen Masse schlagen, darunter
125 ml (1/8 l) Speiseöl	schlagen (bei dieser Zubereitung ist es nicht notwendig, das Öl tropfenweise zuzusetzen, es wird in Mengen von 1–2 Eßl. untergeschlagen, die an das Eigelb gegebenen Gewürze verhindern eine Gerinnung) die Salatzutaten mit der Mayonnaise vermengen den Salat gut durchziehen lassen. Pro Portion: E: 17 g, F: 42 g, Kh: 10 g kJ: 2113, kcal: 505.

Waldorfsalat

500 g Äpfel	schälen, vierteln, entkernen
200 g Sellerie	waschen, schälen beide Zutaten in feine Streifen schneiden von
100 g frischen Walnußkernen	die Häutchen abziehen, die Kerne grob mahlen oder sehr fein hacken
	für die Mayonnaise
1 Eigelb	mit
Salz, Pfeffer, Zucker	in einer Rührschüssel mit einem Schneebesen oder mit einem elektrischen Handrührgerät mit Rührbesen zu einer dicklichen Masse schlagen
125 ml (1/8 l) Speiseöl	hinzufügen, zunächst nur die Hälfte der vorgeschriebenen Ölmenge nehmen, ist die Masse steif,
1 Teel. Zitronensaft	hinzufügen, dann den Rest des Öls hinzugeben die Salatzutaten mit der Mayonnaise vermengen den Salat gut durchziehen lassen. Pro Portion: E: 5 g, F: 47 g, Kh: 21 g kJ: 2272, kcal: 543.

Geflügelsalat

375 g gebratenes Geflügelfleisch	in Streifen schneiden
225 g Mandarinenspalten (aus der Dose)	
175 g Champignonscheiben (aus der Dose)	
175 g Spargelstücke (aus der Dose)	
	die drei Zutaten abtropfen lassen, die Spargelstücke in etwa 3 cm lange Stücke schneiden
	für die Mayonnaise
1 Eigelb	mit
1 Eßl. Essig	
1 schwach gehäuften Teel. Senf	
Salz, Pfeffer, Zucker	in einer Rührschüssel mit einem Schneebesen oder mit einem elektrischen Handrührgerät mit Rührbesen zu einer dicklichen Masse schlagen, darunter
125 ml (1/8 l) Speiseöl	schlagen (bei dieser Zubereitung ist es nicht notwendig, das Öl tropfenweise zuzusetzen, es wird in Mengen von 1–2 Eßl. untergeschlagen, die an das Eigelb gegebenen Gewürze verhindern eine Gerinnung) die Salatzutaten mit der Mayonnaise vorsichtig vermengen den Salat gut durchziehen lassen. Pro Portion: E: 27 g, F: 35 g, Kh: 14 g kJ: 2067, kcal: 494.

Orangen-Fenchel-Salat

	Für die Salatsoße
2 Eßl. Speiseöl	mit
2 Teel. Surig Essig-Essenz (25%)	
5 Eßl. Wasser	
3 Eßl. Gin	
20 g Zucker	verrühren, mit
Salz, Pfeffer	
Knoblauchsalz	abschmecken
500 g Fenchelknollen	waschen, die braunen Stellen abschneiden, die Knollen in dünne Streifen schneiden, mit Salatsoße beträufeln, etwas ziehen lassen
3 Orangen	schälen, in dünne Scheiben schneiden, vierteln, abwechselnd mit dem Fenchel in eine Salatschüssel schichten, die Soße darüber geben. Pro Portion: E: 4 g, F: 8 g, Kh: 25 g kJ: 883, kcal: 211.

Obst

Obst

Regeln 1. Frisches Obst waschen.
Das Obst abtropfen lassen oder mit einem Tuch gut abreiben (Äpfel, Birnen, Pflaumen).

2. Getrocknetes oder gedörrtes Obst in kaltem Wasser 12–24 Stunden einweichen.

3. Obst erst nach dem Waschen entsteinen oder schälen.

4. Obst nie längere Zeit im Wasser liegenlassen, Äpfel, Birnen und Bananen nach dem Schälen mit Zitronensaft beträufeln, damit sie nicht braun werden.

5. Besonders saftreiche Obstsorten im eigenen Saft dünsten.

6. Obstmus erst nach dem Durchrühren süßen, damit kein Zucker mit dem Rückstand verlorengeht.

7. Gewürze wie Zitronen- und Apfelsinenschalen usw. vor dem Anrichten des Obstes entfernen.

Rohes Obst

Obstsalat

(6 Portionen)

2 mittelgroße Äpfel (250 g)	schälen, vierteln, entkernen
1 mittelgroße Mango (350 g)	schälen, halbieren, entkernen
1 Nektarine (75 g)	
mittelgroßer Pfirsich (75 g)	
	beide Zutaten waschen, abtrocknen, halbieren, entkernen
1 Kiwi (100 g)	
1 Banane (150 g)	
	beide Zutaten schälen das Obst in kleine Stücke (Banane in Scheiben) schneiden
100 g Sauerkirschen	waschen, gut abtropfen lassen, entstielen, entsteinen
100 g Erdbeeren	waschen, gut abtropfen lassen, entstielen, in Stücke schneiden
100 g Himbeeren	sorgfältig verlesen, das Obst mit
3 Eßl. Zitronensaft	
30 g Zucker	mischen. Pro Portion: E: 1 g, F: 0 g, Kh: 30 g kJ: 540, kcal: 129.
Beigabe:	Schlagsahne oder Soße, zubereitet mit Soßen-Pulver Ohne Kochen Vanille-Geschmack.

Müsli

(nach Dr. Bircher-Benner)

40 g kernige Haferflocken	in
12 Eßl. kaltem Wasser	mehrere Stunden einweichen kurz vor dem Verzehr
4 Eßl. Zitronensaft	
4 Eßl. Sahne	hinzugeben
600 g Äpfel	waschen, reiben, unter die Haferflocken mischen das Müsli mit
Zucker	
Bienenhonig	abschmecken
20 g geriebene	
Haselnußkerne	darüber streuen. Pro Portion: E: 3 g, F: 9 g, Kh: 27 g kJ: 858, kcal: 205.
Beigabe:	Ein Stück Vollkornbrot mit Butter oder Honig.
Veränderung:	Statt der Haferflocken Roggen-, Weizen- oder Reisflokken nehmen; statt der Äpfel Beerenfrüchte aller Art (diese zerdrücken) nehmen; statt frischer Früchte getrocknetes, gewaschenes Obst nehmen (100 g für 1 Person), dieses 12 Stunden einweichen, fein schneiden, mit den anderen Zutaten mischen.

Erdbeeren mit Quark

200 g Erdbeeren	waschen, gut abtropfen lassen, entstielen, in Stücke schneiden, mit
20 g Zucker	mischen
250 g Speisequark (Magerstufe)	mit
125 ml (1/8 l) Sahne	
1 Päckchen Vanillin-Zucker	gut verrühren, die Erdbeeren unterrühren.
	Pro Portion: E: 10 g, F: 10 g, Kh: 14 g kJ: 808, kcal: 193.
Veränderung:	Anstelle von Erdbeeren Himbeeren, Johannisbeeren oder Brombeeren verwenden.

Himbeerschaum

1 gehäuften Teel. Gelatine gemahlen, weiß	mit
3 Eßl. kaltem Wasser	anrühren, 10 Minuten zum Quellen stehenlassen, unter Rühren erwärmen, bis sie gelöst ist
375 g vorbereitete Himbeeren	zerdrücken, mit
1 Eßl. Zitronensaft	schaumig schlagen, zunächst 3 Eßl. davon mit der Gelatinelösung verrühren, unter die übrigen Früchte schlagen
250 ml (1/4 l) Sahne	steif schlagen, unterheben, den Himbeerschaum mit
Zucker	abschmecken, in Gläser füllen.
	Pro Portion: E: 4 g, F: 20 g, Kh: 10 g kJ: 1004, kcal: 240.
Veränderung:	Den Himbeerschaum mit gezuckerten Himbeeren garnieren.

Gedünstetes Obst

Erdbeerkompott

500 g Erdbeeren waschen, abtropfen lassen, entstielen, mit
50 g Zucker bestreuen
sobald die Früchte Saft gezogen haben, sie weich dünsten
das Kompott erkalten lassen, evtl. mit
Zucker abschmecken.
Pro Portion: E: 1 g, F: 1 g, Kh: 22 g
kJ: 393, kcal: 94.

Sauerkirschkompott

500 g Sauerkirschen waschen, entstielen, entsteinen, mit
125 g Zucker bestreuen
sobald die Früchte Saft gezogen haben, sie weich dünsten
das Kompott erkalten lassen, evtl. mit
Zucker abschmecken.
Pro Portion: E: 1 g, F: 0 g, Kh: 48 g
kJ: 824, kcal: 197.

Pfirsichkompott

600 g Pfirsiche kurze Zeit in kochendes Wasser legen, in kaltem Wasser abschrecken, enthäuten, halbieren, entsteinen, einige Steine aufbrechen, die Kerne mit
5 Eßl. Wasser
50 g Zucker zum Kochen bringen, die Pfirsiche dazugeben, weich dünsten
das Kompott erkalten lassen, evtl. mit
Zucker abschmecken.
Pro Portion: E: 1 g, F: 0 g, Kh: 27 g
kJ: 469, kcal: 112.

Rhabarberkompott

500 g Rhabarber	waschen, in etwa 2 cm lange Stücke schneiden (nicht abziehen), mit
100 g Zucker	bestreuen
	sobald der Rhabarber Saft gezogen hat,
1 Päckchen Vanillin-Zucker	hinzufügen, den Rhabarber weich dünsten
	das Kompott erkalten lassen, evtl. mit
Zucker	abschmecken.
	Pro Portion: E: 1 g, F: 0 g, Kh: 31 g kJ: 540, kcal: 129.

Heidelbeerkompott

500 g Heidelbeeren	verlesen, waschen, mit
75 g Zucker	bestreuen
	sobald die Früchte Saft gezogen haben, sie mit
gelber Zitronenschale (ungespritzt)	weich dünsten
	das Kompott erkalten lassen, evtl. mit
Zucker	abschmecken.
	Pro Portion: E: 1 g, F: 1 g, Kh: 36 g kJ: 632, kcal: 151.

Johannisbeerkompott

500 g Johannisbeertrauben	waschen, die Beeren mit einer Gabel von den Stielen streifen, mit
100 g Zucker	bestreuen
	sobald die Früchte Saft gezogen haben, sie weich dünsten
	das Kompott erkalten lassen, evtl. mit
Zucker	abschmecken.
	Pro Portion: E: 1 g, F: 0 g, Kh: 37 g kJ: 649, kcal: 155.

Aprikosenkompott
(Abb. S. 343)

600 g Aprikosen	kurze Zeit in kochendes Wasser legen, in kaltem Wasser abschrecken, enthäuten, halbieren, entsteinen, einige Steine aufbrechen, die Kerne zu den Früchten geben, diese mit
75 g Zucker	bestreuen
	sobald die Früchte Saft gezogen haben, sie weich dünsten
	das Kompott erkalten lassen, evtl. mit
Zucker	abschmecken.
	Pro Portion: E: 1 g, F: 0 g, Kh: 36 g kJ: 615, kcal: 147.

Gekochtes Obst

Stachelbeerkompott

500 g halbreife Stachelbeeren	von Stiel und Blüte befreien, waschen
125 ml (1/8 l) Wasser	mit
100 g Zucker	zum Kochen bringen, die Stachelbeeren hineingeben, zum Kochen bringen, weich kochen (nicht durchrühren)
	das Kompott erkalten lassen, evtl. mit
Zucker	abschmecken.
	Pro Portion: E: 1 g, F: 0 g, Kh: 36 g kJ: 644, kcal: 154.

Apfelkompott

500 g Äpfel	schälen, vierteln oder achteln, entkernen
250 ml (1/4 l) Wasser	mit
50 g Zucker	zum Kochen bringen, die Äpfel hineingeben, zum Kochen bringen, unter öfterem Schütteln weich (glasig) kochen
	das Kompott erkalten lassen, mit
Zitronensaft	
Zucker	abschmecken.
	Pro Portion: E: 0 g, F: 1 g, Kh: 27 g kJ: 473, kcal: 113.
Veränderung:	Anstelle von Zitronensaft Weißwein verwenden.

Mirabellenkompott

500 g Mirabellen	waschen, entstielen
125 ml (1/8 l) Wasser	mit
75 g Zucker	zum Kochen bringen, die Mirabellen hineingeben, zum Kochen bringen, weich kochen das Kompott erkalten lassen, evtl. mit
Zucker	abschmecken. Pro Portion: E: 1 g, F: 0 g, Kh: 37 g kJ: 640, kcal: 153.

Backobst

(Abb. S. 110)

250 g gemischtes Backobst	in
750 ml (3/4 l) Wasser	12–24 Stunden einweichen, mit dem Einweichwasser,
gelber Zitronenschale (ungespritzt)	
Stangenzimt	
60 g Zucker	zum Kochen bringen, weich kochen
2 schwach gehäufte Teel. Speisestärke, z. B. Gustin	mit
1 Eßl. kaltem Wasser	anrühren, das Kompott damit binden
Kochzeit:	Etwa 25 Minuten. Pro Portion: E: 2 g, F: 0 g, Kh: 56 g kJ: 987, kcal: 236.

Apfelmus

750 g Äpfel	waschen, von Stiel und Blüte befreien, in kleine Stücke schneiden, mit
5 Eßl. Wasser	zum Kochen bringen, weich kochen, durch ein Sieb streichen
100 g Zucker	hinzufügen. Pro Portion: E: 1 g, F: 1 g, Kh: 47 g kJ: 812, kcal: 194.

Brombeerkompott

500 g Brombeeren	verlesen, waschen
125 ml (1/8 l) Wasser	mit
75 g Zucker	zum Kochen bringen, die Brombeeren hineingeben, zum Kochen bringen, weich kochen das Kompott erkalten lassen, mit
Zucker	abschmecken. Pro Portion: E: 2 g, F: 1 g, Kh: 30 g kJ: 561, kcal: 134.

Quittenkompott

500 g Quitten	mit einem Tuch abreiben, schälen, vierteln oder achteln, entkernen, so viel Wasser auf die Quitten geben, daß sie gerade bedeckt sind, zum Kochen bringen, weich kochen, kurz vor Beendigung der Kochzeit
175 g Zucker	hinzugeben, den Saft noch etwas einkochen lassen, mit
Zucker	abschmecken. Pro Portion: E: 1 g, F: 1 g, Kh: 60 g kJ: 1021, kcal: 244.

Reneklodenkompott

500 g Renekloden	waschen, mit einer Nadel mehrmals einstechen (nicht entsteinen)
125 ml (1/8 l) Wasser	mit
75 g Zucker	zum Kochen bringen, die Renekloden hineingeben, zum Kochen bringen, weich kochen das Kompott erkalten lassen, evtl. mit
Zucker	abschmecken. Pro Portion: E: 1 g, F: 0 g, Kh: 40 g kJ: 669, kcal: 160.

Pflaumenkompott

500 g Pflaumen	waschen, halbieren, entsteinen
125 ml (1/8 l) Wasser	mit
50 g Zucker	zum Kochen bringen, Pflaumen,
1 Stück Stangenzimt	
3 Gewürznelken	
(nach Geschmack)	hineingeben, zum Kochen bringen, weich kochen
	das Kompott erkalten lassen, evtl. mit
Zucker	abschmecken.
	Pro Portion: E: 1 g, F: 0 g, Kh: 30 g kJ: 510, kcal: 122.

Birnenkompott

500 g Birnen	schälen, halbieren, entkernen
250 ml (1/4 l) Wasser	mit
50 g Zucker	
1 Päckchen Vanillin-Zucker	zum Kochen bringen, die Birnen hineingeben, zum Kochen bringen, weich kochen
	das Kompott erkalten lassen, evtl. mit
Zucker	abschmecken
Kochzeit:	20–30 Minuten.
	Pro Portion: E: 1 g, F: 0 g, Kh: 29 g kJ: 510, kcal: 122.

Gebackenes Obst

Ausgebackene Äpfel

750 g saure Äpfel	schälen, mit einem Apfelbohrer das Kerngehäuse ausstechen, die Äpfel in 1 cm dicke Ringe schneiden
	für den Teig
250 g Weizenmehl	
9 g (3 gestrichene Teel.)	
Backpulver Backin	mischen, in eine Schüssel sieben, in die Mitte eine Vertiefung eindrücken
1 Ei	
25 g Zucker	
250 ml (1/4 l) Milch	verschlagen, etwas davon in die Vertiefung geben, von der Mitte aus Eimilch und Mehl verrühren, die übrige Eimilch dazugeben, darauf achten, daß keine Klumpen entstehen
	die Apfelscheiben in den Teig tauchen, in siedendem
Pflanzenfett, z. B. Biskin	goldgelb backen, auf einem Kuchenrost abtropfen lassen, mit
Zucker und Zimt	bestreuen, warm servieren
Backzeit:	1–2 Minuten.
	Pro Portion: E: 11 g, F: 13 g, Kh: 78 g kJ: 2029, kcal: 485.
Veränderung:	Anstelle von Äpfeln Aprikosen- oder Pfirsichhälften oder Ananas- oder Birnenscheiben verwenden.

Puttäpfel

(Gebratene Äpfel)
(4 Portionen)

8 mittelgroße Äpfel	waschen, nicht schälen, von der Blütenseite her ausbohren, aber nicht durchstechen
	die Äpfel in eine mit
10 g Butter	gefettete Auflaufform oder auf kleine Teller setzen, mit
20 g Butter	
20 g Zucker	
1 Päckchen Vanillin-Zucker	füllen, auf dem Rost in den Backofen schieben, weich backen
Strom:	200–225
Gas:	3–4
Backzeit:	30–45 Minuten.
	Pro Portion: E: 1 g, F: 7 g, Kh: 36 g kJ: 891, kcal: 213.
Beigabe:	Soße, zubereitet aus Soßen-Pulver Vanille-Geschmack.
Veränderung:	Die Äpfel mit Weißwein begießen.

Obstaufläufe

Kompottauflauf mit Schneehaube

250 ml (1/4 l) heiße Milch	mit
5 Tropfen Rum-Aroma	mischen
100 g (etwa 9) Zwiebäcke	darin einweichen
200 g Pflaumenkompott	
150 g Birnenkompott	
150 g Apfelkompott	
	das Kompott abtropfen lassen, in eine mit
10 g Butter oder Margarine	gefettete Auflaufform geben, die durchweichten Zwiebäcke dicht nebeneinander darauf legen
	einen Vanille-Pudding nach der Vorschrift auf dem Päckchen zubereiten aus:
500 ml (1/2 l) Milch	
1 Päckchen Pudding-Pulver Vanille-Geschmack	
50 g Zucker	
1 Eigelb	
6 Eßl. kalter Milch	
	den Pudding auf die Zwiebäcke geben
1 Eiweiß	steif schlagen, mit
1 gestrichenen Teel. Zucker	süßen, gleichmäßig auf den Pudding streichen
	die Auflaufform auf dem Rost in den Backofen schieben
Strom:	175–200
Gas:	2 1/2–3 1/2
Backzeit:	15–20 Minuten.
	Pro Portion: E: 12 g, F: 12 g, Kh: 75 g kJ: 1958, kcal: 468.

Kirschmichel

60 g Butter oder Margarine	schaumig rühren, nach und nach
125 g Zucker	
1 Päckchen Vanillin-Zucker	
3–4 Tropfen Backöl Bittermandel	
2 Eier	
150 g Grieß	hinzufügen
125 g Weizenmehl	
9 g (3 gestrichene Teel.) Backpulver Backin	mischen, sieben, abwechselnd mit
250 ml (1/4 l) Milch	unterrühren
500 g Sauerkirschen	waschen, entstielen, entsteinen, unter den Teig heben, in eine mit
10 g Butter oder Margarine	gefettete Auflaufform füllen, auf dem Rost in den Backofen schieben
Strom:	175–200
Gas:	2 1/2–3 1/2
Backzeit:	50–60 Minuten.
	Pro Portion: E: 14 g, F: 20 g, Kh: 105 g kJ: 2833, kcal: 677.

Apfelauflauf

500 g Äpfel	schälen, vierteln, entkernen, in Scheiben schneiden
2 Eier	mit
125 g Zucker	schaumig schlagen
2 Tropfen Backöl Zitrone	hinzufügen
125 g Weizenmehl	
6 g (2 gestrichene Teel.) Backpulver Backin	mischen, sieben, unterrühren den Teig abwechselnd lagenweise mit den Äpfeln in eine mit
10 g Butter oder Margarine	gefettete Auflaufform schichten, die oberste Schicht soll aus Teig bestehen die Auflaufform auf dem Rost in den Backofen schieben
Strom:	175–200
Gas:	2 1/2–3 1/2
Backzeit:	Etwa 30 Minuten.
	Pro Portion: E: 7 g, F: 6 g, Kh: 69 g kJ: 1531, kcal: 366.
Veränderung:	Anstelle von Äpfeln Heidelbeeren, entsteinte Kirschen oder Zwetschen verwenden.

Quarkauflauf mit Äpfeln

500 g Äpfel	schälen, vierteln, entkernen, in feine Scheiben schneiden, mit
2 Eßl. Zitronensaft	und etwas von
125 g Zucker	mischen, gut durchziehen lassen
500 g Speisequark (Magerstufe)	nach und nach mit dem restlichen Zucker,
3 Eigelb	verrühren
60 g Speisestärke, z. B. Gustin	mit
6 g (2 gestrichene Teel.) Backpulver Backin	mischen, sieben, zusammen mit den Äpfeln unter die Quarkcreme rühren
3 Eiweiß	steif schlagen, zuletzt unter die Quarkmasse heben, in eine mit
10 g Butter oder Margarine	gefettete Auflaufform füllen, den Auflauf mit
30 g Semmelmehl	bestreuen
30 g Butter	in Flöckchen darauf setzen
	die Auflaufform auf dem Rost in den Backofen schieben
Strom:	175–200
Gas:	$2\frac{1}{2}$–$3\frac{1}{2}$
Backzeit:	50–60 Minuten.
	Pro Portion: E: 23 g, F: 14 g, Kh: 71 g kJ: 2138, kcal: 511.
Veränderung:	Anstelle der Äpfel 500 g gewaschene, entstielte, entsteinte Kirschen verwenden.

Eierspeisen

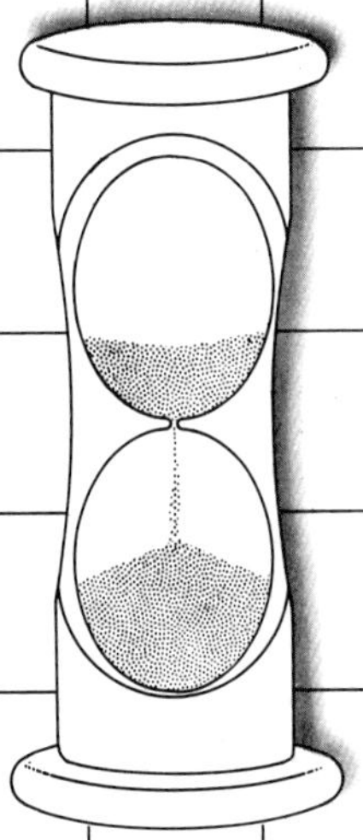

Eierspeisen

Regeln 1. Eier vor dem Kochen säubern und einstechen.

2. Eier vorsichtig aufschlagen und prüfen, ob sie gut sind (das einzelne Ei erst in eine Tasse gleiten lassen).

3. Ganze Eier vor dem Einrühren verquirlen oder verschlagen, damit Eigelb und Eiweiß richtig gemischt werden.

4. Bei Verwendung von Eigelb allein, es mit 1 Eßl. Milch oder Sahne gut verschlagen, dann in die Speise rühren.

5. Legierte Speisen (s. Regeln S. 66 Punkt 2) dürfen nicht mehr kochen, da sonst das Ei gerinnt, die Speise nur vorsichtig erwärmen, am besten im Wasserbad warm halten.

6. Beim Schlagen von Eiweiß zu Schnee das Eiweiß sorgfältig vom Eigelb trennen, darauf achten, daß kein Eigelb in das Eiweiß läuft, da sich das Eiweiß sonst nicht aufschlagen läßt. So lange schlagen, bis ein fester Schnee entstanden ist, es muß ein Messerschnitt sichtbar bleiben, d. h., der Schnee darf nicht herausfließen beim Umdrehen des Gefäßes. Eierschnee wird durch Stehen wieder flüssig, deshalb sofort verwenden.

7. Eierschnee lose unterziehen (nicht rühren).

8. Ein übriggebliebenes Eigelb ist, mit Wasser bedeckt, 1–2 Tage haltbar.

Gekochte Eier

Gekochte Eier

Eier	müssen frisch und sauber sein
Wassermenge	muß reichlich bemessen sein, damit sie nicht zu sehr abkühlt sehr kalte Eier in lauwarmem Wasser vorwärmen, damit die Schalen beim Einlegen in das kochende Wasser nicht platzen, bzw. die Eier einstechen die fertigen Eier kurze Zeit in kaltes Wasser legen, damit sie nicht nachhärten und sich später besser pellen lassen
Kochzeit:	Weiche Eier 3–4 Minuten, pflaumenweiche 4–5 Minuten, harte Eier 8–10 Minuten. Pro Ei: E: 7 g, F: 6 g, Kh: 0 g kJ: 368, kcal: 88.

Russische Eier

4 hartgekochte Eier	pellen, der Länge nach halbieren, das Eigelb vorsichtig herausnehmen, durch ein Sieb streichen, mit
1 schwach gehäuften Eßl. Salatmayonnaise *1 schwach gehäuften Teel. Senf*	zu einer geschmeidigen Masse verrühren, mit
Salz, Pfeffer, Zucker	abschmecken, die Masse in die Eierhälften spritzen, auf
Salatblättern	anrichten, mit
Sardellen und Gurkenstreifen	garnieren. Pro Portion: E: 7 g, F: 10 g, Kh: 1 g kJ: 523, kcal: 125.
Beigabe:	Mayonnaise.
Veränderung:	Unter die Eigelbfüllung gedünstete, feingeschnittene Pilze, Tomatenmark, feingewiegte grüne Kräuter, feingehackte Sardellen oder feingehackten rohen Schinken rühren, mit Salz abschmecken.

Verlorene Eier

1 l Wasser	mit
3 Eßl. Essig	zum Kochen bringen
6 Eier	einzeln in einer Kelle aufschlagen, vorsichtig in das kochende Wasser geben (bei Gas die Flamme klein stellen, bei Strom die Kochplatte auf Stufe 0 schalten) die garen Eier mit einem Schaumlöffel herausnehmen, kurz in kaltes Wasser halten, ringsherum zu einer hübschen Form beschneiden
Kochzeit:	3–4 Minuten.
	Verlorene Eier als Einlage für Suppen, auf gerösteten Brotscheiben als Vorspeise oder mit verschiedenen Soßen als selbständiges Gericht reichen.
	Pro Ei: E: 7 g, F: 6 g, Kh: 0 g kJ: 368, kcal: 88.

Soleier

Frische Eier	hart kochen, ringsherum die Schale leicht anknicken die Eier mindestens 24 Stunden in so starkes
Salzwasser	legen, daß sie darin schwimmen die Eier können 6–8 Tage darin aufgehoben werden
Kochzeit:	10 Minuten.
	Pro Ei: E: 7 g, F: 6 g, Kh: 0 g kJ: 368, kcal: 88.

Eier in kalter Soße

6 Eier = 1 Rezept Senfsoße (S. 80)	Die gekochten oder verlorenen Eier auf 4 gerösteten Brotscheiben auf grünen Salatblättern anrichten, mit einer der Soßen übergießen.
6 Eier = 1 Rezept Mayonnaise (S. 76)	*Senfsoße* Pro Portion: E: 23 g, F: 18 g, Kh: 29 g kJ: 1628, kcal: 389.
6 Eier = 1 Rezept Remouladensoße (S. 78)	*Mayonnaise* Pro Portion: E: 14 g, F: 40 g, Kh: 22 g kJ: 2222, kcal: 531.
	Remouladensoße Pro Portion: E: 16 g, F: 43 g, Kh: 22 g kJ: 2377, kcal: 568.

Eier in warmer Soße

6 Eier =	Zu den nebenstehenden Soßen nach Belieben sowohl
$^1/_2$ l Béchamelsoße (S. 69)	gekochte als auch verlorene Eier verwenden.
6 Eier =	Verlorene Eier ganz lassen, gekochte in Hälften oder
$^1/_2$ l Tomatensoße (S. 67)	Viertel schneiden, die Eier in eine flache Schüssel le-
6 Eier =	gen, mit der warmen Soße übergießen, nach Belieben
$^1/_2$ l Senfsoße (S. 71)	garnieren.
6 Eier =	*Béchamelsoße*
$^1/_2$ l Specksoße (S. 72)	Pro Portion: E: 15 g, F: 21 g, Kh: 11 g
	kJ: 1305, kcal: 312.
	Tomatensoße
	Pro Portion: E: 14 g, F: 16 g, Kh: 11 g
	kJ: 1084, kcal: 259.
	Senfsoße
	Pro Portion: E: 15 g, F: 18 g, Kh: 10 g
	kJ: 1163, kcal: 278.
	Specksoße
	Pro Portion: E: 12 g, F: 21 g, Kh: 8 g.
	kJ: 1163, kcal: 278.

Eierfrikassee

200 g Champignons (aus der Dose)	
175 g Spargelstücke (aus der Dose)	beide Zutaten zum Abtropfen auf ein Sieb geben, das Champignon- und Spargelwasser mit Wasser auf 500 ml ($^1/_2$ l) auffüllen
8 hartgekochte Eier	pellen Champignons und Eier in Scheiben schneiden
	für die Soße
30 g Butter oder Margarine	zerlassen
35 g Weizenmehl	unter Rühren so lange darin erhitzen, bis es hellgelb ist
500 ml ($^1/_2$ l) Champignon- und Spargelwasser	hinzugießen, mit einem Schneebesen durchschlagen, darauf achten, daß keine Klumpen entstehen, die Soße zum Kochen bringen, etwa 5 Minuten kochen lassen die Zutaten in die Soße geben, etwa 10 Minuten darin ziehen lassen
1 Eigelb	mit
3 Eßl. Weißwein	verschlagen, das Frikassee damit abziehen, mit
Salz	
Zitronensaft	abschmecken. Pro Portion: E: 17 g, F: 20 g, Kh: 10 g kJ: 1305, kcal: 312.
Veränderung:	1 Teel. Kapern und Semmelklößchen (S. 63) zuletzt in das Frikassee geben.

Gestockte und gerührte Eier

Rühreí

6 Eier mit
6 Eßl. Milch
Salz verschlagen
45 g Butter oder Margarine in einer Stielpfanne zerlassen, die Eiermilch hineingeben
sobald die Masse zu stocken beginnt, sie mit einem Löffel strichweise vom Boden der Pfanne losrühren, so lange weiter erhitzen, bis keine Flüssigkeit mehr vorhanden ist
Rührei muß weich und großflockig, aber nicht trocken sein

Gerinnungszeit: Etwa 5 Minuten.
Pro Portion: E: 11 g, F: 19 g, Kh: 2 g
kJ: 971, kcal: 232.

Veränderung: 3 Eßl. feingeschnittenen Schnittlauch unter das Rührei rühren.

Rührei mit Spargel

6 Eier mit
6 Eßl. Milch
Salz verschlagen
150 g Spargelstücke (aus der Dose) abtropfen lassen
30 g Butter oder Margarine in einer Stielpfanne zerlassen, die Spargelstücke hineingeben, die Eiermilch darüber gießen, sobald die Masse zu stocken beginnt, sie mit einem Löffel strichweise vom Boden der Pfanne losrühren, so lange weiter erhitzen, bis keine Flüssigkeit mehr vorhanden ist
Rührei muß weich und großflockig, aber nicht trocken sein

Gerinnungszeit: Etwa 5 Minuten.
Pro Portion: E: 12 g, F: 16 g, Kh: 3 g
kJ: 883, kcal: 211.

Rühreimit Schinkenspeck

6 Eier	mit
6 Eßl. Milch	
Salz	verschlagen
75 g Schinkenspeck	in kleine Würfel schneiden, in einer Stielpfanne auslassen, wenn er hellgelb ist, die Eiermilch dazugeben sobald die Masse zu stocken beginnt, sie mit einem Löffel strichweise vom Boden der Pfanne losrühren, so lange weiter erhitzen, bis keine Flüssigkeit mehr vorhanden ist Rührei muß weich und großflockig, aber nicht trocken sein
Gerinnungszeit:	Etwa 5 Minuten. Pro Portion: E: 13 g, F: 22 g, Kh: 2 g kJ: 1134, kcal: 271.

Rührei mit Tomaten

6 Eier	mit
6 Eßl. Milch	
Salz	verschlagen
45 g Butter oder Margarine	in einer Stielpfanne zerlassen, die Eiermilch hineingeben, etwas stocken lassen
3 mittelgroße Tomaten	waschen, die Stengelansätze herausschneiden, die Tomaten in Scheiben schneiden, in das halbfertige Rührei legen das Rührei strichweise vom Boden der Pfanne losrühren, so lange weiter erhitzen, bis keine Flüssigkeit mehr vorhanden ist Rührei muß weich und großflockig, aber nicht trocken sein
Gerinnungszeit:	Etwa 5 Minuten. Pro Portion: E: 11 g, F: 19 g, Kh: 3 g kJ: 1008, kcal: 241.

Gestürzte Eier

60 g gekochten Schinken	fein schneiden, mit
40 g geriebenem Käse, z. B. Gouda	mischen
	4 Tassen oder Förmchen gut mit
10 g Butter oder Margarine	ausstreichen
4 Eier	aufschlagen, in jede Tasse 1 Ei geben, die Schinken-Käsemasse darauf füllen
	die Förmchen mit
Aluminium-Haushaltsfolie	abdecken, in heißes, aber nicht kochendes Wasser stellen, stocken lassen
gewaschene Salatblätter	auf einer Platte anrichten, die Eier darauf stürzen
Gerinnungszeit:	Etwa 30 Minuten.
	Pro Portion: E: 13 g, F: 13 g, Kh: 1 g kJ: 753, kcal: 180.

Gebratene Eier

Spiegeleier

20 g Butter oder Margarine	in einer Stielpfanne zerlassen
4 Eier	vorsichtig aufschlagen, nebeneinander in das Fett gleiten lassen, das Eiweiß mit
Salz	bestreuen, braten lassen
Bratzeit:	Etwa 5 Minuten.
	Pro Portion: E: 7 g, F: 10 g, Kh: 0 g kJ: 527, kcal: 126.
Veränderung:	Die Eier auf einen Teller schlagen, auf Wasserdampf gerinnen lassen.

Spiegeleier auf Schinkenspeck

30 g Schinkenspeckscheiben	in einer Stielpfanne anbraten
4 Eier	nebeneinander darauf schlagen, das Eiweiß mit
Salz	bestreuen, braten lassen
Bratzeit:	Etwa 5 Minuten.
	Pro Portion: E: 8 g, F: 11 g, Kh: 0 g kJ: 577, kcal: 138.

Eierkuchen

Gefüllte Eierkuchen, salzig

	Für die Füllung
2 mittelgroße Zwiebeln	abziehen, fein würfeln
3 Eßl. Speiseöl	erhitzen, die Zwiebeln darin andünsten
500 g Hackfleisch (halb Rind-, halb Schweinefleisch)	hinzufügen, anbraten, mit
Salz, Pfeffer	würzen
2 gestrichene Eßl. Tomatenmark	
250 ml ($^{1}/_{4}$ l) heißes Wasser	hinzufügen, in 10–15 Minuten gar schmoren lassen
2 gestrichene Teel. Speisestärke, z. B. Gustin	mit
2 Eßl. kaltem Wasser	anrühren, das Fleisch damit binden, mit Salz, Pfeffer abschmecken, warm stellen
	für den Teig
150 g Weizenmehl	
100 g Speisestärke, z. B. Gustin	
3 g (1 gestrichener Teel.) Backpulver Backin	mischen, in eine Schüssel sieben, in die Mitte eine Vertiefung eindrücken
3 Eier	mit
Salz	
375 ml ($^{3}/_{8}$ l) Milch	verschlagen, etwas davon in die Vertiefung geben, von der Mitte aus Eiermilch und Mehl verrühren, nach und nach die übrige Eiermilch dazugeben, darauf achten, daß keine Klumpen entstehen, etwas von
6 Eßl. Speiseöl	in einer Stielpfanne erhitzen, eine dünne Teiglage hineingeben, von beiden Seiten goldgelb backen bevor der Eierkuchen gewendet wird, etwas Speiseöl in die Pfanne geben damit die Eierkuchen vor dem Füllen nicht kalt werden, sie warm stellen, bis der gesamte Teil gebacken ist die Füllung auf die Eierkuchen geben, zusammenklappen, auf einer vorgewärmten Platte anrichten. Pro Portion: E: 36 g, F: 70 g, Kh: 58 g kJ: 4427, kcal: 1058.
Beigabe:	Grüner Salat.

Eierkuchen mit Schinkenspeck

250 g Weizenmehl	
3 g (1 gestrichener Teel.) Backpulver Backin	mischen, in eine Schüssel sieben, in die Mitte eine Vertiefung eindrücken
3 Eier	mit
Salz	
500 ml (1/2 l) Milch	verschlagen, etwas davon in die Vertiefung geben, von der Mitte aus Eiermilch und Mehl verrühren, nach und nach die übrige Eiermilch dazugeben, darauf achten, daß keine Klumpen entstehen, etwas von
6 Eßl. Speiseöl	in einer Stielpfanne erhitzen, etwas von
200 g Schinkenspeck-scheiben	darin bräunlich braten, eine dünne Lage Eierkuchenteig darauf geben, von beiden Seiten goldgelb backen bevor der Eierkuchen gewendet wird, etwas Speiseöl in die Pfanne geben.
	Pro Portion: E: 20 g, F: 63 g, Kh: 53 g kJ: 3778, kcal: 903.
Beigabe:	Grüner Salat.

Omelette mit Champignonfüllung
(2 Portionen)

	Für die Füllung
500 g Champignons	putzen, waschen, in Scheiben schneiden
100 g durchwachsenen Speck	in Würfel schneiden, zusammen mit
20 g Margarine, z. B. Sanella	auslassen, die Champignons darin andünsten, mit
Salz, Pfeffer	würzen, gar dünsten lassen
2 gestrichene Teel. Speisestärke, z. B. Gustin	mit
2 Eßl. kaltem Wasser	anrühren, die Champignons damit binden, mit Salz, Pfeffer abschmecken
2 Eßl. gehackte Petersilie	unterrühren, warm stellen
	für das Omelette
6 Eier	mit
Salz	
2 Eßl. Milch	verschlagen

30 g Butter oder Margarine in einer nicht zu kleinen Stielpfanne zerlassen, die Eier hineingeben (evtl. 2 Omelettes backen), Pfanne mit einem Deckel schließen, bei schwacher Hitze langsam gerinnen lassen, die untere Seite muß bräunlich gebakken sein, die obere weich bleiben

das Omelette mit der Füllung bestreichen, zusammenklappen, auf einer vorgewärmten Platte anrichten

das Omelette erst kurz vor dem Anrichten zubereiten

Backzeit: Etwa 5 Minuten.

Pro Portion: E: 32 g, F: 71 g, Kh: 11 g
kJ: 3598, kcal: 860.

Eierkuchen, goldgelb

250 g Weizenmehl
3 g (1 gestrichener Teel.) Backpulver Backin mischen, in eine Schüssel sieben, in die Mitte eine Vertiefung eindrücken

3 Eier mit
Zucker
Salz
500 ml (1/2 l) Milch verschlagen, etwas davon in die Vertiefung geben, von der Mitte aus Eiermilch und Mehl verrühren, nach und nach die übrige Eiermilch dazugeben, darauf achten, daß keine Klumpen entstehen, etwas von

6 Eßl. Speiseöl in einer Stielpfanne erhitzen, eine dünne Teiglage hineingeben, von beiden Seiten goldgelb backen

bevor der Eierkuchen gewendet wird, etwas Speiseöl in die Pfanne geben.

Pro Portion: E: 16 g, F: 31 g, Kh: 53 g
kJ: 2402, kcal: 574.

Beigabe: Zucker, Kompott oder Salat.

Eierkuchen mit Äpfeln

(Abb. nebenstehend)

1 kg mürbe Äpfel	schälen, vierteln, entkernen, in Scheiben schneiden
	für den Teig
250 g Weizenmehl	mit
6 g (2 gestrichene Teel.) Backpulver Backin	mischen, in eine Schüssel sieben, in die Mitte eine Vertiefung eindrücken
3 Eier	mit
Salz	
25 g Zucker	
500 ml (1/2 l) Milch	verschlagen, etwas davon in die Vertiefung geben, von der Mitte aus Eiermilch und Mehl verrühren, nach und nach die übrige Eiermilch dazugeben, darauf achten, daß keine Klumpen entstehen, etwas von
6 Eßl. Speiseöl	in einer Stielpfanne erhitzen, eine dünne Teiglage hineingeben, einen Teil der Äpfel darauf legen, den Eierkuchen von beiden Seiten goldgelb backen bevor der Eierkuchen gewendet wird, etwas Speiseöl in die Pfanne geben die fertigen Eierkuchen mit
Zucker	bestreuen. Pro Portion: E: 17 g, F: 32 g, Kh: 88 g kJ: 3038, kcal: 726.
Veränderung:	Anstelle der Äpfel Pflaumen oder Heidelbeeren verwenden.

Schaumomelette mit Quarkfüllung

(2 Portionen)
(Abb. Titelfoto Rückseite)

	Für die Füllung
250 g Erdbeeren	waschen, zum Abtropfen auf ein Sieb geben, entstielen, halbieren
250 g Speisequark (20% Fett)	mit
25 g Zucker	
1 Päckchen Vanillin-Zucker	
1 Eßl. Zitronensaft	verrühren
125 ml (1/8 l) Sahne	steif schlagen, unter den Quark heben, zuletzt 2/3 der Erdbeeren darunter heben
	für das Omelette
3 Eigelb	mit
abgeriebener gelber Schale einer halben Zitrone (ungespritzt)	
30 g Zucker	schaumig schlagen
3 Eiweiß	steif schlagen, auf die Eigelbcreme geben
1 schwach gehäuften Teel. Speisestärke, z. B. Gustin	darüber sieben, beides unter die Eigelbcreme heben
30 g Butter oder Margarine	in einer nicht zu kleinen Stielpfanne zerlassen, den Teig hineingeben (evtl. 2 Omelettes backen), Pfanne mit einem Deckel schließen, den Teig bei schwacher Hitze von unten goldgelb backen, das Omelette mit der Füllung bestreichen, zusammenklappen, auf einer Platte anrichten, mit den restlichen Erdbeeren garnieren
Backzeit:	Etwa 10 Minuten.
	Pro Portion: E: 28 g, F: 48 g, Kh: 49 g kJ: 3188, kcal: 762.

Schaumomelette mit Kirschfüllung
(2 Portionen)

	Für die Füllung
250 g entsteinte Sauerkirschen (aus dem Glas)	zum Abtropfen auf ein Sieb geben, von dem Kirschsaft 250 ml ($^1/_4$ l) abmessen (evtl. mit Wasser ergänzen)
25 g Speisestärke, z. B. Gustin	mit 4 Eßl. von dem Kirschsaft anrühren, den übrigen Saft zum Kochen bringen, mit der Speisestärke binden, die Kirschen unterrühren, kalt stellen
	für das Omelette
3 Eigelb	mit
abgeriebener gelber Schale einer halben Zitrone (ungespritzt)	
$1^1/_2$ Eßl. Zitronensaft	
30 g Zucker	schaumig schlagen
3 Eiweiß	steif schlagen, auf die Eigelbcreme geben
1 schwach gehäuften Teel. Speisestärke, z. B. Gustin	darüber sieben, beides unter die Eigelbcreme heben
30 g Butter oder Margarine	in einer nicht zu kleinen Stielpfanne zerlassen, den Teig hineingeben (evtl. 2 Omelettes backen), Pfanne mit einem Deckel schließen, den Teig bei schwacher Hitze von unten goldgelb backen, das Omelette mit der Füllung bestreichen, zusammenklappen, auf einer Platte anrichten
Backzeit:	Etwa 10 Minuten.
	Pro Portion: E: 11 g, F: 21 g, Kh: 52 g kJ: 1895, kcal: 453.

Eieraufläufe

Eierauflauf

(Omelette soufflée)

4 Eigelb	mit
100 g Zucker	schaumig schlagen
4 Eiweiß	steif schlagen, auf die Eigelbcreme geben
20 g Speisestärke, z. B. Gustin	darauf sieben, alles vorsichtig unter die Eigelbcreme ziehen (nicht rühren) die Masse in eine mit
10 g Butter oder Margarine	gefettete ovale, flache Auflaufform geben, auf dem Rost in den Backofen schieben
Strom:	175–200
Gas:	2–3
Backzeit:	25–30 Minuten den Auflauf nach dem Backen mit
20 g Puderzucker	bestäuben, sofort servieren. Pro Portion: E: 7 g, F: 8 g, Kh: 35 g kJ: 1017, kcal: 243.

Aprikosenauflauf

500 g Aprikosen	waschen, halbieren, entsteinen, im Mixer pürieren
4 Eigelb	mit
100 g Zucker	schaumig schlagen
20 g Speisestärke, z. B. Gustin	sieben, mit den Aprikosen unter die Eigelbcreme rühren
4 Eiweiß	steif schlagen, unterziehen (nicht rühren) die Masse in eine mit
10 g Butter oder Margarine	gefettete ovale, flache Auflaufform geben, auf dem Rost in den Backofen schieben
Strom:	175–200
Gas:	2–3
Backzeit:	25–35 Minuten den Auflauf nach dem Backen mit
20 g Puderzucker	bestäuben, sofort servieren. Pro Portion: E: 8 g, F: 8 g, Kh: 49 g kJ: 1272, kcal: 304.

Milch- und Quarkspeisen

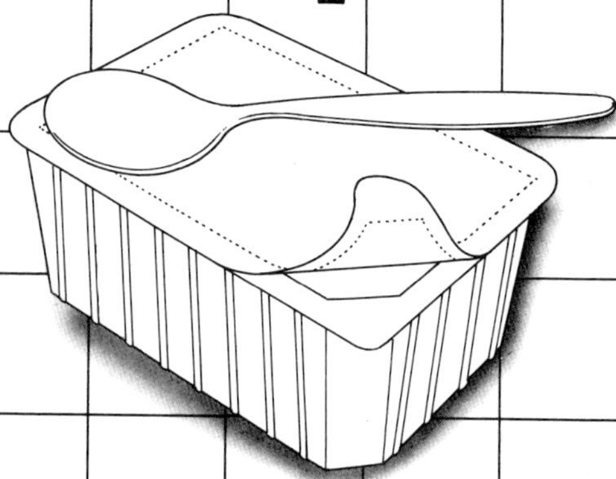

Milchspeisen

Regeln 1. Molkereimäßig behandelte Milch braucht vor dem Genuß nicht aufgekocht zu werden.

2. Zum Milchkochen möglichst immer den gleichen Topf mit glatter Innenfläche benutzen. Milch brennt nicht an, wenn die Milch während der Erwärmung umgerührt oder der Topf vor dem Einfüllen mit klarem Wasser ausgespült wird.

Milchsuppen siehe ab S. 53
Milchsoßen siehe Abschnitt „Süße Soßen" S. 81
Milchbreie siehe Abschnitt „Breie" S. 334
Milchsüßspeisen siehe Abschnitt „Süßspeisen" S. 351

Quark als Brotaufstrich

Tomaten-Kräuterquark

250 g Speisequark (Magerstufe)	mit
4 Eßl. Milch	
2 schwach gehäuften Eßl. Tomatenmark	verrühren, mit
Salz, Zucker	abschmecken, schaumig rühren
1 kleine Zwiebel	abziehen, sehr fein würfeln
2 Eßl. gehackte Kräuter, z. B. Petersilie, Schnittlauch, Pimpinelle, Estragon, Kresse, Zitronenmelisse	
	beide Zutaten unterrühren.

Pro Portion: E: 9 g, F: 1 g, Kh: 5 g
kJ: 285, kcal: 68.

Kümmelquark

250 g Speisequark (Magerstufe)	mit
4 Eßl. Sahne	
1 gehäuften Teel. Kümmel	verrühren, mit
Salz	abschmecken, schaumig rühren.
	Pro Portion: E: 9 g, F: 5 g, Kh: 3 g kJ: 402, kcal: 96.
Veränderung:	Anstelle von Kümmel nach Geschmack geriebene Zwiebel, geriebene Rote Bete, gehackte Krabben, feingewiegten Räucherfisch oder feingehackte Schinkenreste verwenden.

Kräuterquark

250 g Speisequark (Magerstufe)	mit
2 Eßl. Milch	
3 schwach gehäuften Eßl. Crème fraîche (30% Fett)	verrühren, mit
Salz	abschmecken, schaumig rühren
2 Eßl. feingeschnittenen Schnittlauch	unterrühren.
	Pro Portion: E: 9 g, F: 7 g, Kh: 4 g kJ: 515, kcal: 123.

Quarkbutter

125 g Speisequark (Magerstufe)	mit
3 Eßl. Milch	verrühren
1 kleine Zwiebel	abziehen, sehr fein würfeln
1 Teel. feingeschnittener Schnittlauch	
125 g Butter	schaumig rühren
	die Zutaten unter die Butter rühren, mit
Salz	abschmecken.
	Pro Portion: E: 5 g, F: 26 g, Kh: 3 g kJ: 1125, kcal: 269.
Veränderung:	Mit Quarkbutter bestrichene Brote mit Gurken-, Tomaten-, Rettich- oder Radieschenscheiben belegen.

Quark in der Pfanne gebacken

Quarkeierkuchen

2 Eigelb	mit
20 g Zucker	
1 Teel. Salz	
250 g Speisequark (Magerstufe)	verrühren
250 g Weizenmehl	sieben, abwechselnd eßlöffelweise mit
500 ml (1/2 l) Milch	unterrühren
2 Eiweiß	steif schlagen, zuletzt unter den Teig heben etwas von
5 Eßl. Speiseöl	in einer Stielpfanne erhitzen, eine dünne Teiglage hineingeben, von beiden Seiten goldgelb backen bevor der Eierkuchen gewendet wird, etwas Speiseöl in die Pfanne geben die fertigen Eierkuchen, einen nach dem anderen, auf eine vorgewärmte Platte gleiten lassen. Pro Portion: E: 23 g, F: 26 g, Kh: 60 g kJ: 2456, kcal: 587.
Beigabe:	Obst, Salat oder Gemüse.

Quarkpüfferchen

40 g Butter oder Margarine	schaumig rühren, nach und nach
60 g Zucker	
2 Eier	
einige Tropfen Backöl Bittermandel oder Zitrone	
1 Teel. Salz	
500 g Speisequark (Magerstufe)	hinzufügen
250 g Weizenmehl	
9 g (3 gestrichene Teel.) Backpulver Backin	mischen, sieben, eßlöffelweise unterrühren
125 g Korinthen	verlesen, zuletzt unter den Teig rühren etwas von
5 Eßl. Speiseöl	in einer Stielpfanne erhitzen, den Teig eßlöffelweise in die Pfanne geben, flach drücken die Püfferchen von beiden Seiten braun backen
Backzeit:	Etwa 6 Minuten. Pro Portion: E: 28 g, F: 30 g, Kh: 87 g kJ: 3151, kcal: 753.
Beigabe:	Zucker.

Quark im Ofen gebacken

Quarkcremeauflauf

2 Päckchen Pudding-Pulver Vanille-Geschmack	mit $^2/_3$ von
200 g Zucker	mischen
$2^1/_2$ Eigelb	hinzufügen, mit $^1/_4$ von
500 ml ($^1/_2$ l) kalter Milch	anrühren, die übrige Milch zum Kochen bringen das Pudding-Pulver in die von der Kochstelle genommene Milch rühren, zum Kochen bringen, kurz aufkochen lassen den Topf von der Kochstelle nehmen
$^1/_2$ Fläschchen Backöl Zitrone *750 g Speisequark (Magerstufe)*	hinzufügen, unter Rühren einmal aufkochen lassen die heiße Masse in eine Schüssel füllen
50 g Rosinen	verlesen, unterrühren
3 Eiweiß	steif schlagen, den restlichen Zucker eßlöffelweise unterschlagen, zuletzt unter die Quarkmasse heben, in eine mit
10 g Butter oder Margarine	gefettete Auflaufform füllen, glattstreichen
$^1/_2$ Eigelb	mit
1 Eßl. Milch	verschlagen, den Auflauf damit bestreichen die Auflaufform auf dem Rost in den Backofen schieben
Strom:	175–200
Gas:	$2^1/_2$–$3^1/_2$
Backzeit:	60–70 Minuten. Pro Portion: E: 35 g, F: 12 g, Kh: 88 g kJ: 2556, kcal: 611.

Quarkauflauf

50 g Butter oder Margarine	schaumig rühren, nach und nach
125 g Zucker	
1 Päckchen Vanillin-Zucker	
2 Eier	
1 Tropfen Backöl Zitrone	
Salz	
500 g Speisequark	
(10% Fett)	hinzufügen
125 g Grieß	
1 Päckchen Pudding-Pulver	
Vanille-Geschmack	
9 g (3 gestrichene Teel.)	
Backpulver Backin	mischen, nach und nach unterrühren
500 g Äpfel	schälen, vierteln, entkernen, in kleine Würfel schneiden
30 g Rosinen	verlesen
	beide Zutaten zuletzt unter den Teig heben, in eine mit
10 g Butter oder Margarine	gefettete Auflaufform füllen
30 g Butter	in Flöckchen darauf setzen
	die Auflaufform auf dem Rost in den Backofen schieben
Strom:	175–200
Gas:	3–4
Backzeit:	60–70 Minuten.
	Pro Portion: E: 23 g, F: 25 g, Kh: 92 g
	kJ: 2946, kcal: 704.
Veränderung:	Sollte der Teig etwas fest sein, 4–5 Eßl. Milch hinzufügen.

Quark als Süßspeise

Quarkcreme
(gekocht)

1 Päckchen Soßen-Pulver Vanille-Geschmack	
20 g Speisestärke, z. B. Gustin	
2 Eigelb	mit 6 Eßl. von
375 ml (3/8 l) kalter Milch	anrühren, die übrige Milch mit
25 g Butter oder Margarine	
Salz	zum Kochen bringen, das Soßen-Pulver in die von der Kochstelle genommene Milch rühren, zum Kochen bringen, kurz aufkochen lassen, kalt stellen, ab und zu durchrühren
250 g Speisequark (Magerstufe)	mit
75 g Zucker	schaumig rühren, die erkaltete Creme eßlöffelweise unterrühren, mit
Rum-Aroma oder Backöl Zitrone	abschmecken
2 Eiweiß	steif schlagen, zuletzt unter die Quarkcreme heben die Speise in eine Glasschale füllen, mit
10 g geraspelter Schokolade	bestreuen die Creme kurz vor dem Verzehr zubereiten. Pro Portion: E: 15 g, F: 13 g, Kh: 35 g kJ: 1339, kcal: 320.

Stippmilch oder Makai

(Abb. nebenstehend)

250 g Speisequark (Magerstufe)	mit
40 g Zucker	
1 Päckchen Vanillin-Zucker	
125 ml ($^1/_8$ l) Milch	verrühren
125 ml ($^1/_8$ l)-Sahne	steif schlagen, unter den Quark heben.
	Pro Portion: E: 10 g, F: 11 g, Kh: 17 g kJ: 900, kcal: 215.
Beigabe:	Gemischtes Obst.
Veränderung:	Den Quark ohne Vanillin-Zucker zubereiten, mit Zucker und Zimt bestreuen.

Quark-Sahnecreme

2 gestrichene Teel. Gelatine gemahlen, weiß	mit
4 Eßl. kaltem Wasser	anrühren, 10 Minuten zum Quellen stehenlassen, unter Rühren erwärmen, bis sie gelöst ist
250 g Speisequark (Magerstufe)	nach und nach mit
125 ml ($^1/_8$ l) Milch	
100 g Zucker	
abgeriebener gelber Zitronenschale (ungespritzt)	
Saft einer halben Zitrone	verrühren, zunächst 3 Eßl. davon mit der Gelatinelösung verrühren, unter die übrige Speise schlagen
125 ml ($^1/_8$ l) Sahne	steif schlagen, mit
1 Päckchen Vanillin-Zucker	süßen, unter die Quarkmasse heben die Creme in eine Glasschale füllen, kalt stellen, damit sie fest wird, mit
roten Kirschen	garnieren.
	Pro Portion: E: 12 g, F: 11 g, Kh: 32 g kJ: 1179, kcal: 281.

Getreide
erzeugnisse

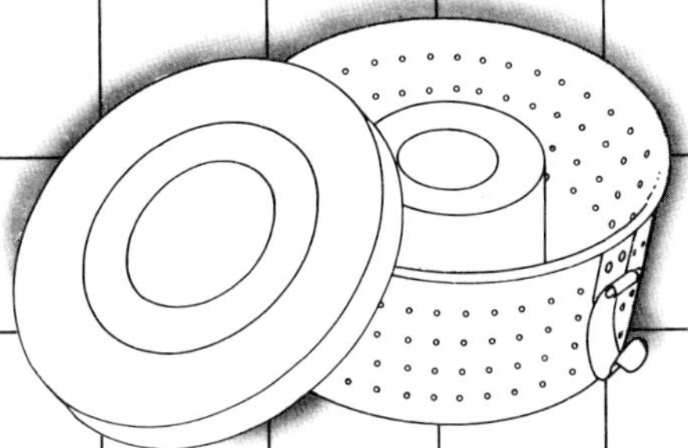

Breie

Haferflockenbrei

1 l Milch	mit
Salz	
75 g Zucker	
Zitronenschale (ungespritzt)	
10 g Butter oder Margarine	zum Kochen bringen
125 g Haferflocken	hineinstreuen, unter häufigem Umrühren ausquellen lassen
Kochzeit:	Etwa 5 Minuten. Pro Portion: E: 13 g, F: 13 g, Kh: 51 g kJ: 1607, kcal: 384.
Beigabe:	Sahne, Fruchtsaft oder Kompott.

Grießbrei

1 l Milch	mit
Salz	
75 g Zucker	
Zitronenschale (ungespritzt)	
10 g Butter oder Margarine	zum Kochen bringen
125 g Grieß	hineinstreuen, unter häufigem Umrühren ausquellen lassen
Kochzeit:	10–15 Minuten. Pro Portion: E: 12 g, F: 11 g, Kh: 54 g kJ: 1561, kcal: 373.
Beigabe:	Saft oder Kompott.
Veränderung:	Anstelle von Grieß Sago verwenden.

Reisbrei
(Milchreis)

1 l Milch	mit
Salz	
20 g Zucker	
Zitronenschale (ungespritzt)	zum Kochen bringen
125 g Milchreis (Rundkorn)	hineingeben, umrühren, zum Kochen bringen, ausquellen lassen
Kochzeit:	Etwa 40 Minuten. Pro Portion: E: 11 g, F: 10 g, Kh: 40 g kJ: 1259, kcal: 301.
Beigabe:	Zerlassene, gebräunte Butter, Zucker und Zimt.

Brühreis

1 Zwiebel	abziehen, würfeln, mit
2 l Fleischbrühe (zubereitet aus Brühwürfeln)	
Salz	zum Kochen bringen
250 g Brühreis (Langkorn)	hineingeben, umrühren, zum Kochen bringen, ausquellen lassen
	den garen Reis auf ein Sieb geben, mit kaltem Wasser übergießen, gut abtropfen lassen, in
30 g Butter	erhitzen, nach Belieben mit
Currypulver	abschmecken
Kochzeit:	Etwa 20 Minuten.
	Pro Portion: E: 6 g, F: 9 g, Kh: 50 g kJ: 1347, kcal: 322.

Reisring

(Abb. S. 157)

1 mittelgroße Zwiebel	abziehen, würfeln
20 g Butter oder Margarine	zerlassen, die Zwiebel darin andünsten
250 g Brühreis (Langkorn)	hinzufügen, miterhitzen
500 ml (1/2 l) Fleischbrühe (zubereitet aus Brühwürfeln)	
Salz	hinzugeben, zum Kochen bringen, den Reis ausquellen lassen
	den garen Reis in eine mit
1 Eßl. Speiseöl	ausgepinselte Dr. Oetker Reiskochform füllen, fest andrücken, auf eine vorgewärmte Platte stürzen
Kochzeit:	Etwa 20 Minuten.
	Pro Portion: E: 5 g, F: 9 g, Kh: 50 g kJ: 1305, kcal: 312.

Risotto

1 kleine Zwiebel	abziehen, würfeln
20 g Butter oder Margarine	zerlassen, Zwiebel,
250 g Brühreis (Langkorn)	hinzufügen, hellgelb darin rösten
500 ml (1/2 l) Fleischbrühe (zubereitet aus Brühwürfeln)	hinzugießen, zum Kochen bringen, den Reis ausquellen lassen (Reis nicht umrühren, da er sonst breiig wird)
	den garen Reis in eine vorgewärmte Schüssel füllen, mit
1 Eßl. gehackten Kräutern	bestreuen
Kochzeit:	Etwa 25 Minuten.
	Pro Portion: E: 5 g, F: 5 g, Kh: 50 g kJ: 1167, kcal: 279.
Veränderung:	Anstelle von Reis Graupen verwenden.

Apfelreis

500 g Äpfel	schälen, vierteln, entkernen, in Scheiben schneiden
1 l Wasser	mit
Salz	
75 g Zucker	
2 Tropfen Backöl Zitrone	zum Kochen bringen, Äpfel,
250 g Milchreis (Rundkorn)	hineingeben, umrühren, zum Kochen bringen, gar kochen lassen
Kochzeit:	Etwa 40 Minuten. Pro Portion: E: 5 g, F: 2 g, Kh: 80 g kJ: 1548, kcal: 370.
Beigabe:	Zucker und Zimt.
Veränderung:	Reis und Äpfel für sich kochen, schichtweise in eine Schüssel füllen; anstelle von Reis Hirse oder Graupen verwenden.

Reiscreme mit Erdbeersoße

750 ml (3/4 l) Milch	mit
Salz	
75 g Zucker	
1 Päckchen Vanillin-Zucker	zum Kochen bringen
150 g Milchreis (Rundkorn)	hineingeben, umrühren, zum Kochen bringen, ausquellen lassen (er muß noch körnig sein), kalt stellen
250 ml (1/4 l) Sahne	steif schlagen, unter den erkalteten Reisbrei heben die Creme in eine Glasschale füllen, bis zum Verzehr kalt stellen
	für die Erdbeersoße
500 g Erdbeeren	waschen, gut abtropfen lassen, entstielen, im Mixer so lange schlagen lassen, bis eine dickflüssige Soße mit teilweise noch vorhandenen Fruchtstückchen entstanden ist die Soße mit
1 Päckchen Vanillin-Zucker	
25 g Zucker	verrühren
Kochzeit:	Etwa 20 Minuten. Pro Portion: E: 12 g, F: 28 g, Kh: 77 g kJ: 2594, kcal: 620.

Teigwaren

Regeln

1. Teigwaren trocken in kochendes Wasser geben.

2. Sie brauchen viel Kochwasser, um genügend quellen zu können.

3. Da sie sich im Anfang leicht zusammenballen und auf dem Boden des Topfes festsetzen, sie ab und zu umrühren.

4. Gare Nudeln zum Abtropfen auf ein Sieb geben, mit kaltem Wasser übergießen, damit sie nicht aneinanderkleben, abtropfen lassen.

Milchnudeln

1 l Milch	mit
Salz	
10 g Butter oder Margarine	zum Kochen bringen
250 g Nudeln	hineingeben, zum Kochen bringen, ab und zu umrühren, ausquellen lassen, mit
50 g Zucker	
60 g vorgequollenen Rosinen	mischen
Kochzeit:	Etwa 30 Minuten.
	Pro Portion: E: 17 g, F: 13 g, Kh: 79 g kJ: 2163, kcal: 517.
Veränderung:	Die Nudeln statt mit Zucker und Rosinen mit Semmelmehl anrichten oder mit Zucker und Zimt bestreuen; Backobst (S. 300) dazureichen.

Spätzle
(Abb. S. 147)

400 g Weizenmehl in eine Schüssel sieben, in die Mitte eine Vertiefung eindrücken
4 Eier mit
1 gestrichenen Teel. Salz
12 Eßl. Wasser verschlagen, etwas davon in die Vertiefung geben, von der Mitte aus mit dem Mehl verrühren, nach und nach die übrige Flüssigkeit hinzugießen, darauf achten, daß keine Klumpen entstehen
den Teig so lange mit einem Rührlöffel schlagen, bis er Blasen wirft
den Teig entweder durch einen Spatzenseiher oder durch ein groblöcheriges Sieb (Gemüsedämpfer) in
kochendes Salzwasser geben, gar kochen lassen (den Teig evtl. aber auch auf ein Holzbrett streichen, mit einem Messer kleine Stücke in kochendes Salzwasser schaben)
die garen Spätzle auf ein Sieb geben, mit kaltem Wasser übergießen
50 g Butter bräunen, die Spätzle darin schwenken
Kochzeit: 3–5 Minuten.
Pro Portion: E: 18 g, F: 17 g, Kh: 75 g
kJ: 2314, kcal: 553.
Veränderung: 200 g feingehackten, gedünsteten Spinat oder 150 g geriebenen Käse in den Teig geben.

Makkaroni oder Spaghetti
(Abb. S. 110)

250 g Makkaroni in fingerlange Stücke brechen
oder 250 g Spaghetti in
1 1/2 l kochendes Salzwasser geben, zum Kochen bringen, ab und zu umrühren, ausquellen lassen
die garen Nudeln auf ein Sieb geben, mit kaltem Wasser übergießen, abtropfen lassen
40 g Butter zerlassen, die Nudeln darin schwenken
20 g geriebenen Käse, z. B. Gouda mit
Pfeffer oder Paprika mischen, die Nudeln damit bestreuen
Kochzeit: 15–20 Minuten.
Pro Portion: E: 10 g, F: 12 g, Kh: 45 g
kJ: 1427, kcal: 341.

Dampfnudeln
(im Brattopf)

350 g Weizenmehl	in eine Schüssel sieben, mit
1 Päckchen Dr. Oetker Hefe	sorgfältig vermischen
50 g Zucker	
1 Päckchen Vanillin-Zucker	
Salz	
50 g zerlassene, lauwarme Butter oder Margarine	
1 Ei	
150 ml lauwarme Milch	hinzugeben, mit einem elektrischen Handrührgerät mit Knethaken zuerst auf der niedrigsten, dann auf der höchsten Stufe in etwa 5 Minuten zu einem Teig verarbeiten den Teig an einem warmen Ort so lange stehenlassen, bis er etwa doppelt so hoch ist, ihn dann gut durchkneten
250 ml (1/4 l) Milch	mit
10 g Butter	in einen Brattopf geben den Teig zu einer Rolle formen, diese in 8 gleichmäßige Stücke schneiden, zu Klößen formen, nebeneinander - nicht zu dicht - in die Milch setzen die Dampfnudeln an einem warmen Ort so lange gehen lassen, bis sie etwa doppelt so hoch sind den Topf zudecken, die Milch zum Kochen bringen, die Dampfnudeln bei schwacher Hitze gar kochen lassen
Kochzeit:	20–25 Minuten. Pro Portion: E: 15 g, F: 18 g, Kh: 85 g kJ: 2452, kcal: 586.
Beigabe:	Zerlassene, gebräunte Butter, gedünstetes Obst oder Pflaumensoße.

Klöße

Regeln

1. Kloßteig kräftig durcharbeiten, damit eine geschmeidige Masse entsteht und der Teig beim Kochen nicht auseinanderfällt.

2. Kloßteig vor dem Formen abschmecken.

3. Um sich von der Festigkeit der Teigmasse zu überzeugen, einen Probekloß kochen. Sollte er zu fest sein, die Teigmasse durch die Zugabe von gekochten Zutaten wie gekochtem Fleisch, Kartoffeln, Grießbrei oder geriebener Semmel lockern.
Sollte der Probekloß auseinanderfallen, die Teigmasse durch Zusatz von rohen Zutaten wie Ei, Kartoffeln, Grieß oder Mehl binden.

4. Um Klöße abzustechen, den Löffel vorher in kochendes Salzwasser tauchen.

5. Läßt sich der Teig formen, auf einem bemehlten Holzbrett eine Rolle formen, in gleichmäßige Scheiben schneiden, mit mehlbestäubten Händen zu Klößen formen.

6. Die Klöße bis zum Kochen auf bemehlte Holzbretter legen.

7. Klöße in kochendes Salzwasser legen.

8. Nur so viel Klöße in den Topf geben, wie nebeneinander Platz haben (dabei das Aufgehen berücksichtigen).

9. Klöße sollen mehr ziehen als kochen (Flüssigkeit muß sich leicht bewegen).

10. Klöße im offenen Topf kochen, Dampf würde Klöße auseinanderreißen, mit Ausnahme von Hefeklößen.

Hefeklöße

300 g Weizenmehl	in eine Schüssel sieben, mit
1 Päckchen Dr. Oetker Hefe	sorgfältig vermischen
50 g Zucker	
1 Päckchen Vanillin-Zucker	
1 gestrichenen Teel. Salz	
50 g zerlassene, lauwarme Butter oder Margarine	
1 Ei	
125 ml (1/8 l) lauwarme Milch	hinzugeben, mit einem elektrischen Handrührgerät mit Knethaken zuerst auf der niedrigsten, dann auf der höchsten Stufe in etwa 5 Minuten zu einem Teig verarbeiten den Teig an einem warmen Ort so lange stehenlassen, bis er etwa doppelt so hoch ist, ihn dann gut durchkneten den Teig zu einer Rolle formen, diese in 8 gleichmäßige Stücke schneiden, zu Klößen formen, auf ein mit
Weizenmehl	bestäubtes Backbrett legen die Klöße an einem warmen Ort so lange gehen lassen, bis sie etwa doppelt so hoch sind ein Tuch recht straff über einen möglichst breiten Topf mit kochendem Wasser spannen, es an den Topfgriffen festbinden, mit Weizenmehl bestreuen, die Klöße darauf legen, eine Schüssel darüber decken, gar werden lassen (Garprobe mit einem Holzstäbchen) die garen Hefeklöße auf eine vorgewärmte Platte geben, mit 2 Gabeln aufreißen, damit der Dampf entweichen kann
Garzeit:	15–20 Minuten. Pro Kloß: E: 6 g, F: 7 g, Kh: 36 g kJ: 996, kcal: 238.
Beigabe:	Zerlassene, gebräunte Butter, gebräunte, abgezogene, gehobelte Mandeln, Zucker und Zimt, Kompott.
Veränderung:	Als „Dicker Michel“ den ganzen Hefeteig auf kochendes Backobst (S. 300) legen, gar werden lassen.

Quarkklöße

(Abb. nebenstehend)

100 g Butter oder Margarine	schaumig rühren, nach und nach
50 g Zucker	
3 Eier	
1 gestrichenen Teel. Salz	
500 g Speisequark (Magerstufe)	
75 g Grieß	hinzufügen
1 Päckchen Käsekuchen-Hilfe	gut unterrühren
	aus der Masse mit nassen Händen 8 Klöße formen, sie in
kochendes Salzwasser	geben, zum Kochen bringen, gar ziehen lassen (Wasser muß sich leicht bewegen)
Garzeit:	20–30 Minuten.
	Pro Kloß: E: 12 g, F: 13 g, Kh: 23 g kJ: 1088, kcal: 260.
Beigabe:	Zerlassene, gebräunte Butter, Zucker und Zimt, Aprikosenkompott.

Grießklöße

750 ml ($^{3}/_{4}$ l) Milch	mit
20 g Butter oder Margarine	
1 Teel. Salz	
3 Tropfen Backöl Zitrone oder 2 Tropfen Backöl Bittermandel	zum Kochen bringen, von der Kochstelle nehmen
250 g Grieß	unter Rühren hineinstreuen, zu einem glatten Brei rühren, noch etwa 1 Minute erhitzen, bis ein Kloß entstanden ist, in eine Schüssel geben, nacheinander
2 Eier	unterrühren, kalt stellen
	aus der erkalteten Masse mit nassen Händen Klöße formen, in
kochendes Salzwasser	geben, zum Kochen bringen, gar ziehen lassen (Wasser muß sich leicht bewegen)
20 g Semmelmehl	in
30 g Butter	rösten, die Klöße damit anrichten
Garzeit:	Etwa 10 Minuten.
	Pro Portion: E: 17 g, F: 20 g, Kh: 60 g kJ: 2151, kcal: 514.
Beigabe:	Kompott.
Veränderung:	Als Beigabe zu Schmorbraten die Grießklöße statt mit Backöl mit geschnittenem Schnittlauch oder Petersilie zubereiten.

Quarkklöße, Rezept siehe oben
Aprikosenkompott, Rezept S. 299

Apfelklöße

2 Brötchen (Semmeln)	in kaltem Wasser einweichen
50 g Butter oder Margarine	schaumig rühren, nach und nach die gut ausgedrückten Brötchen,
2 Eier	
Salz	hinzufügen
250 g Weizenmehl	sieben, abwechselnd mit
3 Eßl. Milch	unterrühren
500 g Äpfel	schälen, vierteln, entkernen, in ganz kleine Stücke schneiden, unter den Teig rühren
	mit einem in heißes Wasser getauchten Eßlöffel Klöße abstechen, in
kochendes Salzwasser	geben, zum Kochen bringen, gar ziehen lassen (Wasser muß sich leicht bewegen)
Garzeit:	Etwa 15 Minuten.
	Pro Portion: E: 13 g, F: 15 g, Kh: 74 g kJ: 2121, kcal: 507.
Beigabe:	Zucker und Zimt.

Mehlklöße

40 g Butter oder Margarine	schaumig rühren, nach und nach
3 Eier	
Salz	hinzufügen
400 g Weizenmehl	mit
6 g (2 gestrichene Teel.) Backpulver Backin	mischen, sieben, abwechselnd mit
125 ml (1/8 l) Milch	unterrühren
	den Teig mit einem Rührlöffel so lange schlagen, bis er Blasen wirft
	mit einem in heißes Wasser getauchten Eßlöffel Klöße abstechen, in
kochendes Salzwasser	geben, zum Kochen bringen, gar ziehen lassen (Wasser muß sich leicht bewegen)
20 g Semmelmehl	in
30 g Butter	rösten, die Klöße damit anrichten
Garzeit:	Etwa 10 Minuten.
	Pro Portion: E: 17 g, F: 21 g, Kh: 81 g kJ: 2552, kcal: 610.
Beigabe:	Backobst (S. 300), Fleisch.

Großer Mehlkloß mit Backobst

250 g gemischtes Backobst	12–24 Stunden in
750 ml ($^3/_4$ l) Wasser	einweichen, mit dem Einweichwasser,
60 g Zucker	zum Kochen bringen
50 g Butter oder Margarine	schaumig rühren, nach und nach
50 g Zucker	
2 Eier	
Salz	
1 Tropfen Backöl Zitrone	hinzufügen
250 g Weizenmehl	mit
6 g (2 gestrichene Teel.)	
Backpulver Backin	mischen, sieben, abwechselnd mit
6 Eßl. Milch	unterrühren
	aus dem Teig einen Kloß formen, auf das kochende Backobst legen, 45 Minuten im zugedeckten Topf, dann noch 15 Minuten im offenen Topf kochen lassen
Kochzeit:	Etwa 1 Stunde.
	Pro Portion: E: 13 g, F: 15 g, Kh: 115 g kJ: 2778, kcal: 664.

Semmelklöße

(Semmelknödel)

300 g (etwa 8) 2 Tage alte	
Semmeln (Brötchen)	in knapp 2 mm dicke Blättchen schneiden, mit
50 g heißer Butter	
oder Margarine	
500 ml ($^1/_2$ l)	
kochendheißer Milch	übergießen, 1 Stunde stehenlassen
2 Eier	
3 g (1 gestrichener Teel.)	
Backpulver Backin	unterrühren, die Masse mit
Salz	abschmecken, mit nassen Händen Klöße daraus formen, in
kochendes Salzwasser	geben, zum Kochen bringen, gar ziehen lassen (Wasser muß sich leicht bewegen)
Garzeit:	Etwa 20 Minuten.
	Pro Portion: E: 14 g, F: 19 g, Kh: 45 g kJ: 1778, kcal: 425.
Beigabe:	Zerlassene, gebräunte Butter.

Pfannengerichte

Grießschnitten

500 ml (1/2 l) Milch	mit
20 g Butter oder Margarine	
30 g Zucker	
Salz	
2 Tropfen Backöl	
Bittermandel	zum Kochen bringen, von der Kochstelle nehmen
150 g Grieß	unter Rühren hineinstreuen, zum Kochen bringen, ausquellen lassen
2 Eier	unterrühren, den Brei etwa 1 1/2 cm dick auf ein mit Wasser abgespültes Backblech streichen, kalt stellen den erkalteten Grießbrei in Scheiben schneiden, in
40 g Semmelmehl	wenden, etwas von
5 Eßl. Speiseöl	in einer Stielpfanne erhitzen, die Schnitten von beiden Seiten darin backen
Garzeit:	Etwa 10 Minuten.
	Pro Portion: E: 12 g, F: 29 g, Kh: 50 g kJ: 2247, kcal: 537.
Beigabe:	Kompott.

Arme Ritter

500 ml (1/2 l) Milch	mit
2 Eiern	
2 Tropfen Backöl Zitrone	verschlagen
12 kleine Scheiben Weißbrot (180 g)	damit übergießen, etwas darin weichen lassen (dürfen nicht zu weich werden), in
60 g Semmelmehl	wenden, etwas von
125 ml (1/4 l) Speiseöl	in einer Stielpfanne erhitzen, die Brotscheiben von beiden Seiten darin backen.
	Pro Portion: E: 13 g, F: 37 g, Kh: 42 g kJ: 2414, kcal: 577.
Beigabe:	Zucker und Zimt oder Weinschaumsoße (S. 81).

Mehlpüfferchen

2 Eier	mit
40 g Zucker	schaumig rühren
1 gestrichenen Teel. Salz	
2–3 Tropfen Backöl Zitrone	hinzufügen
250 g Weizenmehl	
9 g (3 gestrichene Teel.)	
Backpulver Backin	mischen, sieben, abwechselnd mit
250 ml (1/4 l) Milch	unterrühren
50 g Rosinen	verlesen, zuletzt unter den Teig heben, etwas von
6 Eßl. Speiseöl	in einer Stielpfanne erhitzen, den Teig eßlöffelweise hineingeben, flach streichen, von beiden Seiten backen.
	Pro Portion: E: 12 g, F: 27 g, Kh: 67 g kJ: 2443, kcal: 580.
Beigabe:	Zucker, Kompott.

Kaiserschmarren

100 g Weizenmehl	in eine Schüssel sieben, in die Mitte eine Vertiefung eindrücken
4 Eier	mit
Salz	
2 Tropfen Backöl Zitrone	
250 ml (1/4 l) Sahne	verschlagen, etwas davon in die Vertiefung geben, von der Mitte aus Flüssigkeit und Mehl verrühren, nach und nach die übrige Flüssigkeit dazugeben, darauf achten, daß keine Klumpen entstehen
75 g Korinthen	verlesen
75 g abgezogene, gemahlene Mandeln	
	beide Zutaten zuletzt unter den Teig heben etwas von
4 Eßl. Speiseöl	in einer Stielpfanne erhitzen, den Teig jeweils 1 cm dick hineingeben, auf der Unterseite hellgelb backen den Eierkuchen dann mit 2 Gabeln in kleine Stücke zerreißen, diese unter häufigem Wenden gut bräunen
Backzeit:	8–10 Minuten.
	Pro Portion: E: 15 g, F: 50 g, Kh: 36 g kJ: 2849, kcal: 681.
Beigabe:	Puderzucker.

Aufläufe

Regeln

1. Zum Backen von Aufläufen feuerfeste Formen aus Porzellan, Steingut oder Jenaer Glas verwenden.

2. Die Form vor dem Einfüllen der Masse gut mit streichfähiger Butter oder Margarine ausstreichen.

3. Bei allen Aufläufen, die aufgehen (auflaufen) sollen, die Form nur 3/4 füllen.

4. Die Oberfläche mit Semmelmehl oder geriebenem Käse bestreuen, Butterflöckchen darauf setzen.

5. Den Rand der Form nach dem Einfüllen gut säubern, um ein Verbrennen der Reste zu vermeiden.

6. Aufläufe in der Form, in der sie gebacken wurden, servieren.

Makkaroniauflauf

250 g Makkaroni	in fingerlange Stücke brechen, in
2 l kochendes Salzwasser	geben, zum Kochen bringen, in 10–12 Minuten gar kochen lassen
	die garen Nudeln auf ein Sieb geben, mit kaltem Wasser übergießen, abtropfen lassen
6 Scheiben gekochten Schinken (200 g)	in kleine Stücke schneiden
150 g Porree (vorbereitet gewogen)	putzen, waschen, einige Minuten in kochendes Wasser legen, abtropfen lassen, in feine Streifen schneiden
	Makkaroni und Schinken mischen, abwechselnd mit dem Porree in eine mit
10 g Butter oder Margarine	gefettete, mit
10 g Semmelmehl	ausgestreute Auflaufform schichten
3 Eier	mit Salz,
100 ml Milch	verschlagen, den Auflauf damit übergießen, mit
15 g Semmelmehl	bestreuen
20 g Butter	in Flöckchen darauf setzen
	die Auflaufform auf dem Rost in den Backofen schieben
Strom:	225–250
Gas:	5–6
Backzeit:	30–40 Minuten.
	Pro Portion: E: 26 g, F: 20 g, Kh: 54 g kJ: 2226, kcal: 532.

Ungarischer Sauerkrautauflauf

50 g Schweineschmalz	zerlassen
750 g Sauerkraut	lockerzupfen, kurze Zeit darin erhitzen
250 ml (1/4 l) Wasser	
2 kleine Lorbeerblätter	
Salz, Pfeffer, Zucker	hinzufügen, das Sauerkraut gar dünsten lassen (es darf keine Brühe mehr im Sauerkraut sein)
	das Sauerkraut evtl. mit Salz, Pfeffer, Zucker abschmekken
1 l Salzwasser	zum Kochen bringen
125 g Brühreis (Langkorn)	hineingeben, umrühren, zum Kochen bringen, 12–15 Minuten sprudelnd kochen lassen (es muß ständig etwas Dampf aus dem Topf entweichen)
	den garen Reis auf ein Sieb geben, mit kaltem Wasser übergießen
1 mittelgroße Zwiebel	abziehen, würfeln, so lange in
5 Eßl. Wasser	erhitzen, bis das Wasser verdampft ist
25 g Schweineschmalz	hinzufügen, zerlassen
375 g Hackfleisch (halb Rind-, halb Schweinefleisch)	mit Salz, Pfeffer würzen, in dem Schmalz anbraten, dann den Reis unterheben
2 Rauchenden (200 g)	waschen, in Scheiben schneiden
	Sauerkraut, Fleisch, Rauchenden abwechselnd lagenweise in eine mit
10 g Butter oder Margarine	gefettete Auflaufform füllen, die oberste Schicht muß aus Sauerkraut und Wurstscheiben bestehen
	den Auflauf mit
375 ml (3/8 l) saurer Sahne	übergießen
	die Auflaufform auf dem Rost in den Backofen schieben
Dünstzeit:	Etwa 50 Minuten
Einstellung für den Backofen	
Strom:	225–250
Gas:	5–6
Backzeit:	20–40 Minuten.
	Pro Portion: E: 32 g, F: 78 g, Kh: 37 g kJ: 4284, kcal: 1024.
Beigabe:	Brötchen, Bier.

Süßspeisen

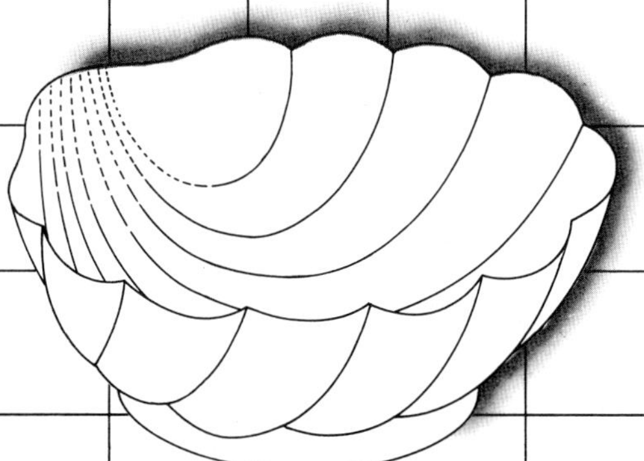

Puddinge

Regeln

1. Pudding-Pulver oder Speisestärke, z. B. Gustin, und Zucker zusammen mit kaltem Wasser oder kalter Milch anrühren, in die kochende Flüssigkeit rühren. Das Anrühren geht schnell und gut mit einer Gabel. Damit sich beim Hineinrühren in die Flüssigkeit keine Klumpen bilden, den Topf von der Kochstelle nehmen. Danach die Speise unter Rühren kurz aufkochen lassen.

2. Eigelb mit dem Dickungsmittel, dem Zucker und Flüssigkeit verschlagen, dann aufkochen oder es mit etwas kalter Milch oder Wasser verschlagen, dann unter kräftigem Rühren nach und nach an die heiße, nicht mehr kochende Speise geben (s. Regeln S. 66 Punkt 2).

3. Eiweiß zu steifem Schnee schlagen, sofort nach dem Kochen unter die heiße Speise heben.

4. Soll ein Pudding nach dem Erkalten gestürzt werden, ihn sofort nach dem Kochen in eine mit kaltem Wasser ausgespülte Sturzform füllen.
Bevor der Pudding auf eine Platte gestürzt wird, seine obere Seite mit Wasser bestreichen, damit man ihn verschieben kann, falls er nicht in der Mitte liegt.

Wie stellt man sicher, daß jeder gekochte Pudding seine Festigkeit behält?

Durch Kochen zubereitete Puddinge sowie sämige Soßen und Suppen verdanken ihre Konsistenz der Speisestärke, die in Pudding- bzw. Soßenpulver enthalten ist. Unter normalen Umständen behalten ein Pudding oder eine Soße die ursprüngliche Beschaffenheit so lange bei, wie sie genießbar bleiben (zumeist also bis zum Sauerwerden der verwendeten Milch).
Trotzdem kann man hin und wieder beobachten, daß sich ein Pudding während des Abkühlens wieder verflüssigt oder daß eine anfangs sämige Suppe oder Soße dünnflüssig wird. Was ist die Ursache dieser Veränderung?
Es liegt zwar nahe, das Pudding- bzw. Soßenpulver dafür verantwortlich zu machen, doch trifft dieser Verdacht nicht zu. Ursache ist vielmehr ein äußerer Einfluß, nämlich die nachträgliche Einwirkung eines Enzyms, also eines Wirkstoffes, der die Stärke in Zucker umwandeln und sie dadurch ihrer Dickungsfähigkeit berauben kann. Dieses Enzym, Diastase genannt, befindet sich z. B. in

rohem Eigelb, in geringerem Umfang auch in Hühnereiweiß sowie in zerkleinerten frischen Walnußkernen. Auch der menschliche Mundspeichel enthält dieses Enzym in beachtenswerter Menge. Es ist ferner von Bedeutung, daß dieser Wirkstoff oberhalb 80° C, also erst recht beim Kochen, vollständig zerstört wird, und daß er bei tiefen Temperaturen praktisch unwirksam wird. Ein frisch gekochter Pudding enthält also keine Spur eines Enzyms.

Gerät ein solcher Wirkstoff nach dem Kochen in eine Puddingmischung oder in eine andere zum Abkühlen hingestellte stärkehaltige Zubereitung, so kann sich diese je nach Temperatur und Menge des zugefügten Enzyms in wenigen Minuten oder auch erst nach Stunden vollständig verflüssigen.

Um dies zu vermeiden, empfehlen wir, bei nachträglicher Zugabe von Ei oder Nußkernen die Speise noch einmal kurz aufzukochen oder zumindest die Zutaten der noch kochendheißen Speise zuzugeben.

Beim Abschmecken des noch warmen Puddings ist besondere Vorsicht geboten. Niemals darf der Pudding mit einem Löffel in Berührung kommen, den man vorher benutzt hat. Die Beachtung dieses Hinweises ist für das gute Gelingen von größter Bedeutung!

Grießpudding

500 ml (1/2 l) Milch	zum Kochen bringen
1 Päckchen Soßen-Pulver Vanille-Geschmack	
30 g Grieß	
50 g Zucker	
2 Eigelb	mischen, mit
6 Eßl. kalter Milch	anrühren, unter Rühren in die von der Kochstelle genommene Milch geben, kurz aufkochen lassen
2 Eiweiß	steif schlagen, unter die kochendheiße Speise heben, in eine Glasschale oder in eine mit kaltem Wasser ausgespülte Sturzform füllen, kalt stellen, evtl. stürzen.
	Pro Portion: E: 9 g, F: 8 g, Kh: 29 g kJ: 971, kcal: 232.
Beigabe:	Gedünstetes Obst oder Fruchtsaft.

Vanillepudding, gestürzt

(Abb. nebenstehend)

	Aus
1 Päckchen Pudding-Pulver Vanille-Geschmack	
40 g Zucker	
6 Eßl. kalter Milch zum Anrühren	
500 ml (1/2 l) Milch	einen Pudding nach der Vorschrift auf dem Päckchen zubereiten, in eine kalt ausgespülte Dr. Oetker Keramik Puddingform füllen, einige Stunden kalt stellen, auf einen Teller stürzen. Pro Portion: E: 5 g, F: 5 g, Kh: 25 g kJ: 711, kcal: 170.
Beigabe:	Gemischtes Obst.

Stachelbeergrütze mit feiner Vanillesoße

	Für die Grütze
500 g Stachelbeeren	von Stiel und Blüte befreien, waschen, gut abtropfen lassen, mit
125 ml (1/8 l) Wasser	
175 g Zucker	zum Kochen bringen, weich kochen lassen
60 g Speisestärke, z. B. Gustin	mit
125 ml (1/8 l) kaltem Wasser	anrühren, unter Rühren in die kochenden, von der Kochstelle genommenen Stachelbeeren geben, kurz aufkochen lassen die Stachelbeergrütze in eine kalt ausgespülte Sturzform oder in eine kalt ausgespülte Glasschale füllen, einige Stunden kalt stellen
	für die Soße
1 Päckchen Soßen-Pulver Vanille-Geschmack	
40 g Zucker	
1 Ei	nach und nach mit
500 ml (1/2 l) kalter Milch	in einem Topf verschlagen die Flüssigkeit unter Rühren zum Kochen bringen, kurz aufkochen lassen, kalt stellen, ab und zu durchrühren, damit sich keine Haut bildet die erkaltete Stachelbeergrütze auf einen Teller stürzen, mit der Soße servieren. Pro Portion: E: 7 g, F: 6 g, Kh: 87 g kJ: 1833, kcal: 438.

Rote Grütze

500 g gemischtes rohes Obst (Brombeeren, Himbeeren, Johannisbeeren, Erdbeeren, Pflaumen, Sauerkirschen, Stachelbeeren)	waschen (Himbeeren nicht waschen), entstielen oder entsteinen, zerdrücken, Pflaumen in kleine Stücke schneiden
	das Obst in
250 ml (${}^{1}/_{4}$ l) Wasser	zum Kochen bringen, weich kochen lassen, durch ein feines Sieb streichen, mit Wasser auf 750 ml (${}^{3}/_{4}$ l) auffüllen
100 g Zucker	hinzufügen
	den Fruchtbrei zum Kochen bringen
60 g Speisestärke, z. B. Gustin	mit
4 Eßl. kaltem Wasser	anrühren, unter Rühren in den von der Kochstelle genommenen Fruchtbrei geben, kurz aufkochen lassen
	die Rote Grütze in eine Glasschale oder in Portionsschälchen füllen, kalt stellen.
	Pro Portion: E: 1 g, F: 0 g, Kh: 52 g kJ: 891, kcal: 213.
Beigabe:	Vanille-Soße (S. 81).

Karamelpudding

1 Päckchen Pudding-Pulver Vanille-Geschmack	
2 Eigelb	mit
6 Eßl. kalter Milch	verschlagen
100 g Zucker	unter ständigem Rühren so lange erhitzen, bis er hellbraun ist, mit
500 ml (${}^{1}/_{2}$ l) Milch	ablöschen, unter Rühren zum Kochen bringen, von der Kochstelle nehmen, die angerührte Mischung unter Rühren hineingeben, kurz aufkochen lassen
2 Eiweiß	steif schlagen, unter den kochendheißen Pudding heben, in eine Glasschale füllen.
	Pro Portion: E: 8 g, F: 8 g, Kh: 40 g kJ: 1142, kcal: 273.
Beigabe:	Soße, zubereitet mit Soßen-Pulver Ohne Kochen Vanille-Geschmack.

Gelee-speisen

Regeln 1. Gelatine gemahlen, weiß oder rot, mit etwas kaltem Wasser anrühren, 10 Minuten zum Quellen stehenlassen, unter ständigem Rühren bei schwacher Hitze erwärmen, bis sie gelöst ist.
3 Eßl. von der Speise mit der Gelatinelösung verrühren, unter die restliche Speise rühren.

2. Eierschnee oder steifgeschlagene Sahne erst dann unter eine Gelatinespeise geben, wenn diese anfängt zu gelieren, andernfalls steigt der Schnee oder die Schlagsahne an die Oberfläche.

3. Gelatinespeisen, die gestürzt werden sollen, in mit kaltem Wasser ausgespülte Formen geben. Die Speise vor dem Stürzen vorsichtig mit einem Messer vom Formenrand lösen. Die Form einen Augenblick in heißes Wasser halten.

4. Bei Verwendung von roter Gelatine zum Steifen von Buttermilch, Sauermilch, Joghurt und Quark, diese Speisen erst einige Stunden vor Gebrauch zubereiten, da sie nach längerem Stehen – abgesehen von einer dünnen rosa Schicht an der Oberfläche – vollkommen weiß werden. Diese Entfärbung wird durch die in diesen Zutaten in ungekochtem Zustand enthaltenen Milchsäurebakterien verursacht. Nur dort, wo der Sauerstoff der Luft direkt an die Speise kommt, vermögen die Milchsäurebakterien nicht zu wirken.

5. Gelatinespeisen immer rechtzeitig zubereiten, da sie Zeit zum Erstarren brauchen und kalt stehen müssen. Bei Zimmertemperaturen über 23 Grad C bleiben Gelatinespeisen flüssig, und bereits festgewordene Speisen können wieder flüssig werden.

Buttermilchgelee

1 Päckchen Gelatine gemahlen, weiß oder rot	mit
5 Eßl. kaltem Wasser	anrühren, 10 Minuten zum Quellen stehenlassen
500 ml (1/2 l) Buttermilch	mit
60 g Zucker abgeriebener Schale und Saft einer halben Zitrone (ungespritzt)	verrühren
	die gequollene Gelatine unter Rühren erhitzen, bis sie gelöst ist, zunächst 3 Eßl. der Buttermilch hinzufügen, verrühren, dann unter die übrige Buttermilch schlagen
	die Flüssigkeit in eine Glasschale oder in Portionsschälchen füllen, kalt stellen, damit sie fest wird
125 ml (1/8 l) Sahne	steif schlagen, das Gelee damit verzieren.
	Pro Portion: E: 7 g, F: 11 g, Kh: 21 g kJ: 883, kcal: 211.

Joghurtgelee

1 Päckchen Gelatine gemahlen, weiß	mit
5 Eßl. kaltem Wasser	anrühren, 10 Minuten zum Quellen stehenlassen
2 Becher (300 g) Joghurt (3,5% Fett)	mit
125 ml (1/8 l) Milch 75 g Zucker 1 Päckchen Vanillin-Zucker abgeriebener Schale und Saft einer halben Zitrone (ungespritzt)	verschlagen
	die gequollene Gelatine unter Rühren erhitzen, bis sie gelöst ist, zunächst 3 Eßl. der Joghurtspeise hinzufügen, verrühren, dann unter die übrige Joghurtspeise schlagen
	die Flüssigkeit in eine Glasschale oder in Portionsgläser füllen, kalt stellen, damit sie fest wird.
	Pro Portion: E: 6 g, F: 4 g, Kh: 26 g kJ: 682, kcal: 163.

Weingelee

1 Päckchen Gelatine gemahlen, weiß	mit
4 Eßl. kaltem Wasser	anrühren, 10 Minuten zum Quellen stehenlassen, unter Rühren erwärmen, bis sie gelöst ist
125 g Zucker	hinzufügen, verrühren
375 ml (3/8 l) Flüssigkeit (2 Eßl. Zitronensaft mit Weißwein aufgefüllt)	hinzufügen
	die Flüssigkeit in eine Glasschale füllen, kalt stellen, damit sie fest wird
125 ml (1/8 l) Sahne	steif schlagen, das Gelee damit verzieren.
	Pro Portion: E: 3 g, F: 10 g, Kh: 35 g kJ: 1218, kcal: 291.

Obstsalatgelee
(6 Portionen)

1 mittelgroßer Apfel (125 g) *1 mittelgroße Apfelsine (200 g)* *1 kleine Banane (125 g)*	
	das Obst schälen, den Apfel vierteln, entkernen, die Apfelsine in Spalten teilen, das Obst in feine Scheiben schneiden, mit
25 g Zucker *1 Eßl. Kirschwasser*	mischen, in 6 Schälchen verteilen
	aus
1 Päckchen Götterspeise Zitrone-Geschmack *250 ml (1/4 l) Wasser* *100 g Zucker*	nach der Vorschrift auf dem Päckchen (aber nur mit 250 ml – 1/4 l – Wasser) eine Götterspeise zubereiten, kalt stellen
250 ml (1/4 l) Weißwein	zu der erkalteten, noch flüssigen Götterspeise geben, über das Obst gießen
	die Speise mehrere Stunden, am besten über Nacht, kalt stellen, damit sie fest wird.
	Pro Portion: E: 2 g, F: 0 g, Kh: 31 g kJ: 678, kcal: 162.
Beigabe:	Soße, zubereitet mit Soßen-Pulver Ohne Kochen Vanille-Geschmack.

Cremespeisen

Regeln

1. Die Creme ist eine halbsteife Süßspeise, die nicht gestürzt werden kann.

2. Als Bindemittel kann Speisestärke oder auch Gelatine verwendet werden.

3. Cremespeisen, die mit Gelatine und geschlagenem Eiweiß oder Schlagsahne bereitet.werden, müssen dicklich sein, bevor der Eierschnee oder die Schlagsahne untergehoben wird; andernfalls steigt Schnee oder Sahne an die Oberfläche, und die gelöste Gelatine setzt sich als Geleeschicht am Boden ab.

4. Creme nicht im Aluminiumtopf rühren oder schlagen, da sie sonst grau wird.

Ananas-Gustincreme

(6 Portionen)

200 g Ananasscheiben (aus der Dose) zum Abtropfen auf ein Sieb geben, mit Wasser auf 500 ml (1/2 l) auffüllen

50 g Speisestärke, z. B. Gustin mit

75 g Zucker

1 Päckchen Vanillin-Zucker mischen, mit 6 Eßl. von dem Ananassaft anrühren, den übrigen Saft zum Kochen bringen, von der Kochstelle nehmen, die angerührte Mischung unter Rühren hineingeben, kurz aufkochen lassen, kalt stellen, ab und zu durchrühren

2 Eßl. Zitronensaft unter die lauwarme, noch nicht festgewordene Creme rühren

250 ml (1/4 l) Sahne steif schlagen

die Ananasscheiben in kleine Stücke schneiden

gut die Hälfte der Schlagsahne und die Ananasstücke (einige zum Garnieren zurücklassen) unter die Creme heben, in eine Glasschale oder in Portionsgläser füllen, kalt stellen, damit sie fester wird, vor dem Servieren mit der restlichen Schlagsahne verzieren, mit den zurückgelassenen Ananasstücken garnieren.

Pro Portion: E: 1 g, F: 13 g, Kh: 30 g
kJ: 1033, kcal: 247.

Zitronencreme

1 Päckchen Gelatine gemahlen, weiß	mit
3 Eßl. kaltem Wasser	anrühren, 10 Minuten zum Quellen stehenlassen
4 Eigelb	mit
3 Eßl. heißem Wasser	schaumig schlagen
125 g Zucker	nach und nach unterschlagen
4 Eßl. Zitronensaft	unterrühren
	die gequollene Gelatine unter Rühren erhitzen, bis sie gelöst ist, zunächst 3 Eßl. der Eigelbmasse hinzufügen, verrühren, dann unter die übrige Eigelbmasse schlagen, evtl. kalt stellen
4 Eiweiß	steif schlagen
250 ml ($^{1}/_{4}$ l) Sahne	steif schlagen
	wenn die Masse anfängt dicklich zu werden, beide Zutaten (etwas Schlagsahne zum Verzieren zurücklassen) unterheben
	die Creme in eine Glasschale oder in Portionsgläser füllen, kalt stellen, damit sie fest wird, mit der zurückgelassenen Schlagsahne verzieren, mit
4 halbierten Maraschinokirschen	garnieren.
	Pro Portion: E: 10 g, F: 26 g, Kh: 34 g kJ: 1749, kcal: 418.

Sahne-Flana

	Den Inhalt von
1 Päckchen Flana Mokka- oder Schokoladen-Dessert oder Flana Vanille-Geschmack	mit
3 gestrichenen Teel. Speisestärke, z. B. Gustin	
40 g Zucker	in einer Tasse mischen, zunächst mit 2 Eßl. von
375 ml ($^{3}/_{8}$ l) kalter Milch	anrühren, dann weitere 3 Eßl. Milch hinzufügen
	die übrige Milch zum Kochen bringen, von der Kochstelle nehmen, die angerührte Mischung unter Rühren hineingeben, unter Rühren 1 Minute kochen lassen, kalt stellen, ab und zu durchrühren
	den erkalteten Flana mit einem Schneebesen kurz durchschlagen
125 ml ($^{1}/_{8}$ l) Sahne	steif schlagen, unterheben
	die Creme in eine Glasschale oder in Portionsgläser füllen, kalt stellen, damit sie fester wird.
	Pro Portion: E: 4 g, F: 13 g, Kh: 21 g kJ: 933, kcal: 223.

Walnußcreme

(Abb. nebenstehend)

1 Päckchen Gelatine gemahlen, weiß	mit
5 Eßl. kaltem Wasser	anrühren, 10 Minuten zum Quellen stehenlassen
2 Eigelb	mit
1 Eßl. heißem Wasser	schaumig schlagen
60 g Zucker	
1 Päckchen Vanillin-Zucker	nach und nach unterschlagen
6 Eßl. Eierlikör	
60 g gemahlene Walnußkerne	unterrühren
	die gequollene Gelatine unter Rühren erhitzen, bis sie gelöst ist, zunächst 3 Eßl. der Eigelbmasse hinzufügen, verrühren, dann unter die übrige Eigelbmasse schlagen, evtl. kalt stellen
2 Eiweiß	steif schlagen
250 ml (1/4 l) Sahne	steif schlagen
	wenn die Masse anfängt dicklich zu werden, beide Zutaten (etwas Schlagsahne zum Verzieren zurücklassen) unterheben, die Creme in Portionsgläser füllen, kalt stellen, damit sie fest wird, mit der zurückgelassenen Schlagsahne verzieren, mit
Walnußkernen	garnieren.
	Pro Portion: E: 10 g, F: 32 g, Kh: 29 g kJ: 2008, kcal: 480.

Kaffeecreme

1 Päckchen Gelatine gemahlen, weiß	mit
3 Eßl. kaltem Wasser	anrühren, 10 Minuten zum Quellen stehenlassen
500 ml (1/2 l) Milch	zum Kochen bringen, von der Kochstelle nehmen, die gequollene Gelatine hineingeben, so lange rühren, bis sie gelöst ist
5 g (1 gut gehäufter Eßl.) Kaffee-Extraktpulver	
75 g Zucker	
1 Päckchen Vanillin-Zucker	unter die Milch rühren, evtl. kalt stellen
40 g zartbittere Schokolade	raspeln
125 ml (1/8 l) Sahne	steif schlagen
	wenn die Speise anfängt dicklich zu werden, beide Zutaten unterheben
	die Creme in eine Glasschale oder in Portionsgläser füllen, kalt stellen, damit sie fest wird.
	Pro Portion: E: 7 g, F: 17 g, Kh: 33 g kJ: 1347, kcal: 322.

Melonencreme
(6 Portionen)

	Den Inhalt der beiden Beutel aus
1 Päckchen Marimba Zitrone-Geschmack	in ein Schüsselchen geben, mit
100 g Zucker	mischen, mit 6 Eßl. von
500 ml ($^1/_2$ l) Flüssigkeit (350 ml Wasser, 150 ml Weißwein)	anrühren die übrige Flüssigkeit zum Kochen bringen, von der Kochstelle nehmen, die angerührte Mischung unter Rühren hineingeben, kurz aufkochen lassen (erst jetzt gibt die Kapsel das Zitronenaroma frei und löst sich ohne Rückstand auf) die Speise kalt stellen von
1 Honigmelone (800 g)	einen Deckel abschneiden, das Fruchtfleisch mit einem Eßlöffel aus der Melone heraushöhlen, in nicht zu kleine Würfel schneiden, zum Abtropfen auf ein Sieb geben
125 ml ($^1/_8$ l) Sahne	steif schlagen, unter die erkaltete Speise heben, zuletzt die Melonenwürfel darunter heben die Creme in die ausgehöhlte Melone füllen, kalt stellen. Pro Portion: E: 1 g, F: 7 g, Kh: 32 g kJ: 862, kcal: 206.

Joghurt-Sahnecreme

1 Päckchen Gelatine gemahlen, weiß	mit
3 Eßl. kaltem Wasser	anrühren, 10 Minuten zum Quellen stehenlassen
1 Becher (150 g) Joghurt (3,5% Fett)	mit
125 ml ($^1/_8$ l) Milch *1 Päckchen Vanillin-Zucker* *2 Eßl. Zitronensaft*	verrühren die gequollene Gelatine unter Rühren erhitzen, bis sie gelöst ist, zunächst 3 Eßl. der Joghurtspeise hinzufügen, verrühren, dann unter die übrige Joghurtspeise schlagen, kalt stellen
125 ml ($^1/_8$ l) Sahne	steif schlagen, wenn die Speise anfängt dicklich zu werden, die Schlagsahne unterheben die Creme in eine Glasschale oder in Portionsgläser füllen, kalt stellen, damit sie fest wird. Pro Portion: E: 5 g, F: 13 g, Kh: 6 g kJ: 678, kcal: 162.

Mangocreme

1 Päckchen Gelatine gemahlen, weiß	mit
5 Eßl. kaltem Wasser	anrühren, 10 Minuten zum Quellen stehenlassen
1 Mango (400 g)	schälen, entkernen, das Fruchtfleisch im Mixer pürieren mit
250 ml ($^{1}/_{4}$ l) Sekt	
2 Teel. Zitronensaft	
75 g Zucker	verrühren
	die gequollene Gelatine unter Rühren erhitzen, bis sie gelöst ist, zunächst 3 Eßl. der Mangomasse hinzufügen, verrühren, dann unter die übrige Mangomasse schlagen, kalt stellen
250 ml ($^{1}/_{4}$ l) Sahne	steif schlagen
	wenn die Masse anfängt dicklich zu werden, die Schlagsahne unterheben
	die Creme in eine Glasschale oder Portionsgläser füllen, kalt stellen.
	Pro Portion: E: 4 g, F: 20 g, Kh: 35 g kJ: 1590, kcal: 380.

Weißweincreme

1 Päckchen Gelatine gemahlen, weiß	mit
5 Eßl. kaltem Wasser	anrühren, 10 Minuten zum Quellen stehenlassen
2 Eigelb	mit
1 Eßl. heißem Wasser	schaumig schlagen
125 g Zucker	
1 Päckchen Vanillin-Zucker	nach und nach unterschlagen
375 ml ($^{3}/_{8}$ l) Weißwein	
2 Eßl. Zitronensaft	unterrühren
	die gequollene Gelatine unter Rühren erhitzen, bis sie gelöst ist, zunächst 3 Eßl. der Eigelbmasse hinzufügen, verrühren, dann unter die übrige Eigelbmasse schlagen, evtl. kalt stellen
2 Eiweiß	steif schlagen
250 ml ($^{1}/_{4}$ l) Sahne	steif schlagen
	wenn die Masse anfängt dicklich zu werden, beide Zutaten (etwas Schlagsahne zum Verzieren zurücklassen) unterheben
	die Creme in eine Glasschale oder in Portionsgläser füllen, kalt stellen, damit sie fest wird, mit der zurückgelassenen Schlagsahne verzieren.
	Pro Portion: E: 7 g, F: 23 g, Kh: 38 g kJ: 1870, kcal: 447.

Rotweincreme

250 ml (1/4 l) Wasser	
1 Päckchen Rote Grütze Himbeer-Geschmack	
125 g Zucker	mischen, mit
250 ml (1/4 l) Rotwein	anrühren, unter Rühren in das von der Kochstelle genommene Wasser geben, kurz aufkochen lassen, kalt stellen, ab und zu durchrühren
125 ml (1/8 l) Sahne	steif schlagen, unter den abgekühlten Pudding heben die Creme in eine Glasschale oder in Portionsgläser füllen, kalt stellen, damit sie fester wird.
	Pro Portion: E: 1 g, F: 10 g, Kh: 43 g kJ: 1264, kcal: 302.

Likörcreme

500 ml (1/2 l) Milch von Zimmertemperatur	in eine Schüssel gießen
1 Päckchen Galetta Schokoladen-Dessert	auf einmal zu der Milch geben, so lange mit einem Schneebesen schnell durchschlagen, bis eine gleichmäßige Creme entstanden ist (nach etwa 1 Minute)
1 Päckchen Vanillin-Zucker	
2 Eßl. Curaçao	hinzufügen
125 ml (1/8 l) Sahne	steif schlagen, unterheben die Creme in eine Glasschale oder in Portionsgläser füllen, etwa 20 Minuten stehenlassen, damit sie fester wird.
	Pro Portion: E: 5 g, F: 15 g, Kh: 34 g kJ: 1268, kcal: 303.

Frost-Desserts

Regeln

1. Das Gefrierfach des Kühlschranks darf keine Eisschicht haben, weil diese den Gefriervorgang verzögern würde.

2. Zwischen den einzelnen Kühlschrankfabrikaten bestehen Unterschiede; darum müssen auch die Angaben über Eisbereitung in der jedem Kühlschrank beigegebenen Betriebsvorschrift beachtet werden.

Eierlikör-Bombe
(6 Portionen)

10 Löffelbiskuits (50 g)	in etwa 2 cm lange Stücke schneiden
175 g Vollmilchschokolade	in kleine Stücke brechen, mit
10 g Pflanzenfett, z. B. Biskin	in einem kleinen Kochtopf im Wasserbad zu einer geschmeidigen Masse verrühren die Biskuitstücke darin wenden, mit einer Gabel herausnehmen, auf Pergamentpapier legen, den Guß fest werden lassen
1 Päckchen Frost-Dessert Vanille-Geschmack	
200 ml (1/5 l) kalte Milch	nach der Vorschrift auf dem Päckchen zubereiten
4 Eßl. Eierlikör	unterheben die Creme abwechselnd lagenweise mit den Schokoladenbiskuits in eine mit
1 Teel. Speiseöl	gefettete Sturzform füllen, bis zur gewünschten Festigkeit gefrieren lassen das gefrorene Dessert erst kurz vor dem Servieren aus dem Gefrierfach nehmen die Form kurz in heißes Wasser halten, die Speise auf einen Teller stürzen
Gefrierzeit:	Etwa 3 Stunden. Pro Portion: E: 6 g, F: 16 g, Kh: 38 g kJ: 1402, kcal: 335.

Frost-Dessert Vanille mit Schokohaube

6 Teel. Schokosoße für Eis und Pudding	in 4 Förmchen verteilen, im Gefrierfach gefrieren lassen
1 Päckchen Frost-Dessert Vanille-Geschmack	
200 ml (1/5 l) kalte Milch	nach der Vorschrift auf dem Päckchen zubereiten
40 g Schokoraspel	unterheben, die Creme auf die gefrorene Schoko-Soße füllen, bis zur gewünschten Festigkeit gefrieren lassen vor dem Servieren die Förmchen kurz in heißes Wasser halten, die Speise auf kleine Teller stürzen
Gefrierzeit:	Etwa 3 Stunden. Pro Portion: E: 4 g, F: 9 g, Kh: 26 g kJ: 854, kcal: 204.

Rezeptverzeichnis

Suppen

Suppeneinlagen

Soßen

Fleisch

Wild und Geflügel

Fisch

Eintöpfe

Gemüse

Kartoffeln

Salate

Obst

Eierspeisen

Milch- und Quarkspeisen

Getreideerzeugnisse

Süßspeisen

Notizen

Notizen

Notizen

Notizen

Notizen

Notizen

Notizen

Notizen

Notizen

Notizen

Notizen